근대한국학의 뿌리와 갈래

New Genealogy of Modern Korean Studies
: (dis)Connecting or Reshuffling Western Missionaries, Japanese
Public Scholars, and Korean Intellectuals during the Colonial Era

근대한국학의 뿌리와 갈래
—서양 선교사, 일본 관학자, 조선 지식인을 연결하기 또는 다시 뒤섞기

육영수 지음

2024년 7월 29일 초판 1쇄 발행

펴낸이 한철희 | 펴낸곳 돌베개 | 등록 1979년 8월 25일 제406-2003-000018호
주소 (10881) 경기도 파주시 회동길 77-20 (문발동)
전화 (031) 955-5020 | 팩스 (031) 955-5050
홈페이지 www.dolbegae.co.kr | 전자우편 book@dolbegae.co.kr
블로그 blog.naver.com/imdol79 | 트위터 @Dolbegae79 | 페이스북 /dolbegae

편집 김진구
표지디자인 김민해 | 본문디자인 이은정·이연경
마케팅 심찬식·고운성·김영수 | 제작·관리 윤국중·이수민·한누리
인쇄·제본 한영문화사

ISBN 979-11-92836-85-0 (94910)
        979-89-7199-501-3 (94080) (세트)

책값은 뒤표지에 있습니다.

이 저서는 2019년 대한민국 교육부와 한국학중앙연구원(한국학진흥사업단)의
한국학총서 사업 지원을 받아 수행된 연구임(AKS-2019-KSS-1130021).

근대한국학의 뿌리와 갈래

돌베개 한국학총서 24

서양 선교사, 일본 관학자, 조선 지식인을 연결하기
또는 다시 뒤섞기

육영수 지음

돌베개

일러두기

• 1부에서 'Corea/Korea', 'Corée' 등의 서양어는 '한국'으로 옮겼다.
• 옛 한글로 표기된 2부 인용문은 특별한 경우를 제외하고는 현대적 표현으로 고쳐 썼다.
• 본문 인용문 등에 쓰인 중괄호([ ]) 안의 내용은 이 책의 저자가 독자의 이해를 돕기 위해 추가
한 것이다.

감사의 말

서양 근현대 지성사와 프랑스혁명을 주로 공부·연구한 내가 이 책 저자로 이름을 올리기까지 많은 사람이 걱정하고 도와주었다. 공개 발표 기회를 준 한국근현대사학회, 한국사학사학회, 한국역사민속학회, 연세대 근대한국학연구소 근대한국학포럼, 숭실대 한국기독교문화연구원 등과 토론을 맡아준 (가나다순) 이상훈, 장신, 조현범, 주영하 선생님께 감사드린다. 그리고 특히 나의 요청을 뿌리치지 못하고 초고를 꼼꼼히 읽고 비평해준 류시현, 윤해동, 은희녕, 이상록, 정준영 선생님께 고개 숙여 인사드린다. 모자라거나 넘치는 사실과 해석이 남아 있다면 그것은 오롯이 내 것이다. 김만중과 연구조교 이연우가 행정업무, 사료 검색과 복사, 각주와 참고문헌 정리 등을 맡아줬다.

　감상적으로 되돌아보자면, 이 책은 서양사와 한국사 사이를 오고 간 지난 한 세대에 걸친 나의 지적 유랑과 모험의 산물이다. 오래전 대학원 시절에 고故 제임스 팔레James Palais(1934~2006) 교수에게 한국사를 부전공으로 다시 배웠다. 당시 '한국학' 주변에 모였던 고故 박정신(1949~2018), 김녕, 김(윤)선주, 김혁래, 남화숙, 손

철배, 신기욱, 한홍구, 스콧 버넷Scott Burnett, 빌 브래드쇼William Bradshaw 등 동료/선후배 이름을 기록한다. 시애틀에서 함께 지새웠던 낮과 밤이 '아름다운 시절'로 각자 추억되기를 바랄 뿐이다.

한국학중앙연구원 해외한국학 강의파견교수로 운 좋게 선정되어서 2009~2010년 1년 동안 네덜란드 레이던대학과 벨기에 루뱅가톨릭대학에서 한국 근현대사를 영어 강의했던 경험이 결정적인 전환점이었다. 당시 레이던대학 한국학과에 재직하던 왈라벤Boudewijn Walraven, 지명순, 케스터Koen de Ceuster 교수의 호의에 뒤늦은 인사를 드린다. 연구실과 자전거 등을 제공해준 국제아시아연구원International Institute for Asian Studies(IIAS) 원장 필립 페이캄Dr. Pilippe Peycam과 유능한 직원들의 따뜻한 후원도 기억한다.

유럽 땅에서 싹튼 '트랜스내셔널 한국학'에 대한 나의 어쭙잖은 학문적 호기심이 제풀에 죽지 않도록 틈틈이 물 주고 한 시절 집중적으로 햇볕 쪼었다. 귀국 후 중앙대 역사학과 학부 및 대학원생들과 '(영어로 읽는) 한국사 특강'과 '탈식민주의 역사학' 같은 과목으로 함께 공부했다. 이번 기회를 빌려, 연줄도 없는 학계 풋내기를 선뜻 뽑아 관용과 참을성으로 성장시켜준 중앙대 '사학과' 고故 이영범(1932~2014), 고 권석봉(1934~2020), 권중달, 김호일, 진성규, 박경하 교수님께 무릎 꿇어 절을 올린다. 내가 뿌리와 줄기가 덜 자란 위태로운 묘목을 세상으로 내보내는 이유는 식민지 시기 나쁜 유산인 한국사·동양사·서양사라는 삼중 격자를 뚫고 전공 분야를 가로지르며 학계의 주류 해석에 도전하기를 두려워하지 않는 여러분의 마중물이 되고 싶다는 주제넘은 생각에서다.

부끄러운 이 책을 (외)할머니·(외)할아버지께 드린다. 그리운

마음으로 불러보면, 박두칙(1900~1980), 육현균(1909~1989), 양경순(1911~1978), 박우일(1912~1971) 등이다. 한국전쟁 때 사라진 일본 유학생 출신 아들은 술꾼 아버지를 낳고, 만주로 도망간 꾀쟁이 영감은 약사·의사를 낳고, 글자도 못 깨친 문학소녀는 별을 낳고 안개를 낳고…. 아, 이상하다. 안개는 바람에 흩어져 비구름이 되고, 비는 꽃을 흔들어 그 꽃잎은 떨어져 강물로 흐른다. 조상祖上님의 살뜰한 보살핌으로 이따위 역사가가 된 나는 얼룩진 우리 근대사의 한 계보를 어스름한 기억의 잉크로 적어 물결 위에 흘려보낸다.

차례

2부
식민지 시기 조선학 연구의 계보

계보학은 시간을 거슬러 올라가 잊힌 사물의 흩어짐의 너머에서 작동하는 단절되지 않은 연속성을 복원하는 체하지 않는다. 계보학의 임무는 과거가 현재에 능동적으로 실재함을 증명하는 데 있지 않다. 과거의 모든 흥망성쇠에 미리 결정된 형식을 부과함으로써 비밀스럽게 현재에 생명력을 불어넣는 것이 계보학의 임무도 아니다. 계보학은 종種의 진화를 닮지 않고 민족의 운명을 설계하지도 않는다. 오히려 그 반대다. 가계家系의 복잡한 경로를 추적하는 것은 지나간 사건을 그 고유한 산란散亂 속에서 유지하기 위함이다. 다시 말하면, 계보학은 우연과 미세한 일탈을 확인하는 작업이다. 거꾸로 말하자면, 완전한 전도顚倒를 확인하는 것이다. 지금까지 지속해서 존재하고 우리에게 가치를 갖는 것들을 잉태한 실수, 그릇된 평가, 잘못된 계산 등을 확인하는 것이다. 그리하여 진리 또는 존재가 지금 우리가 알고 있는 것과 우리 현재 모습의 뿌리가 아니라 우연의 외재성外在性에 놓여 있다는 것을 발견하는 것이 계보학의 임무다.

— 미셸 푸코

머리말

1

'한국학'Korean Studies의 정의와 범주를 엄격하게 규정하기는 어렵다. 국학, 자국학/본국학, 조선학, 조선 연구, 한국학 등 시대 상황과 연구 시각에 따라서 다양한 이름으로 불리는 '유동하는 개념'이기 때문이다.[1] 한국학중앙연구원이 펴낸 학술용어사전의 설명에 따르면, "한국이라는 공간적 특성을 전제로 '한국다움'에 대한 것, '한국에 관한 연구'라는 의미로 한국 안팎에서 통용"된다.[2] 일종의 열린 개념인 한국학의 생성·변화·전파·소비 과정을 이해하기 위해서

---

[1] '한국학은 무엇이며 어떻게 해야 하는가?'라는 물음에 대한 논쟁이 지난 한 세대 동안 진행되었다. 한국학 연구의 주체성 찾기와 지역연구 분야로서의 한국학의 바람직한 위상 등에 대한 논의에 관해서는 조동일, 『세계·지방화 시대의 한국학』, 계명대학교 출판부, 2005~2009; 서울대학교 개교 60주년 및 규장각 창립 230주년 기념 한국학 국제학술회의, 『21세기 한국학의 진로 모색』, 2006; 백영서, 「인문한국학이 나아가야 할 길: 이념과 제도」, 『한국학연구』 17, 인하대학교한국학연구소, 2007; 한국학중앙연구원 한국학대학원 엮음, 『한국학의 새로운 지평을 향하여』, 한국학중앙연구원, 2009 등 참조.

[2] 「한국학」, 한국학중앙연구원 편저, 『한국학 학술용어』, 한국학중앙연구원 출판부, 2020 참조. 직접 인용은 2쪽.

는 역사·사회문화사적인 접근이 필요하다. 누가 왜 한국(조선)에 대해서 본격적인 관심을 가졌을까? 한국학이라는 지식-권력은 무슨 의도와 쓸모로 사용되었을까? '원형' 한국학은 시대 상황과 학문적 아비투스에 호응하여 어떤 다른 버전으로 변주·전유·재발명되었는가? 이런 꼬리에 꼬리를 무는 질문에 대한 대답의 실뭉치를 듬성듬성 엮어 갈무리한 것이 이 책이다.

한국에 대한 지속적·집중적·전문적인 조사 연구의 주체는 19세기 중후반~20세기 초반 이 땅에 체류한 서양 선교사들이었다. 서양 가톨릭 및 프로테스탄트 선교사가 기초작업한 성과를 발판·가늠자 삼아 식민시대 일본 관학자는 제국에 맞춤한 표준한국학을 다시 만들었다. 그리고 조선 지식인이 주도한 1920~1930년대 조선학 연구는 선행했던 두 갈래 물결로부터 동력을 얻어 진행된 지적 항해였다. 19세기 중반에서 20세기 중반까지 한 세기 동안 근대 한국학이 생성/발명·재가공/재발명·전유/교류하는 단계를 그 주체에 따라 제1물결, 제1.5물결, 제2물결이라는 이름으로 구분해 각각의 역사적 성격과 특징 및 상호 연계성과 영향력을 비평적으로 이해하려는 것이 이 책의 목표이다.

이와 같은 나의 거친 가설을 역사적 사실에 부합하지 않는 도식적이며 사대주의적(?) 인식 틀이라고 비난할 수도 있다. 『삼국사기』까지는 거슬러 올라가지 않더라도 '실학자'가 쓴 『임원경제지』林園經濟志와 『자산어보』玆山漁譜 같은 '우리 학문'의 업적을 내 코 앞에 내밀며 반박할 것이다. 이런 '에국적인' 주장이야말로 몰沒/비非역사적인 사고방식이다. 19세기 중엽까지도 '중화주의'라는 이름의 천동설을 신봉하며 그 빛으로 반짝거리는 '소小-중화주의' 궤도 내부에서 사유했던 조선 지배계층과 사대부-지식인에게 '조선(인)이란 무엇인가'라는 근원적인 의문 그 자체는 논리적으로 성립 불가능한 '아포리아'aporia였다.

　다행스럽게도 최근 한국학의 계보를 추적하여 우리의 학문적 정체성과 국민(국가)적 위상을 자리매김하려는 연구들이 선보였다. 출판 순서에 따라 선별적 사례를 들자면, 최정운은 근대 한국 문학 작품에 초점을 맞춰 한국인의 정체성을 지식사회학 차원에서 분석하여 '오늘 우리는 누구이며 어디로 가는가?'에 대한 물음에 이정표를 제시하고자 한다.[3] 임형택은 한국학의 지평을 '지역(동아시아)적 인식'이라는 관점에서 접근하여 17세기에서 분단시대까지 한국 지식인이 걸었던 행로의 공통성과 차별성을 검토했다.[4] 신주백은 우리 인문학·역사학의 근대적 형성 과정을 사회사상사, 교육사회학, 지식사회학 등으로 유기적으로 결합하여 한국학을 구성하는 핵심 영역을 야심적으로 스케치했다.[5] 이행훈은 우리 근대 학문의 성격을 전통과 서구의 교차로에서 새롭게 탄생한 '번역 없는 근대'와 '번역된 근대'의 혼성hybrid이라고 평가한다.[6] 일단의 소장 연구자들은 근대에 간행된 신문·잡지·교과서 등을 분석하여 근대 사상의 공통분모로 인식되는 계몽 사상의 창출과 유통 과정을 조사함으로

3　　최정운, 『한국인의 탄생: 시대와 대결한 근대 한국인의 진화』, 미지북스, 2013.
4　　임형택, 『한국학의 동아시아적 지평』, 창비, 2014.
5　　신주백, 『한국 근현대 인문학의 제도화 1910~1959』, 혜안, 2014; 『한국 역사학의 기원: 근현대 역사학의 제도·주체·인식은 어떻게 탄생했는가』, 휴머니스트, 2016.
6　　이행훈, 『학문의 고고학: 한국 전통 지식의 굴절과 근대 학문의 기원』, 소명출판, 2016.

써 한국 근현대의 사상적 계통을 수립하려고 노력했다.[7] 김경일은 '지역 연구'Area Studies라는 카테고리로 '국내 국학과 수입 한국학의 충돌'을 비교역사적 관점에서 재조명했다.[8] 근대한국학 탄생을 동아시아 지식장과 연계하여 되짚어보며 바람직한 21세기 한국학을 모색하려는 집단연구 결과물도 빼놓을 수 없다.[9]

지난 10년 사이에 진행된 일련의 최신 선행연구들은 우리 학계에서 바야흐로 넓게는 한국학이라는 총론과 좁게는 한국(어)문학·한국철학·한국역사학이라는 각론의 학문적 기원과 본질에 관한 근본적 탐색이 본격화되었음을 잘 보여준다. 언어학·교육학·정치학·한문학·역사학 등 다양한 전문 분야에서 자기가 천착穿鑿하는 연구 주제의 존재 이유와 그 쓸모를 종합적으로 따져보려는 움직임을 매우 긍정적으로 평가한다. 이들이 제각기 갖는 장점에도 불구하고, 근대한국학의 거대한 뿌리와 복잡한 갈래를 망원경(거대사)과 현미경(미시사)이라는 관점으로 삼차원에서 관찰하기에는 일정한 약점이 있다. 서양 근현대 사상사 전공자로서 한국학의 '문밖에 있는' 나의 눈을 찌르고 가슴을 아리게 한 문제점들을 조금은 거칠고 급진적 방식으로 비판함으로써 근대한국학의 울창한 생태계를 복원하고자 한다.

7   허재영·김경남·고경민, 『한국 근현대 지식 유통 과정과 학문 형성·발전』, 경진, 2019
8   김경일, 『한국의 근대 형상과 한국학: 비교 역사의 시각』, 한국학중앙연구원출판부, 2020.
9   연세대 근대한국학연구소 인문한국플러스(HK+) 엮음, 『20세기 전환기 동아시아 지식장과 근대한국학 탄생의 계보』, 소명출판, 2020.

2

서양 선교사는 유교/주자학의 어둑한 숲에서 길을 잃은 조선 지식인이 감히 제기하지 못한—'학문적 프로토콜'에 어긋나는— 위험한 질문을 던진 집단이었다. 조선 양반과 조선 여성은 무엇으로 사는가? 조선인이 섬기는 샤머니즘은 종교인가, 미신인가? 조선 예술은 중국의 모방인가, 독창적 미학의 산물인가? 이전에는 누구도 심각하게 제기하지 않았던 이런 질문에 대한 서양 선교사의 논쟁을 좇아 그 파동과 무늬를 크로키와 세밀화 수법으로 스케치한 것이 1부 "서양 선교사와 근대한국학의 첫 물결"이다. 서양 선교사-학자들이 중심이 되어 이 땅에서 100여 년 전에 간행했지만, 오랫동안 그 사료적 가치가 간과·과소평가된 『코리안 리포지터리』, 『코리아 리뷰』, 『영국왕립아세아학회 한국지부 트랜잭션』 등이 주요 분석 대상이다. 1부 전반부에서는 서양 선교사들이 초창기 한국학의 기본적 담론 구성과 국제화·전문화에 기여한 점을 멀리서 조망해 보고, 후반부에서는 한국 문화예술 담론과 민속학 분야에 현미경을 비춰 이들이 개척·확장한 한국학의 형성과 전개 양상을 짚어본다.

2부는 "식민지 시기 조선학 연구의 계보"라는 제목으로 일본 관학자와 조선 지식인이 2인 1각으로 묶여 엎치락뒤치락 산출産出한 혼성적 조선학의 계보를 따라가본다. 식민지 시기에 다시 만들어진 근대한국학은 '근대일본학'과 '제국적 국민국가' 만들기와 분리해서는 성립하지 않는 한 몸통이라는 인식이 2부를 지탱하는 핵심 골격이다. 전반부에서는 일본제국이 '위로부터' 지휘한 식민지 조선학 재발명 프로젝트의 주요 인프라와 지향점을 살펴보고, 조선총독부와 경성제국대학이 협력하여 어떻게 '앎에의 의지'를 수행했는지를 탐색한다. 후반부에서는 조선학 연구를 이끈 조선 지식인 1세대와 2세대 지식인의 세대 차이에 주목하여 '조선의 조선(인)에 의한 조선을 위한' 제2물결의 특징과 한계를 진단한다. 마지막 장에서는 조선미술(비평)사에 초점을 맞춰 '메이드-인-웨스트 한국학', '메이드-인-재팬 한국학', '메이드-인-코리아 한국학' 세 물결이 부딪치는 소용돌이에서 태어나는 상호 뒤엉킨 한국학의 입체적 얼굴을 재조명한다.

　19세기 후반~20세기 전반 1세기에 걸쳐 태동·형성·조탁·분열된 근대한국학의 전 영역을 섭렵하기에는 나의 전문지식이 턱없이 부족하다. 이 책에서 주로 역사 연구, 민속 연구, 예술(문학·미술·음악) 분야에 한정하여 논지를 펼치는 까닭이다. 이들 주제에 관한 글쓴이의 관심과 배경지식이 상대적으로 높고, 선행연구가 상대적으로 빈약한 '약한 고리'라는 판단도 작용했다. 1부에서 서양 선교사들이 펼친 미학 담론과 민속 연구를 별도의 장으로 상술하고, 이에 대한 일종의 대칭적 배치로 2부 이곳저곳에서 식민지 시대 조선 민속 연구의 초창기 모습을 훑어보았다. 본문 마지막 장에서 고유섭의 조선 미술사 저술을 서양 선교사와 일본 (관)학자의 거울에 비춰, 그가 남긴 과제와 유산을 '주관적으로' 서술한 이유이기도 하다. 1부는 학술지에 게재되었던 논문을 수정 보완하여 꾸몄고, 2부 다섯 장은 모두 처음으로 활자를 입혀 독자에서 선보이는 내용임을 밝힌다.

　3
이 책의 주제의식을 끌어나가는 방법론은 '탈식민주의적 지식의 역사사회학'이다. '한국'에 관한 거의 모든 지식의 제작-가공-분류-포장-판매 사이클의 각 단계에 개입되는 사회적 환경과 역사적 맥락에 특별히 유의한다. 하나의 지식을 특정한 양식과 콘텐츠로 프로세싱processing하는 지식의 지정학을 측정하여 그 좌표에 찍힌 시대정신을 해독解讀하고자 한다. 이것은 누구의 무엇을 위한 지식인가? '진리'와 '객관적 사실'이라는 달콤한 포장지로 위장한 특정 지식이 성취하려는 '권력의 효과'는 무엇인가?

이런 질문을 대입하여 근대한국학의 새로운 계보를 서술하기 위해 나는 미셸 푸코가 주창한 계보학Geneology과 담론의 역사History of Discourse라는 개념 쌍을 탈식민주의적 문제의식에 입혀 그 '지식-권력'의 민낯을 해부하려고 노력한다.[10] 단순히 서양의 최신 이론을 한국 사례에 응용하는 데 만족하지 않고, 근대한국학의 흥망성쇠가 들끓었던 가마솥에서 우리 학문의 또 다른 정체성을 창출하는 새로운 이론적·방법론적 모델을 우려내려는 기대도 있다.

누가 제일 먼저 '최초의' 글을 발표했는지 따지는 것은 어리석은 일이다. 왜냐하면 기원 찾기는 "당대의 역사를 구상하는 수많은 사건 가운데서 미래에 일어날 사건의 원형이라고 생각되는 사건만을 선별하는 카드놀이 같은 것"이기 때문이다.[11] "서로 다르고 성격상 이질적이며 지속적이지 못한 사상과 행위"에 통일성을 억지로 부여하려는 '회고적 재구성 작업'이다. 과거-현재-미래의 연쇄 사

---

10   Michel Foucault, "Nietzsche, Genealogy, History," in Paul Rabinow ed., *The Foucault Reader*, New York: Pantheon Books, 1984, p.88.

11   로제 샤르티에, 백인호 옮김, 『프랑스혁명의 문화적 기원』, 지식을만드는지식, 2015, 6~7쪽.

슬로 꽁꽁 묶어 그 전후 관계와 인과론적 연속성을 확보하려는 근대적 진보사관이 잉태한 것이 '기원 탐구'라는 허구의 논리 게임이다. 역사가를 '기원의 망령'chimère de l'origine에 사로잡힌 편집광 환자로 내모는 또 다른 힘은 민족주의 역사관이다. 근대한국학에 투입된 기원의 망령은 '단군의 후손이라는 단일민족이 온갖 외세의 침략을 물리치고 고유한 민족성과 순수한 핏줄을 지켜 식민지라는 수난기를 견뎌내고 마침내 자립적이며 자율적인 한국학을 이룩했다'라는 문장으로 수렴된다.

'계보학'은 기원의 망령이라는 미로에서 빠져나오는 해독제이다. 푸코에 따르면, 계보학은 "종種의 진화를 닮지 않고 민족의 운명을 설계하지도 않고 (…) 지나간 사건을 그 고유한 산란散亂 속에서 유지하기 위해 (…) 우연과 미세한 일탈을 확인하는 작업이다."[12] 이런 관점에서 다시 보면, 서양 선교사가 기독교 선교를 마음에 두고 우연히 시나브로 발을 담가 갈지자로 횡보하며 흐지부지 갈무리한 파편적 기록이 뿜어내는 불규칙하게 흩어진 파동波動 그 자체가 근대한국학 계보의 첫걸음이다. 마찬가지로 "정복을 정당화하고 관리와 훈육의 체제를 확립"하려는 식민 담론[13]으로 일본 관학자가 추수한 한국학도 생략할 수 없는 계보의 중요한 일부이다. 그리고 "단절되지 않은 [민족의] 영속성을 복원"하여 "민족의 운명을 설계"하려는 반일/독립운동 정신으로 조선 지식인이 피와 땀으로 쓴 조선 학도 그 학문적 족보에서 합당한 위치와 위상을 차지해야 한다.

---

12   Michel Foucault, "Nietzsche, Genealogy, History," p.81, pp.87~88.
13   호미 바바, 나병철 옮김, 『문화의 위치: 탈식민주의 문화이론』, 소명출판, 2002, 153쪽.

서양 선교사-일제 관학자-조선 지식인이 '따로 또 같이' 서술한 근대한국학의 일그러지거나 괴이한 얼굴을 나는 탈식민주의라는 렌즈로 관찰·해석한다. 탈-식민시대로 불리는 20세기 중후반 이후 지금까지도 옛 제국이 피식민지인에게 심어놓은 세계관은 지속되고 있다. 영토적·국제법적으로는 엄연히 독립국가가 된 옛 식민지에서 '식민주의 근성根性'은 심리적, 문화-정치적, 근대지향적 망탈리테(집단적 정신구조)로 털갈이하면서 살아남았다. 식민지 시기 일본 관학자이자 경성제국대학 교수인 사람이 조선총독부의 의뢰를 받아 쓴 조선사 입문서가 해방 이후 유엔 국제기구인 유네스코 후원으로 번역되어 전 세계 독자들에게 보급된 사례가 그 증거이다. 경성제국대학 졸업생 및 일본(제국)대학 유학생 출신 한국 지식인 대부분은 이런 블랙코미디에 슬그머니 눈감고 항의하지 않았다.

　　앎과 지식의 식민성은 예외적인 과거사가 아니라 지금도 반복된다는 사실이야말로 '지식인됨의 괴로움'의 원천이다.[14] 마르크스의 유명한 명제에 따르면, 세계사는 비극과 희극으로 반복된다.[15]

14　굳이 이 낭만적 표현의 출처를 대자면, 김병익의 문화 비평 모음집 『지식인됨의 괴로움』, 문학과지성사, 1996 참조.

15　조금 길게 마르크스를 인용하자면, "헤겔은 어느 부분에선가 세계사에서 막대한 중요성을 지닌 모든 사건과 인물들은 말하자면 두 번 나타난다고 지적하였다. 그러나 그는 한번은 비극으로, 다음번은 희극으로 나타난다고 덧붙이는 것을 잊었다. (⋯) 모든 죽은 세대들의 전통은 악몽과도 같이 살아 있는 사람들의 머리를 짓누른다. 현세대는 자기 자신과 만물을 개조하고 이제까지 존재한 적이 없는 무엇인가를 창출해내는 데에 몰두하는 것처럼 보이는 시기에도, 바로 그와 같은 혁명적 위기의 시기에도, 그들은 자기의 일을 도와달라고 노심초사 과거의 망령들을 주술로 불러내며, 이 망령들로부터 이름과 전투 구호와 의상을 빌려 이 유서 깊은 분장과 차용한 언어로 세계사의 새로운 장면을 연출한다." 칼 마르크스, 「루이 보나빠르뜨의 브뤼메르 18일」, 칼 마르크스, 임지현·이종훈 옮김, 『프랑스 혁명사 3부

유럽중심주의자 마르크스는 죽은 세대가 남긴 과거의 망령이 특정한 역사 환경에서 제3의 서사로 부활한다고 덧붙이기를 까먹었다. 서양 선교사의 오리엔탈리즘, 일본 관학자의 옥시덴탈리즘, 한국 지식인의 실증주의 숭배 등 세 겹의 지적 전통은 새로운 언어와 차림새로 변장하여 희극, 비극, 막장 시대극 등으로 순서를 바꿔가며 21세기 초반 한국 사회를 횡단한다. 이런 사유 양식의 식민성이 연출하는 잡종hybrid 역사 드라마의 파국破局을 경계·경보하려는 것이 이 책이 겨냥하는 최종 과녁이다.

작』, 소나무, 1991, 162쪽.

1부

서양 선교사와
근대한국학의 첫 물결

전체적으로 잡다하고 산발적으로 흩어진 사상과 사실 덩어리를 한 사건의 원인이나 기원으로 구성하는 것을 과연 어떤 상황에서 정당화할 수 있을까? (…) 한편으로 이런 작업은 당대의 역사를 구상하는 수많은 사건 가운데서 미래에 일어날 사건의 원형이라고 생각되는 사건만을 선별하는 카드놀이 같은 것이다. 다른 한편으로는 기원을 찾는 작업은 서로 상이하고 성격상 이질적이며 그 지속적이지 못한 사상과 행위에—가상의 '기원'으로서— 통일성을 부여하는 회고적 재구성 작업을 요구한다. (…) 역사가 "기원의 망령"chimère de l'origine에 굴복할 때, 역사는 항상 분명한 인식 없이 여러 다양한 가정들을 늘어놓으며 허풍을 떨게 된다.

— 로제 샤르티에

왜 선교사인가? 19세기 후반 조선에 체류한 가톨릭·프로테스탄트 선교사들이 '한국학' 담론 창출에서 차지하는 중요한 위상과 역할을 몇 가지 측면에서 살펴볼 수 있다. 첫째, 이들은 단기간에 특정한 공무나 비즈니스로 한국을 방문한 외교관과 사업가, 여행자 등과는 달리 한 지역에 장기적으로 거주하면서 한국인과 한국 전통을 일상적으로 경험하고 관찰할 수 있었다는 차별적 장점을 가지고 있다. 둘째, 서양 선교사들은 조선인의 기독교화라는 일차적인 목표 외에도 서구적 가치관으로 조선인을 계몽하는 '문명화 사명'의 전위대였다. 그들은 직선적 시간 개념, 개체적 개인 개념, 신체와 성에 관한 문명화된 이해 등과 같은 '서구의 세속적 문화 가치'를 전하려고 애썼다.[1] 셋째, 서양 선교사들은 공식 외교 채널이나 국제무역 네트워크 등과는 다른 성격의 긴밀하고도 촘촘한 선교 망網을 바탕으로 지역/국가의 경계를 넘나드는 일종의 트랜스내셔널 지식

---

1   위르겐 오스터함멜, 박은영·이유재 옮김, 『식민주의』, 역사비평사, 2006, 152쪽.

체계를 구축할 수 있었다. 서양 선교사들은 비서구·비기독교 타자에 대한 식민지적 지식의 축적·교환·전파라는 공동의 이해관계를 위해 가톨릭과 프로테스탄트 간 교리의 차이를 뒤로하고 상호 협력했다.

왜 19세기 후반을 '근대'한국학의 출발점으로 삼았는가? 1870~1890년대에 초점을 맞춘 것은 조선의 문호 개방을 전후로 한 시기에 '조선(인)이란 무엇인가?'에 대한 서양 선교사들의 편지, 회고록, 선교 보고서, 정기간행물 등과 같은 자료가 가장 풍부하게 쏟아졌기 때문이다. 조선어, 조선 역사, 조선의 전통 문화예술 등에 관한 학문적 탐구가 이 30년 동안 집중적으로 진행되어 '한국학 연구의 제1물결'을 형성했다. 일기, 편지, 리포트, 소설, 역사서, 번역서, 지방 언어와 문법책, 민속·풍습 연구서 등 이들이 남긴 다양한 형식의 텍스트는 매우 기초적이며 영향력 있는 '제국의 아카이브'다. 제국과 식민지, 중앙과 변경, 백인과 유색인, 국경과 경계 등에서 발생하는 '상호 뒤엉킴의 형태'a mode of mutual imbrication를 엿볼 수 있는 주요한 창구다.[2]

2   Anna Johnston, *Missionary Writing and Empire, 1800~1860*, Cambridge: Cambridge University Press, 2003, p.3.

1장

서양 선교사와 근대한국학의 (재)발명

1 19세기 중·후반 한국학 터 닦기

: 전사前史(prequel)

프레데릭 불레스텍스의 한국-프랑스 교류사 시대 구분에 따르면, 13~17세기는 '먼 한국'Corée lointaine에 대한 제한된 간접 지식에 바탕을 둔 호기심 단계였고, 18세기는 '접근할 수 없는 한국'Corée inaccessible을 '착한 미개인'과 '동양의 현자'라는 이중적 개념으로 인식한 철학적 모색기였다. 1886년에 체결된 조불수호통상조약(한불수호통상조약)으로 비로소 직접 접촉과 여행 및 선교가 허용되자 일단의 프랑스인들이 '심연의 한국'Corée des profondeurs에 대한 전문적 연구에 착수하여 유럽에서 선구적으로 한국학이 태동했다.[1] 제3단계에 축적된 한국에 대한 여행기, 선교 기록, 고고인류학적 보고서 등 덕분에 프랑스는 "한국에 대한 이미지를 유럽에서는 가장

---

1 프레데릭 불레스텍스, 이향 외 옮김, 『착한 미개인 동양의 현자: 서양인이 본 한국인 800년』, 청년사, 2001, 320쪽.

풍부하고 가장 완전한 형태로 제공할 수 있는 나라"가 되었다.[2] 다음에 소개할 세 인물은 '접근할 수 없는 한국'과 '심연의 한국' 사이를 중계하면서 근대한국학의 윤곽을 스케치했다.

한 조사에 따르면, 조선대목구가 파리외방전교회 관할 아래 설정된 1831년부터 병인박해가 발생하는 1866년 사이 조선에 입국해 선교 활동을 한 총 21명의 프랑스 신부 중에서 18명이 순교했다. 조선에 파견된 선교사들 대부분은 지방 농촌사회와 소도시의 노동자 집안 출신으로 평균 20대 중반에 사제 서품을 받은 새내기였다. 21명 중 3~4명을 제외하면 천주교회가 운영하는 소·대 신학교에서 받은 교육 외에는 일반 교육을 거의 받지 못했다.[3] 이들이 조선에 입국했을 때의 평균연령은 30세 전후였다. 다소 단순화해서 말하자면, 조선에 파견된 프랑스 선교사들은 프랑스혁명과 나폴레옹이 망가뜨린 가톨릭의 권위와 영광을 부흥시킬 목적으로 속성 사제 교육을 받고 뜨거운 종교적 열정으로 위험한 미지의 땅에 뛰어든 청년들이었다.

1845년 제5대 조선대목구장으로 입국한 마리 니콜라 앙투안 다블뤼Marie Nicolas Antoine Daveluy(1818~1866) 신부는 병인박해 때 숨지기 전까지 조선에 가장 오랜 기간 체류한 서양 선교사였다. 1860년 전후에 작성되었을 것으로 짐작되는 『조선사 입문을 위한 노트』Notes pour l'introduction à l'histoire de la Corée는 후에 달레 신부가 주도적으로 집필한 『한국천주교회사』Histoire de l'Église de Corée의

---

2   불레스텍스, 『착한 미개인 동양의 현자』, 14쪽.
3   조현범, 『조선의 선교사, 선교사의 조선』, 한국교회사연구소, 2008, 103~112쪽. 특히 표 5와 표 8 참조.

주요 1차 사료로 활용되었다.[4] 필사본 형태로 파리외방전교회 고문서고에 보관된 『조선사 입문을 위한 노트』는 20대 후반에 조선 선교사로 파견된 다블뤼가 불혹의 나이에 조선의 역사, 통치 구조, 사회경제상, 일상생활, 종교와 도덕 등을 기록한 자료다. 다블뤼가 언급했던 조선팔도 사람의 특질, 조선인들의 천박한 돈 소유욕과 낭비벽, 폭식 습관, 사랑이 없는 부부의 짐승 같은 성애 등은 달레의 『한국천주교회사』에서 그대로 반복, 인용된다.[5] 앞으로 소개할 달레의 『한국천주교회사』와 비교 검증함으로써 프랑스 선교사들이 19세기 중엽에 세운 근대한국학 초석의 무게와 깊이를 측정할 수 있을 것이다.

---

4   다블뤼는 두 명의 조선인 조교를 고용하여 한국 역사와 문화에 대한 자료를 번역, 수집했고 관련 증언과 구전 자료 채집을 위해 지방 여행을 할 만큼 열정적이었다. 『한국천주교회사』 '서설'의 약 3분의 2가 다블뤼의 『조선사 입문을 위한 노트』와 그가 보낸 서한 내용을 바탕으로 꾸며졌기 때문에 그를 리델과 함께 『한국천주교회사』의 공동 저자로 대접해야 한다는 주장에도 일리가 있다. 최석우, 「달레 저 한국천주교회사의 형성과정」, 『교회사연구』 3, 교회사연구소, 1981, 116쪽, 127쪽 참조. 이런 주장을 반박하여, 달레는 다블뤼가 작성한 자료를 단순히 편집, 정리 정돈하는 데 그치지 않고 사료 비판을 포함한 "뛰어난 능력을 가진 역사가"이기 때문에 『한국천주교회사』의 단독 저자로 대접해야 한다는 이견도 있다. 김수태, 「샤를르 달레의 《한국천주교회사》에 대한 새로운 접근」, 『교회사연구』 43, 한국교회사연구소, 2014, 17쪽, 18~21쪽 참조. 원서에는 '파리외방전교회 소속 조선 파견 선교사들'을 공동 저자로 표기했다.

5   조현범, 『문명과 야만: 타자의 시선으로 본 19세기 조선』, 책세상, 2002, 제2장 「19세기 중반: 어느 천주교 선교사의 조선체류 20년」 참조.

2   프랑스 가톨릭 선교사의 한국학 발명
   : 달레와 리델

1874년 파리에서 출간된 샤를 달레Charles Dallet(1829~1878)의 『한국천주교회사』는 서양의 언어로 서술된 근대 최초의 한국 입문서다. 조선에 파견된 프랑스 선교사들과 조선 가톨릭 신자들의 고난과 신앙고백 및 순교 이야기가 주요 내용이다. 전체 분량의 대략 5분의 1을 차지하는 '서설'序說은 조선에 대한 기본적인 지식조차 없는 외국 독자들을 위해 조선의 역사, 지배 구조, 종교문화 등을 간략하고도 압축적으로 설명한다. 달레는 다블뤼를 포함해 조선에 파견된 선교사들의 보고서와 증언, 편지 등에 근거하여 '접근하기 힘든' 은자 나라의 윤곽을 더듬었다. 달레는 자신의 저서가 지니는 가치를 다음과 같이 설명했다.

중국과 일본 이야기는 누구나 다 들은 일이 있고, 이 두 나라에 대하여, 반드시 정확한 것은 아니나마, 얼마간의 지식을 전하여 주는 책자와 여행기를 읽은 일이 있다. 그러나 조선을 아는 사람이 누가 있는가. 지리학자들까지도 그 이름밖에는 거의 아는 것이 없고, 거기에 대하여 관심을 가진 학자는 아무도 없으며, 어떤 여행가도 이 나라를 두루 다니지를 못하였다. [그러므로] (…) 이 서설은 독특한 가치를 지니고 있으니, 그것은 이 나라[조선]에 머물며 그 나라 말을 하고 본국인들과 오랫동안 살면서 그들의 법률과 성격과 편견과 관습을 착실히 알 수 있는 서양인은 선교사들뿐이기 때문이다.[6]

6   샤를르 달레, 안응렬·윤석우 옮김, 「머리말」, 『한국천주교회사』, 분도출판

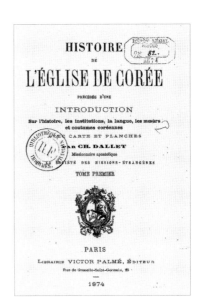

서양 언어로 집필된 근대 최초의 한국 입문
서로 꼽히는 『한국천주교회사』.

　　중국이나 일본에 비해 전문 연구자조차 관심을 갖지 않는 조선
을 그저 스쳐 지나가는 여행가가 아니라 그곳에 체류하면서 현지어
를 습득한 프랑스 선교사들의 기록에 바탕을 둔 『한국천주교회사』
는 사실적이며 신뢰할 만한 책이라고 달레는 역설했다.

　　1차 사료로서 『한국천주교회사』는 얼마큼 실증적이며 객관적
인 역사서인가? 달레 신부가 집필 당시까지 조선을 방문한 적도 없
고 선후배·동료 프랑스 선교사들이 보낸 편지 내용 중에서 "자신
의 관점에 부합하는 것들만을 임의로 취사선택해서 사용했기 때문"
에 『한국천주교회사』를 1차 사료로 볼 수 없다는 의견이 있다.[7] 이

　　　　사, 1979, 11쪽.
7　　　　조현범, 『문명과 야만』, 62쪽 참조. 조현범의 시각에 나는 동의하지 않는다.
　　　　구성물로서의 과거 사실을 주창하는 포스트모더니즘을 호출하지 않더라

런 반문을 예상이라도 했다는 듯이 달레는 19세기 전반기 조선의 안팎 사정을 알기 위해서는 이 책 외에 "다른 자료는 있을 수 없다"라고 단언했다. 18세기 후반 초기 박해에 대해서는 "단편적인 편지나 따로 떨어진 토막 이야기밖에는 없"고, 서양 선교사들이 조선에 도착하기 이전 시대에 대해서는 "대부분 자료를 다블뤼 주교가 수집한 것"을 참조했다. 그 이후 시대에 대해서는 "선교사들의 편지와 그들이 번역하여 보낸 조선 사람들의 보고들로 꾸며"진 이 책 외에는 다른 대안적인 기록이 없다고 주장했다.[8] 달레는 『한국천주교회사』의 사실적인 보증을 위해 "한 선교사/○○주교의 말에 따르면,""선교사들도 여러 번 목격한 바이지만,""××신부가 이야기한 다음과 같은 일화,""어떤 선교사가 있던 마을에서 일어난 다음 사실" 등과 같은 표현을 자주 동원했다.

자신이 엮고 정리한 『한국천주교회사』의 내용과 기록에 권위를 더하기 위해 달레는 교황의 추천사를 요청했다. 교황 비오 9세는 1875년 로마 교황청을 경유해 보낸 축사에서 『한국천주교회사』는 조선의 풍속, 종교, 언어, 통상에 대하여 "오랜 탐구와 총명한 관찰로 밝힐 수 있는 것을 모두 수집하고 정리"한 책이라고 칭찬했다. 1875년 당시까지도 조선을 소개한 저서가 거의 없다는 사정을 감안한다면 이 책은 "학문 자체에도 대단히 유익한 역사서"로서 관심 있는 독자들에게는 '학문적인 선물'이라고 교황은 덧붙였다.[9] 비오

　　도, 모든 1차 사료에는 기록자의 편견이 스며들거나 고정관념이 개입되었다는 '사실'을 부정하기 어렵기 때문이다.

8　　달레, 『한국천주교회사』, 15~16쪽. '서설' 집필을 위해 달레가 참조·활용한 상세한 사료 분석에 관해서는 최석우, 「달레 저 한국천주교회사의 형성 과정」, 128~130쪽 참조.

9세의 추천사가 과장이 아니었음을 한 세기 후에 프랑스의 한국학 전문가들이 확인했다. 『한국천주교회사』 "서론은 불어로 된 한국 관련 자료 가운데 가장 중요하고 완벽한 자료"로서 '조용한 아침의 나라'라는 고립적인 한국의 이미지를 희석시킬 수 있는 역사지리적 사실 외에도 많은 문화 정보를 제공한다고 불레스텍스는 긍정적으로 평가했다.[10]

『한국천주교회사』가 근대한국학의 기본적인 담론 형성에 끼친 영향력과 그 단기적·장기적 유산은 무엇일까? 이 질문에 대답하기 위해 ① 정부의 통치 구조와 이데올로기, ② 사회계층의 역학 관계, ③ 조선의 전통 종교와 조상 숭배, ④ 남녀·부부 관계, ⑤ 조선 역사의 본질적 특질이라는 다섯 가지 주제에 대해서 이 책이 어떤 태도를 견지하는지 알아보자. 결론부터 말하자면, 『한국천주교회사』는 이 다섯 개의 범주를 적용하여 판단할 때 '조선은 매우 착취적인 사회 구조와 분열적인 지역주의에 병들고, 미신적이고 야만적인 가치관에 의존하며, 남녀 불평등이 심각하고, 과거 지향적인 역사관을 신봉하는 국가'라고 설파했다. 단도직입으로 말하자면, 일본제국이 식민지 지배를 위해 조선인에게 이식移植한 이른바 '식민사관'의 기본 얼개를 『한국천주교회사』가 제공했다.

무엇보다도 달레는 조선 정치에서는 '진보'나 '혁명' 같은 것은 생각할 수도 없는 개념이라고 보았다. 지배계층인 양반은 당파와 이해관계로 싸움질이고, 백성은 착취당하기만 하는 불쌍한 존재라

---

9   달레, 『한국천주교회사』, 19쪽.
10   불레스텍스, 『착한 미개인 동양의 현자』, 106쪽.

고 신랄하게 비난했다.

우리가 정치 생활이다 진보다 혁명이다 하고 부르는 것은 조선에는 존재하지 않는다. 백성은 아무것도 아니고 아무 일에도 관여하지 않는다. 권력을 독점하고 있는 양반들이 백성에게 관심을 가진다는 것은 그들을 쥐어짜서 할 수 있는 대로 돈을 많이 긁어내기 위해서뿐이다. 양반들 자신은 서로 지독히 미워하는 여러 당파로 나누어져 있다. 그러나 그들이 갈라져 있는 명분이나 요점은 정치와 행정에 원칙을 달리하기 때문이 아니고, 다만 관직과 일에 있어서의 권력을 다투는 것뿐이다. 근 3세기 전부터 조선의 역사는 그들의 피비린내 나고 무익한 투쟁에 대한 단조로운 이야기에 지나지 않는다.[11]

19세기 유럽에서 팽배했던 진보사관과는 대조적으로 조선의 역사는 도달해야 할 목표나 완성해야 할 가치도 없는 "피비린내 나고 무익한 투쟁에 대한 단조로운 이야기"에 불과하다고 『한국천주교회사』는 얕보았다. 수렁에 빠진 조선의 역사는 '기독교 문명'으로 견인해야 할 고장 나고 망가진 낡은 수레라는 포석을 미리 깔아놓은 것이다.

조선 사회는 지배계층뿐만 아니라 일반 백성들도 지방색으로 분열되었다고 『한국천주교회사』는 기록했다. 평안도 사람들은 다른 지역 사람들보다 "더 굳세고, 더 미개하고, 더 사나운" 왕조의 적들이며, 황해도 사람들은 "옹졸하고 융통성 없"고 신의도 없다. 경기도 사람들은 "경박하고, 지조 없고, 사치와 쾌락"을 밝히며, 전라

---

11   달레, 『한국천주교회사』, 48쪽.

도 사람들은 "위선적이고, 교활하고, (…) 배반행위도 서슴지 않는" 사람들로 여겨진다. 달레가 유일하게 호의적으로 평가하는 경상도 사람들은 다른 지역 사람들보다는 "훨씬 수수하고, 풍속의 부패가 덜하고 (…) 사치도 적고 엄청난 낭비도 적"다.[12]

조선팔도의 지역적 특질에 대한 이런 묘사가 프랑스 선교사들이 오랫동안 전해 내려온 편견과 고정관념을 단순히 경청·채집하여 옮겨 적은 것인지, 애국심과 민족주의 감정이 없어서 뭉치지 못하는 조선인들의 경각심을 깨우치려는 의도였는지 분별하기는 어렵다. 분명한 것은 서양 선교사가 작성한 최초의 한국학 입문서에 '지역주의'가 조선인들의 치명적 약점과 근대화를 방해하는 장애물로 지목되어 공식적으로 기재되었고, 이런 담론을 식민시대 일본 관학자官學者가 수용·반복했다는 사실이다.

프랑스 가톨릭 선교사들의 으뜸가는 관심사는 당연히 조선인들의 종교관이었다. 오랫동안 믿어온 불교 신앙과 조선의 통치 이데올로기인 유교를 이들은 어떻게 인식했을까? 가톨릭 신부들은 자신들의 일상적 경험을 통해 "국민 대다수가 알고 충실히 믿고 있는 유일한 종교는 조상 숭배"라고 생각했다.[13] 전래의 종교인 불교와 당대에 숭배되는 유교는 모두 내세에 대해서 두려워하지 않거나 죽음 이후의 세계에 무관심하기 때문에 엄격히 따지자면 종교가 아니라 무신앙의 다른 표현이라고 『한국천주교회사』는 평가했다. 그러므로 조선인은 겉으로는 조상 숭배라는 유일한 종교를 믿는 것처

---

12   샤를 달레, 정기수 옮김, 『벽안에 비친 조선국의 모든 것: 조선교회사 서론』, 탐구당, 2015(개정초판), 252쪽.
13   달레, 『한국천주교회사』, 212쪽.

럼 보이지만 실질적으로는 무신론자이며 "가장 미신을 잘 믿는 사람들"이라고 간주했다.[14]

한편 남녀·부부 관계와 여성의 지위에 관한 달레의 관점은 정확한 관찰과 편견이 뒤섞여 뒤죽박죽이다. "조선에서는 여자들이 비록 사회에서나 자기들 가정에서마저도 전혀 무시되고 있기는 하나, 그래도 어떤 대외적인 존경은 많이 받는 셈"[15]이라는 서술은 구체적인 부연 설명이 동반되지 않아 혼란스럽다. 조선에서는 '참다운 사랑'을 거의 찾아볼 수 없는데, "왜냐하면 그들에게 있어서는 정열이 순전히 육체적이고 마음은 거기에 조금도 들어 있지 않기 때문"이다. 조선의 남녀는 감정적인 이끌림으로 사랑에 빠지는 것이 아니라 동물적인 육체적 욕망을 채우기 위해 만날 뿐이라고 달레는 파악했다. "부부 서로 간의 사랑이라는 것은 풍습이 거의 불가능하게 만들어놓은 희귀한 일"인데, 왜냐하면 "아내에게 참다운 애정의 표시를 하고 아내를 일생의 반려로 생각하는 사람은 몹시 조롱을 받을 것"이기 때문이다.[16] 연애감정이 전제되지 않는 조선 남녀의 비정상적인 '상열지사'에 대한 『한국천주교회사』의 조롱과 유사한 내용이 프로테스탄트 선교사들의 회고록에도 자주 등장했다.

프랑스어로 작성되어 파리에서 출간된 『한국천주교회사』에 대한 독자들의 반응과 이 책의 영향력을 어떻게 측정할 수 있을까? 앞으로 살펴볼 프로테스탄트 선교사들 대부분은 조선에 대한 자신

---

14   달레, 『한국천주교회사』, 218~219쪽. 이 이슈에 대해서는 정덕재, 「프랑스 문헌에 비친 구한말의 종교문화—무속신앙을 중심으로」, 『한국프랑스학논집』 52, 프랑스학회, 2005 참조.
15   달레, 『한국천주교회사』, 185쪽.
16   달레, 『한국천주교회사』, 191쪽, 229쪽.

들의 기본 지식과 선교 정보를 위해 이 책에 의존한 바가 크다고 이구동성으로 고백했다. 『은자의 나라 한국』을 쓴 그리피스는 달레의 『한국천주교회사』를 "특별히 도움을 받은 1차 사료"로 인정하고 "탁월한 저작"이라며 극찬했다.[17] '초대받지 않은' 네덜란드 사람 『하멜 표류기』[18]가 다른 서양 언어로 번역되어 17세기 당시 '갈 수 없는 먼 나라' 취급을 받던 조선에 대한 소중한 1차 사료로 환영받았던 것처럼, 『한국천주교회사』는 조선에 대한 좀 더 전문적인 지식을 구하던 영어권 지식인층 사이에서 근대한국학이 태동하는 물꼬를 트고 그 마중물 역할을 선구적으로 수행했다.

『한국천주교회사』의 영향권은 서구 독자에 한정되지 않았다. 이 책이 파리에서 출간된 직후에 즉각적으로 일본어로 번역·출간되었다는 사실은 잘 알려지지 않았다. 근세 조선에 대한 지식과 정보에 목말라했던 일본 학계의 당시 상황을 감안하면 이 책이 신속하게 번역, 소개된 정황이 이해된다.[19] 메이지 유신 정권의 군국주의자 외교관이었던 에노모토 다케아키榎本武揚(1836~1908)는 『한국천주교회사』의 '서설' 대부분과 제2권 일부를 번역하여 『朝鮮事情 ―原名 高麗史略』이라는 제목으로 공교롭게도 강화도조약이 체

---

17   W. E. 그리피스, 신복룡 옮김, 『은자의 나라 한국』, 집문당, 1999, 29쪽.
18   헨드릭 하멜 외, 신복룡 옮김, 『하멜 표류기/조선전/금단의 나라 조선』, 집문당, 2019. 원서는 1668년 네덜란드 로테르담에서 출간되었다. 네덜란드어로 쓰인 『하멜 표류기』는 1670년 프랑스어로 번역되었다. 국내 번역서는 영어판을 중역한 것이다.
19   1880~1890년대의 일본 학계는 독일 랑케적인 고증사학 시기였고 조선 연구는 고대사 분야에 집중되었다. 하야시 다이스케林泰輔가 쓴 『조선사』(1892)가 '최초의 근대적인 조선 역사 전문서'였고 그의 『조선근세사』는 1900년에야 출판되었다. 이만열, 『한국 근현대 역사학의 흐름』, 푸른역사, 2007, 450~454쪽 참조.

결된 1876년 도쿄에서 출간했다.[20] 프랑스어 원본을 네덜란드어로 번역한 후 다시 일본어로 이중 번역한 이 책은 원래 내용을 취사선 택하고 조선의 부정적인 측면을 각색·부각하여 일본 독자들에게 인기를 끌었다.

편역을 주도한 에노모토 다케아키는 네덜란드 유학생 출신으 로 메이지 유신 정부 밑에서 외무장관과 문부(교육부)장관을 역임한 주요 인물이었다. 그는 역자 서문에서 "우리가 필요로 하는 것은 기 독교사史가 아니라 조선 국내 사정이므로 (…) 이 책이 작은 책자에 지나지 않으나 조선 정벌 문제를 살핌에 있어 틀림없이 도움이 될 것"이라고 말했다.[21] 『조선사정』朝鮮事情이 순수 종교서적을 정치적 으로 악용한 "조선 침략을 위한 준비 자료 보고서"이며 "당대 일본 지식 관료들의 편향된 조선관을 구축하는 계보의 출발점에 위치하 고 있는 일종의 기원적인 저작"이라는 자리매김[22]은 그 영향력을 과 장한 평가이다. 다만 2부 6장에서 상세히 살펴보겠지만, 서양 선교 사가 착수한 한국학 제1물결이 어떻게 일본 공무원-지식인에 의해 제1.5물결로 '악의적으로' 변질하는지를 보여주는 주목해야 할 선 례先例이다.

달레의 『한국천주교회사』 일부 내용이 19세기 말~20세기 초

---

20   조광, 「조선후기 천주교사 연구의 과제」, 『조선후기 사회와 천주교』, 경인
      문화사, 2010, 32쪽, 42쪽.
21   신영언, 「Claude Charles Dallet 저 『한국천주교회사』의 일본에서의 수용:
      榎本武揚의 『朝鮮事情』(1876) 번역의도」, 『일본언어문화』 21, 한국일본언어
      문화학회, 2012, 347쪽, 355쪽 재인용.
22   신영언, 「Claude Charles Dallet 저 『한국천주교회사』의 일본에서의 수용:
      榎本武揚의 『朝鮮事情』(1876) 번역의도」, 351쪽, 359쪽.

한국어로 번역되어 조선 지식인들에게도 소개되었다는 사실에 주목한 학자들은 거의 없다. 조불수호통상조약이 정식으로 체결되기전인 1885년경부터 프랑스 선교사들이 『한국천주교회사』 번역 작업에 착수하여 1906년 이후 『경향신문』과 『경향잡지』 등에 연재했다는 점은 심각한 문제다. 왜냐하면 국한문 혼용으로 번역된 『한국천주교회사』에 스며 있는 진보사관과 한국 문명의 장단점을 규정한 서양 선교사의 시각을 좌표로 삼아 식민지 시기 조선 지식인들이 '조선학'에 착수했을 개연성이 있기 때문이다. 8장에서 다시 좀더 상세하게 살펴보겠지만, 식민지 시기에 『조선기독교급외교사』朝鮮基督敎及外交史(1928)를 저술한 이능화가 『한국천주교회사』를 "가장 중요한 참고 자료의 하나"로 꼽았다는 사실[23]이 한국학의 학문적계보를 따지는 데 주는 시사점은 매우 크다.

다블뤼 신부가 첫 삽을 뜨고 달레가 꽁꽁 다진 근대한국학의토대에 물을 준 인물이 펠릭스-클레르 리델Félix-Clair Ridel(1830~1884) 신부다. 대부분 가난한 농부나 수공업자 집안 출신인 다른 조선 파견 신부들과는 달리 리델은 브르타뉴 지방의 부자 선박업자집안에서 태어나 교회에서 운영하는 콜레주collège를 졸업했다. 이런 중등교육을 바탕으로 리델은 서양인으로는 '최초로' 『한불ᄌ뎐』韓佛字典(Dictionnaire Coréen-Français, 1880)과 『한국어 문법론』Grammaire Coréenne(1881)을 저술해 일본 요코하마에서 출간했다.[24]

23   김수태, 「샤를르 달레의 《한국천주교회사》에 대한 새로운 접근」, 50쪽 재인용.
24   『한국천주교회사』와 마찬가지로 『한불ᄌ뎐』과 『한국어 문법론』의 공식적
      저자는 '파리외방전교회 소속 조선 파견 선교사들'로 표지에 명기되었다.
      『한불ᄌ뎐』이 과연 '최초의' 이중어 사전인지 아닌지와 실제 저자를 둘러
      싼 논란은 강이연, 「최초의 한국어 연구─한-불, 불-한 사전들과 한국어

자기 나라 언어에 학문적인 관심을 갖는 조선 학자가 여태껏 단 한 명도 없었다는 점은 "참으로 이상한 일"이라는 달레의 탄식[25]에 리델이 응답한 것이다.

리델의 『한불ᄌᆞ뎐』이 근대한국학 계보에서 차지하는 중요성은 미국 프로테스탄트 선교사들이 후에 집필한 『한영자전』韓英字典(1890)의 견본이 되었다는 점에 있다. 『한영자전』의 저자인 H. G. 언더우드는 자신이 엮은 한국어-영어 사전의 기본 형식이 리델이 펴낸 한국어-프랑스 사전을 모방한 것이라고 서문에서 인정했다. "모든 단어는 『한불ᄌᆞ뎐』의 해당 단어와 철저한 비교를 거쳤으며, 믿을 만한 철자법 기준이 없는 단어는 모두 『한불ᄌᆞ뎐』에 부합하게 표기했다. 자모의 순서에 대해서도 역시, 앞서 언급한 『한불ᄌᆞ뎐』의 방식을 따르는 것이 최선이라 간주하였다."[26] 언더우드는 한글 철자법과 단어의 뜻이 리델의 견해와 어긋나는 측면도 적지 않지만, "프랑스 선교사들의 업적인 훌륭한 사전"에 힘입어 『한영자전』 편찬이 가능했음을 "기쁜 마음"으로 밝혔다. 국문학자들의 최근 조사에 따르면, 언더우드의 이중어사전에 수록된 어휘의 최소 94퍼센트 이상

문법서」, 『프랑스학연구』 31, 프랑스학회, 2008, 4~5쪽 참조. 『한국어 문법론』이 "오늘날 사학자들과 언어학자들이 공인하는 최초의 한국어 문법서"라는 주장에 관해서는 같은 논문 12~13쪽 참조.

25   "근 40년 전부터 조선에는 불란서 선교사들이 와 있다. 모든 나라 사람들 중에서 오직 그들만이 여러 해 동안 이 나라 말을 하고 쓰면서 이 나라에 살아왔다. 그런데도 어떤 학자도 이 문제에 관하여 오직 그들 선교사만이 전할 수 있는 정확한 지식을 얻기 위하여 그들에게 문의하여볼 생각을 하지 않았다는 것은 참으로 이상한 일이다." 달레, 『한국천주교회사』, 137쪽.

26   H. G. Underwood, 「서문」Preface, 『韓英字典』, 1890; 황호덕·이상현, 『개념과 역사, 근대 한국의 이중어사전 2: 외국인들의 사전 편찬 사업으로 본 한국어의 근대(번역편)』, 박문사, 2012, 44~46쪽.

이 리델의 『한불ᄌᆞ뎐』과 일치할 만큼[27] 프랑스 가톨릭 선교사들은 조선어에 대한 체계적인 분류와 분석을 선구적으로 진행했다.

리델 신부의 『한불ᄌᆞ뎐』이 지닌 또 다른 중요성은 일제 식민지 시기 일본 관학자와 조선 학자가 참조할 수밖에 없었던 조선어 연구의 이정표가 되었다는 점이다. 리델의 『한불ᄌᆞ뎐』과 언더우드의 『한영자전』이라는 가이드가 없었다면 1920~1930년대 조선어 연구와 조선어사전 편찬 운동은 훨씬 더 많은 시행착오를 겪었을 것이다. 우리말이 어떤 우여곡절을 겪으며 특정한 의미와 용례로 변천하고 정착했는지를 알고 싶은 호기심은 조선 학자가 엮은 국어사전에만 의존해서는 풀 수 없는 수수께끼로 남는다.[28] 왜냐하면 "한국어라는 하나의 말을 하나의 개념 혹은 언어로 규범화하고 고정하는 일을 수행한" 주체는 조선 학자가 아니라 프랑스 가톨릭 선교사였다는 사실을 부정할 수 없기 때문이다.

이런 관점에서 재조명하자면, 『한불ᄌᆞ뎐』은 한국어-프랑스어 낱말사전일 뿐만 아니라, 조선 속담의 용례用例 풀이까지 포함한 일종의 참고서였다. 전문가의 견해에 따르면, "이중어사전은 서구의 충격 속에서 급변해온 동아시아인의 삶의 궤적들과 부침투성이의 문명화 과정을 고유한 가치들 속에서 재해석하고 절합切合하여

---

27   황호덕·이상현, 『개념과 역사, 근대 한국의 이중어사전 1: 외국인들의 사전 편찬 사업으로 본 한국어의 근대(연구편)』, 박문사, 2012, 134쪽.

28   리델의 『한불ᄌᆞ뎐』에 앞서 러시아 학지 뿌찔로프의 『노한사전』(1874) 이 간행되었고, 1864년 한국 학자에 의해 이미 『언음첩고』와 『국한회어』(1895) 등이 간행되었음을 간과했다고 익명의 심사위원이 반박했다. 프랑스 및 미국 선교사들이 펴낸 이중어사전이 식민시대 조선어(사전) 연구의 단초가 되었는지는 아직까지 논쟁 중이다.

온 기나긴 투쟁을 매시간마다 기록하여 문자로 확정해온 살아 있는 '역사서'"이다.[29] 언어 분야에만 한정해보더라도, 근대한국학은 순전히 자생적인 민족주의의 산물이 아니라 이 땅에서 순교자 되기를 두려워하지 않은 서양 선교사들이 뿌린 씨앗에서 움튼 새싹이었다.

3   영·미 프로테스탄트 선교사의 한국학 재발명
    : 로스와 그리피스

조선에 먼저 진출한 대부분의 프랑스 가톨릭 선교사들과는 달리, 영국·미국·캐나다인이 주류인 프로테스탄트 선교사들은 중산층 출신의 대학교 졸업생들이었다. 해외 선교사가 되기 위한 자격 요건에 따라 의대나 신학교에서 고등교육을 받은 평균 25~30세 나이의 이들은 복음적 신앙 외에도 후기 빅토리아적 도덕관과 자본주의 정신 및 미국적 실용주의 가치관의 소유자들이었다.[30] 조선이 서양과 최초로 체결한 외교 조약인 1882년 조미수호통상조약에는 기독교 선교의 자유를 보장하는 조항이 누락되었지만, 이후에 체결된 조영수호통상조약(1883)과 조불수호통상조약(1886)으로 조선 정부는 기독교 선교사들의 포교 활동을 비공식적으로 묵인해주었다.[31]

---

29   황호덕·이상현, 『개념과 역사, 근대 한국의 이중어사전 1』, 6쪽.
30   류대영, 『초기 미국 선교사 연구(1884~1910) — 선교사들의 중산층적 성격을 중심으로』, 한국기독교역사연구소, 2001, 28쪽, 56쪽. 미국 선교사가 한국에서 펼친 기독교 선교 활동을 외교사적 관점에서 추적, 분석한 책으로는 류대영, 『개화기 조선과 미국 선교사: 제국주의 침략, 개화자강, 그리고 미국 선교사』, 한국기독교역사연구소, 2004 참조.

후발 주자인 프로테스탄트 선교사들이 1883년 이후 본격적인 개종 사업에 착수했을 때 조선인 천주교 신자는 2만 명을 헤아렸다. 1896년까지도 조선의 개신교 신자는 777명에 불과했다.[32]

특기할 것은 조선이 서양과 외교관계를 수립하기 이전인 1870년대에 영국·스코틀랜드 성서공회가 만주에 체류하던 조선인들과 접촉하면서 조선 선교를 위해 닫힌 문을 노크했다는 사실이다. 중국에 파견된 스코틀랜드 연합장로교회 선교사 존 로스John Ross(1842~1915)의 『한국사』(1879)가 작성되는 배경이다.

1) 로스: 중국적 한국사 서술

1879년 런던에서 출간된 존 로스의 『한국사』*History of Corea, ancient and modern; with description of manners and customs, language and geography*[33]는 한국학의 포럼을 프랑스어권에서 영어권으로 이동·확장했다는 의의가 있다. 그런데 이 책은 『한국사』라는 제목에 어울리지 않게 중국의 역사문화를 영어권 독자들에게 소개하는 것이 주목적이었고, 한국의 역사문화는 주변적인 주제로 취급했다. 동아시아의 "지적이며 문명화된 인종"인 중국인을 인류 역사에서 정확

---

31   조선 땅에서 벌어진 기독교 선교 자유를 둘러싼 서양 국가들과 조선 정부 사이의 팽팽한 줄다리기에 대한 상세한 내용은 류대영, 『개화기 조선과 미국 선교사: 제국주의 침략, 개화자강, 그리고 미국 선교사』, 139~220쪽(3장 「초기 조약들과 기독교 선교의 문제」) 참조.

32   류대영, 『초기 미국 선교사 연구(1884~1910) — 선교사들의 중산층적 성격을 중심으로』, 87쪽.

33   나는 서양어자료총서편찬위원회가 엮은 '근세 동아세아 서양어 자료총서'(경인문화사, 2000~2015)의 일부로 출간된 *History of Corea*를 분석 대상으로 삼았다. 앞의 쪽수는 원서의 페이지를, 뒤의 쪽수는 시리즈물로 재편집된 저서의 페이지를 표시한다. 원문 번역은 나의 것이다.

한 지점에 위치시키고 영국 사람들의 관심을 호소하려는 의도로 이 책을 집필했다고 서문에서 분명히 했다.[34]

로스에 따르면, 중국 문명의 부록에 지나지 않는 조선을 영어권 대중에게 알리기 위해 확보한 주요 자료들을 다소 지루하지만 정확하고 상세하게 옮기는 글쓰기 전략을 선택했다. 집필을 위해 "수백 권에 달하는 중국 저서들을 샅샅이 뒤졌으며 (…) 조선의 관습, 정부 등에 관한 정보는 구술로 전해 들은 것도 일부 있고 한자로 기록된 서적을 통해 얻은 것도 있다"라고 설명했다.[35] 『한국사』에 등장하는 고유명사들이 한국어가 아니라 중국어 발음에 더 가깝게 표기된 것은 이런 연유였다.[36]

『한국사』 전반부는 선비족Hienbi, 거란Kitan, 여진족Nüjun 등 중국 고·중세 왕조와 민족에 대한 서술이 주요 내용을 차지한다. 중국 고·중세 종족국가들 사이에 끼인 '고래 싸움 속 새우'에 불과한 조선의 역사문화에 대한 본격적인 서술은 10~14장에 한정되어 양적·질적으로 빈약하다. 조선의 정부, 지리와 종교, 조선어, 사회관습 등의 소주제에 관한 서술도 달레가 보여준 서구우월주의와 오리엔탈리즘에서 자유롭지 못하다. "당 왕조가 고구려를 제압한 후로 이 나라는 절대적인 자치 정부를 가진 적이 거의 없었"을 만큼 실제

34　John Ross, *History of Corea*, p.vi/6, p.8/22; 존 로스, 홍경숙 옮김, 『존 로스의 한국사』, 살림, 2010, 31~32쪽.

35　John Ross, *History of Corea*, p.vii/7, p.8/22; 로스, 『존 로스의 한국사』, 31쪽. 로스는 본문에서 종종 "나를 도와주고 있던 조선인 학자", "저자가 최초로 만난 조선인" 등의 증언을 채록했음을 일부러 드러내며 자기 저서의 실증성을 과시했다.

36　로스는 고조선을 "Chaosien", 고구려를 "Gogowli", 신라를 "Sinlo"라고 하는 등 중국식 발음으로 표기하고, 백제는 아예 누락했다.

로는 중국의 종속 체제에서 벗어나지 못했고, 조선의 통치 구조는 "큰 물고기는 작은 물고기를 먹고, 작은 물고기는 새우를 먹고, 새우는 진흙을 먹는" 약육강식의 먹이사슬이라고 로스는 적었다.[37] 남존여비를 당연시 여기는 사회풍습의 야만성을 지적하는 태도에는 기독교 문명의 우월성이 묻어 있다. "유럽의 여성들을 모두 합한 것보다 많은" 중국과 조선의 여성이 남성에게 종속되어 시달리고 있는데, "오직 기독교만이" 이들에게 인간으로서의 존엄성을 부여하고 "이들 본연의 사회적 위치를 찾아줄 수 있다"고 그는 장담했다.[38]

로스가 조선의 역사문화를 부정적으로만 인식한 것은 아니었다. 그는 "조선어 알파벳은 그 간소하고 실용적인 면에서는 내가 아는 한 가장 훌륭한 알파벳이다"라고 칭찬했다.[39] 이것이 겉치레 립서비스가 아니라는 것은 리델의 『한국어 문법론』(1881)보다 먼저 출간된 기초 문법서인 『한국어 입문』*Corean Primer*(1877)을 보면 알 수 있는데, 이 책의 내용은 저자로서의 전문지식이 반영된 견해라고 볼 수 있다. 그러나 "한글로 쓰인 것은 많지만 조선어는 배우기가 너무 쉬우므로 문학이라고 부를 만한 가치가 없"다고 로스는 덧붙였다.[40] 조선 고유의 독창적인 문화예술이 없다는 로스의 혹평은 이후 미국 선교사들에 의해 반복, 재생된다.

흥미롭게도 로스는 달레의 『한국천주교회사』에 빚졌음을 인정하면서도 그가 범한 사실적 오류들을 지적했다. 예를 들어 잘못 표

---

37   로스, 『존 로스의 한국사』, 570쪽.
38   로스, 『존 로스의 한국사』, 552~553쪽.
39   로스, 『존 로스의 한국사』, 588쪽.
40   로스, 『존 로스의 한국사』, 482쪽.

기된 조선의 관리 명칭("Pantso")은 조선 정부가 출간한 조선 책자에 따라 다르게("Pan") 발음되어야 옳고, 달레가 부정확하게 표시한 도시의 위치와 이름도 조선 땅에서 간행된 조선 책들을 참조하여 수정되어야 마땅하다고 주장했다.[41] 달레와 마찬가지로 조선을 방문한 적이 없는 로스가 선배 저서의 오류를 따지는 웃지 못할 수정·보완 작업을 통해 근대한국학의 골격이 점점 단단해진 것이다.

2) 그리피스: 일본적 한국사 서술

존 로스가 쓴 거친 한국사 텍스트는 윌리엄 엘리엇 그리피스William Elliot Griffis(1843~1928)가 1882년 선보인 『은자의 나라 한국』Corea: the Hermit Nation으로 이어진다. 로스의 『한국사』가 중국 사료에 과도하게 의존하여 중국사의 일부로 한국사를 서술했다는 약점이 있다면, 그리피스의 『은자의 나라 한국』[42]은 일본 사료와 일본 학자의 해석에 경도되어 한국사를 일본의 유사(아류) 문명권이라는 시각으로 서술했다는 한계를 지닌다. 그리피스는 당대 동아시아권에서는 드문 '일본학 전문가 서양인'이라는 자신의 학문적 권력을 지렛대 삼아 이웃 나라 조선의 역사를 선점해보겠다는 야심을 가진 성직자였다.[43]

41   John Ross, *History of Corea*, p.388/390, p.396/418, p.397/421.
42   나는 서양어자료총서편찬위원회가 엮은, '근세 동아세아 서양어 자료총서'
      의 일부로 출간된 *Corea: The Hermit Nation*, the Eighth Edition(1907)을
      분석 대상으로 삼았다. 앞의 쪽수는 원서의 페이지를, 뒤의 쪽수는 시리즈
      물로 재편집된 저서의 페이지를 표시한다. 신복룡의 번역서 『은자의 나라
      한국』을 참조했지만 따로 밝히지 않은 번역은 모두 나의 것이다.
43   신복룡, 『은자의 나라 한국』, 「옮긴이 서문」 11쪽 참조. 그리피스의 한국 인
      식에 대한 우호적인 평가는 김수태, 「윌리엄 그리피스의 한국 근대사 인

원래 대학에서 자연과학을 전공한 그리피스는 일본 정부 초청으로 1870년부터 일본에 체류하면서 동양학자로 변신했다. 일본 대학교에서 과학 과목을 가르쳤던 그는 1874년 미국으로 귀국하여 신학박사 학위를 받고 일본·조선학 연구자이자 선교사로 여생을 보냈다.『일본제국』The Micado's Empire(1876)을 저술하여 동양학자로 활동하기 시작한 그는 일본의 종교와 천황제 등에 대한 글을 꾸준히 집필한 공로를 인정받아 일본 천황으로부터 훈장을 받았다. 그리피스는『은자의 나라 한국』외에도 한일관계사에 대한 일련의 글을 발표한 덕분에 1900년 영국왕립아세아학회 한국지부 회원이 되었다. 1927년 봄에 처음으로 식민지 조선을 방문하여, 영국왕립아세아학회 한국지부에서 초청 강연을 했다.

그리피스는『은자의 나라 한국』집필 동기를 다음과 같이 설명했다. "중국과 일본의 어떤 전문가도 이 과업[세계의 마지막 은자의 나라에 관한 이야기]을 지금까지 시도하지 않았기에, 나는 일반 독자들—한 미국 여성이 말했듯이, 한국은 '바닷가 조개껍데기'에 불과하다고 흔히 알고 있는 사람들—에게 도움이 되려는 의도로 로크가 '에움길의 시각'이라고 부르는 관점에서 그것[세계의 마지막 은자의 나라에 관한 이야기]을 시도하지만 독창성이나 깊은 연구 결과라고 주장하지는 않는다."[44]

식」,『진단학보』110, 진단학회, 2010 참조.

[44] No master of research in China or Japan having attempted the task, from what Locke calls "the roundabout view," I have essayed it, with no claim to originality or profound research, for the benefit of the general reader, to whom Corea "suggests" as an American lady said, "no more than a sea-shell." Griffis, *Corea: The Hermit Nation*, p.x/10.

아마추어 한국학 저술가로서의 겸양을 내세웠지만 그리피스는 현실적으로 가능한 모든 수단과 방법을 동원해 자료를 모았고 그 정직한 결과물이 『은자의 나라 한국』이라고 은근히 자랑했다.[45] "나는 지도와 도표, 동전과 도자기, 언어와 예술, 목격 자료와 증언, 연필 삽화, 그림과 사진, 일본과 중국의 표준역사(正史), 선원·외교관·선교사·표류자 등의 증언, 비판적 학자들이 요약한 지식 등 조선 안팎의 각종 출처를 통해 정보를 찾았"다고 구체적으로 원천을 나열했다. 그리고 "고대사에 있어서는 원전을 섭렵했으며, 근대 생활에 관한 서술을 위해서는 오직 사려 깊은 목격자들의 기록만을 사실로 인정했고, 특히 한국인의 민속과 사회생활, 그리고 기독교에 관해서는 달레의 『한국천주교회사』에서 많은 것을 인용했다."[46] 그리피스는 자기 입맛에 맞춰 사실을 윤색하지 않았고 현지에 체류한 서양인들의 조선 사회생활에 대한 견해와 판단은 합당한 비판적 검증 없이는 거의 채택하지 않았다고 『은자의 나라 한국』의 사실적 엄정성을 보증했다.

그리피스는 집필에 참조한 자료들을 그 중요성과 의존 정도에 따라 "특별히 도움을 받은 1차 사료", "다소 참조가 된 자료", "직접 인용하지는 않은 자료"의 세 등급으로 구분해 참고문헌에 열거했다. 그는 존 로스의 『한국사』를 조선인들의 정치·사회적인 삶에 대한 정확한 정보로 가득 찬 "탁월한 저작"이라고 칭찬했고, 달레의 『한국천주교회사』에는 "한국 현대사에 관한 많은 자료들이 수

---

45   Griffis, *Corea: The Hermit Nation*, p.x/10.
46   그리피스, 『은자의 나라 한국』, 16~17쪽.

록"되었다고 인정했다.[47] 이 두 책과 거의 동급으로 일본 요코하마에서 발행되는 영자신문인 *The Japan Herald*, *The Japan Mail*, *The Japan Gazette* 등과 중국 상하이에서 발행되는 *The North China Herald*를 "특별히 도움을 받은 1차 사료"로 그리피스는 꼽았다. 중국·일본·영국·미국·독일·프랑스·네덜란드 등 외국 저서와 신문, 잡지 외에도 조선 학자가 한자로 기록한 『동국통감』東國通鑑도 "다소 참조가 된 자료"로 첨부했다. 이와 같은 저자의 말을 액면 그대로 믿는다면, 『은자의 나라 한국』은 한·중·일 동아시아 세 나라와 서양 학자이자 선교사들의 선행연구물들을 총망라한 국제적 공동 협력 작품이며 동시에 일종의 트랜스내셔널 '혼종적 텍스트'[48]라고 규정해도 틀리지 않을 것이다.

달레의 『한국천주교회사』와 로스의 『한국사』의 계보를 잇는 그리피스의 『은자의 나라 한국』에서는 선배들이 기술한 한국학 담론이 어떻게 반복·변주·전유·재창조되었을까? 그리피스도 사색당파四色黨派, 지역 갈등, 미신 숭배 등을 한국 역사문화의 특질을 구성하는 공통분모라고 하며 달레와 로스의 사고방식을 반복, 확대 재생산했다. 조선인의 망탈리테(집단적 정신구조)는 아직까지도 이웃, 집단, 종족적 단계를 넘어서지 못했기 때문에 근대 서구 문명의 핵심 요소인 개인주의 단계에 도달하지 못했다고 그리피스는 지적했다. 조상 대대로 전해 내려온 왕국의 고유한 전통과 정체성을 지키려는 본능적 욕망은 맹목적 애국심으로 표출되고 건강한 민족주의

---

47   Griffis, *Corea: The Hermit Nation*, p.xviii.
48   이 개념에 관해서는 피터 버크, 강상우 옮김, 『문화 혼종성: 뒤섞이고 유동하는 문화를 이해하기 위한 가이드』, 이음, 2012, 34~38쪽 참조.

로 숙성되지 못했다는 것이다.

이런 관점에서 되짚어보자면, 조선의 정치를 좌지우지한 사색 당파는 겉으로는 국가 이익과 발전을 내세우지만 각 당파가 경쟁하여 고위직을 독점하려는 매관매직이 실질적 목표라고 냉철하게 관찰했다.[49] 그리고 고대 중국 문헌이나 언어적 증거, 일본 학자들의 견해, 네덜란드 표류자[하멜]의 진술과 프랑스 선교사의 증언 등을 종합해 판단하면 조선인들의 기본 신앙은 샤머니즘이라고 그리피스는 재확인했다. "순수한 종교[기독교]의 힘과 과학의 확실성의 보호"를 받지 못하는 조선 사람들은 악마와 정령의 공포에서 일상적으로 벗어나지 못하기 때문에 불교와 유교마저도 "미신들 중에서 가장 막돼먹은 것"이 되었다고 서양 선교사들이 공유한 의견에 맞장구쳤다.[50]

그리피스는 달레와 로스처럼 서구적 진보사관으로 조선 문명을 열등하게 보는 시각도 계승·강화했다. 그의 눈에 조선인들은 지식인과 하층민 구분 없이 모두 과거 지향적이며 퇴행적인 역사관의 신봉자들이었다. "조선 사람의 얼굴은 과거를 향해 있다. 그는 죽은 자에게 호소하고 숭배하며, 미래가 가져다주는 것보다 더 많은 것을 [조상의] 무덤이 자신에게 보장해준다고 생각한다. (…) 그는 혁신적인 것의 출현에는 어리석다."[51] 조상 숭배라는 우상을 섬기는 행위를 하는 반면에 더 나은 내일을 보장하는 전향적인 것들을 배척하는 조선인들은 중세 유럽인을 닮아 호고好古적이며 새로운 흐

---

49   Griffis, *Corea: The Hermit Nation*, p.225/257.
50   Griffis, *Corea: The Hermit Nation*, p.326/358, pp.445~446/477~478.
51   Griffis, *Corea: The Hermit Nation*, p.451/483.

름에 대해서는 까막눈이라고 흉보았다. 또 조선의 지식인은 고대 중국에서 전래되는 격언이나 속담과 공자 왈 맹자 가라사대 하는 성인 말씀을 암기하여 성스러운 도덕의 표준으로 삼지만, 정작 자신들의 언어, 문학, 역사 등은 천대시한다고 손가락질했다.[52] 마치 중세 유럽의 수도승들이 라틴어로 기록된 지식을 독점했던 것과 마찬가지로, 부유한 선비와 이들의 세력 근거지인 서원만이 배타적으로 책과 도서관을 소유하고 있다고 비교했다. 당시 중국과 일본에서는 많은 서점과 순회 도서관 및 사설학교 등을 통해 지식의 대중적인 확산이 가능했지만, 조선에서는 그와 유사한 지식 생태계가 존재하지 않기 때문에 평민들은 무지한 상태로 팽개쳐졌다고 진단했다.[53]

『은자의 나라 한국』은 영어권 독자들의 인기를 얻어 조선의 역사문화 입문서로 성공했다. 그리피스의 소망대로 이 책은 1911년까지 수십 쇄를 찍고 개정판을 낼 정도로 19세기 말에서 20세기 초까지 한 세대 동안 서양 독자를 위한 '한국학 표준 텍스트'로 자리잡았다. 이 책이 한국학 담론 형성과 전개에 끼친 영향력을 과소평가할 수는 없지만, 그 치명적인 약점을 언급하지 않을 수 없다. 『은자의 나라 한국』에 포함된 많은 내용은 오늘날의 잣대를 엄격히 적용하면 표절이다.

예를 들어 부자父子 간의 도포 상속과 다른 당파에 대한 복수

---

52   Griffis, *Corea: The Hermit Nation*, p.340/372.
53   조선시대에 국가가 책의 유통과 지식 보급을 중앙집권적으로 독점·통제한 역사에 대해서는 이재정, 『조선출판주식회사』, 안티쿠스, 2008; 강명관, 『조선시대 책과 지식의 역사』, 천년의상상, 2014 등 참조.

이야기,[54] 노론과 소론의 싸움을 묘사한 토착민의 풍자 그림 사례와 조선을 인간 몸에 비유하며 양반이 민중을 착취한다는 설명[55] 등은 달레의 책 내용을 표절한 것이다. 34장 「전설과 민담」Legends and Folk-lore에서는 『한국천주교회사』의 「한국어 문법」Grammaire Coréene 장에 실린 민담 세 편을 통째로 그대로 복사해 게재했다.[56] 상당한 분량의 내용 옮기기 외에도 "프랑스인들이 말하는 것처럼 파리가 프랑스라면 서울은 조선이다"If, as the French says, Paris is France, then Seoul is Corea[57], "제대로 된 극장은 조선에서는 존재하지 않는 것처럼 보인다"The theatre, proper, does not seem to exist in Corea[58]라는 표현은 『한국천주교회사』의 문장을 그대로 베낀 것이다. 두 책을 꼼꼼하게 비교·검토해보면,[59] 프랜시스 베이컨의 조언을 좇아 선행연구 업적을 비판적으로 맛보고 씹었으며 소화하지도 않고 "삼킨 것은 거의 없"다는 그리피스의 진술[60]은 과장을 넘어 거짓에 가깝다.

　　『은자의 나라 한국』에 대한 독자들의 과분한 대접에도 이 책

54　　Griffis, *Corea: The Hermit Nation*, p.227/259.

55　　Griffis, *Corea: The Hermit Nation*, pp.228~229/260~261.

56　　Griffis, *Corea: The Hermit Nation*, pp.310~316/342~348.

57　　Griffis, *Corea: The Hermit Nation*, p.233/265.

58　　Griffis, *Corea: The Hermit Nation*, p.291/323.

59　　『한국천주교회사』와 『은자의 나라 한국』 사이의 유사성에 대한 실증적 사례 제시는 이영미, 「그리피스(W. E. Griffis, 1843~1928)의 한국 인식 변화」, 표-1, 101~102쪽; 이영미, 『그리피스(1843~1928)의 한국 인식과 동아시아』, 인하대학교 박사학위논문, 2015 참조.

60　　Griffis, *Corea: The Hermit Nation*, p.5. 그리피스가 인용한 선현 베이컨의 가르침은 "어떤 책은 그 맛을 음미하고 어떤 책은 송두리째 이해해야 한다면, 어떤 책은 잘 씹어서 소화해야 한다"라는 것이다. 프랜시스 베이컨, 권오석 옮김, 「학문에 대하여」, 『베이컨 수상록』, 홍신문화사, 1990, 248쪽.

의 약점과 한계를 가장 잘 아는 사람은 그리피스 자신이었다. 그는 1927년 식민지 조선을 처음 방문해 영국왕립아세아학회 한국지부 초청으로 강연했다. "근대화 이전의 낡은 일본과 서구화·민주주의화된 새로운 일본에 관한 추억"Some reminiscences of the Old and impression of the New Japan이라는 제목을 붙여 일본학을 공부하게 된 동기를 자기 가족사와 연관해 시시콜콜하게 이야기했다.[61] 『은자의 나라 한국』이나 한국학에 대한 언급은 전혀 없었는데, 본인보다 한국에 대한 전문지식이 더 깊은 청중이 던지는 곤란한 질문을 피하려고 그랬을 것이다.

그리피스는 1906년 출간한 『은자의 나라 한국』 제8판 서문에서 다음과 같이 고백했다. "나는 다시 한 번 독자들의 관대함indulgence에 호소한다. 조선에 오랫동안 살았기 때문에 [나의 저서를] 철저하게 비판할 수도 있는 사람들[미국·캐나다 선교사들]이 감사의 표현을 아낌없이 보냈는데, [졸저의 오류와 허술함을 참아준 한국학 전문가인] 그들의 용서를 특별히 바란다"라고 자세를 낮췄다.[62] 그리피스는 개정판에 새로 들어간 대한제국 당대사를 서술하는 데에 있어서 조선에 파견된 프로테스탄트 선교사들이 출범한 "독창적 가치"unique value를 지닌 『코리안 리포지터리』The Korean Repository(1892~1898)에 신세 졌다는 감사 인사를 편집인에게 보냈다.[63] 당대 한국학 분야의 대중 스타인 그리피스의 학문적 권위에

---

61   ADDRESS DELIVERED BY THE REV. WILLIAM ELLIOT GRIFFIS, *Transactions of the Korea Branch of the Royal Asiatic Society*, Vol. XVII, 1927, pp.1~14 참조.

62   Griffis, *Corea: The Hermit Nation*, p.8; 그리피스, 『은자의 나라 한국』, 14쪽.

63   필자 미상, "Ancient Korea," *The Korean Repository*, IV, p.459. 이 책의 저

도전하여 한국학 담론을 더 높은 차원과 경지로 이끌 프로테스탄트 선교사들의 집단 지성의 산물인 최초의 영문 월간지 『코리안 리포지터리』가 마침내 등장했다.

자인 나는 1987년 한국교회사문헌연구소에서 간행한 다섯 권짜리 『코리안 리포지터리』 영인본을 참조했다. 이하 인용문 쪽수는 영인본의 것이다.

2장

한국학의 국제화와 콘텐츠 생산·개발의 포럼

: 『코리안 리포지터리』와 『코리아 리뷰』

『코리안 리포지터리』는 미국 감리교 선교사 프랭클린 올링거 Franklin Ohlinger(1845~1919)가 주도하고 서양 선교사들이 합류하여 1892년 1월에 간행한 최초의 영문 월간지다.[1] 운영 재정은 미국 감리교 선교회의 후원금과 구독 회원의 납부금으로 충당되었다. 조선 성서문서회와 배재학당 부속 삼문출판사The Trilingual Press 초대 회장을 역임한 올링거는 이 저널의 창립 취지와 편집 방향에 대해서 다음과 같이 밝혔다.

우리는 조선이 현재 경험하는 변화에 대한 영구적인 기록이 필요하다는 확신과 과학, 언어, 예술과 기타 분야에 종사하는 학자들에게 그들의 연구 결과를 발표할 매체를 제공해야 한다는 확신으로 이 일[월간지 발행]을 시작했다. (…) 조선에 연관

---

[1] 『코리안 리포지터리』에 관한 선행연구는 빈약하다. 이 잡지의 형식과 내용 및 필자를 전체적으로 소개하고 총 목차를 부록으로 첨부한 유영렬 윤정란, 『19세기말 서양 선교사와 한국사회—The Korean Repository를 중심으로』, 경인문화사, 2004; 강혜정, 「선교사가 만든 잡지, The Korean Repository의 학술 자료적 가치」, 『선교사와 한국학』, 숭실대학교 한국기독교문화연구원, 2022 등 참조.

된 모든 것이 우리의 관심사이다. 우리는 통상적인 의미에서의 정치 잡지도 아니며 선교 저널도 아니지만, [조선에서 발생하는] 정치적 변화와 선교 사업에서의 발전을 계속 기록할 것이며 이런 주제에 관련된 소식들을 환영하여 접수할 것이다.[2]

　　이 인용문의 의미를 쉽게 풀면 다음과 같다. 『코리안 리포지터리』는 조선에서 행하는 기독교 선교 사업의 이모저모를 전달하는 월간 선교지이며, 한국학 전문가들의 최신 연구 결과를 보고하는 학술지이고, 조선과 조선을 둘러싼 이웃 나라들의 외교관계와 정치 변화를 추적하는 시사지라는 성격을 종합적으로 지닌다. "조선에 연관된 모든 것이 우리의 관심사이다"라고 천명했듯이, 조선에 대한 '거의 모든 지식'을 모으고, 전달하며, 공론화하는 공간이라고 자부했다.

1　　19세기 말 한국학의 국제적 네트워크 만들기

이와 같은 창간 취지를 갖춘 『코리안 리포지터리』가 근대한국학 담론의 역사에서 차지하는 위상은 무엇일까? 무엇보다도 이 영문 월간지는 '조선(인)이란 무엇인가'에 대한 총체적인 지식-권력을 생산하는 공장인 동시에 국제적 보급 센터였다. 후속편인 『코리아 리뷰』*The Korea Review*와 함께 『코리안 리포지터리』는 19세기 말~

2　　Editorial Department, "The Repository for 1896," *The Korean Repository*, Vol. 2(1895. 12), p.475. 이하 『코리안 리포지터리』 관련 기사에 대한 번역은 모두 내가 했다.

20세기 초에 걸쳐 한국학 분야의 가장 권위 있는 저널이었다. 걸음마 단계인 한국학을 개척하고 이를 발판 삼아 한국의 자원과 지정학적 이점을 활용·정복하려는 서양 학자, 정치가, 외교관, 군사 전략가 등의 필독서였다. 낯선 조선 땅을 방문하는 서양인이 귀하게 참조해야 했던 현지 안내서이자 최신판 종합소식지이기도 했다. 여행 작가로 이름을 날리던 영국 여성 이사벨라 비숍이 1894년 조선으로 향하기 전에 긴요하게 구독한 매체가 『코리안 리포지터리』였다.[3] 1895~1896년 조선을 탐험한 러시아 장교들이 참조한 독서 목록에도 이 잡지 이름이 포함되었다.[4]

『코리안 리포지터리』는 총 60권으로 수천 쪽에 달하는 방대한 분량이다. 조선 통사, 전통문화, 통치 구조, 사회계층, 경제 구조, 신앙과 풍습, 문학과 예술, 언어와 속담, 조선 관련 서적 등 거의 모든 주제와 이슈를 아우르는 기사와 기획 연재물이 게재되었다. 그리고 서울 주재 서양인들의 동정과 레저 활동 등 국내외에서 관심을 끈 사건과 인물에 대해 꼼꼼하고 사소한 일상생활까지 기록했다. 한국(인)에 대한 "머리부터 발끝까지"의 빅데이터가 저장·분류·해설된 지식의 저수지가 『코리안 리포지터리』였던 것이다.

한국학 담론 형성과 전파라는 관점에서 『코리안 리포지터리』가 지닌 가장 독보적인 특징은 이 월간지가 소유한 국제적 네트워크의 힘이다. 창간호에도 "정말 흥미로운 나라[조선]와 그 국민에 관

3   이사벨라 버드 비숍, 이인화 옮김, 『한국과 그 이웃 나라들』, 살림, 1994, 194쪽, 504쪽.
4   카르네프 외, 김정화 외 옮김, 『내가 본 조선, 조선인: 러시아 장교 조선 여행기』, 가야넷, 2003, 47쪽.

해 작은 정보를 알리고자 하는 우리의 노력을 초기부터 지속적으로 격려해준" 해외 매체에 감사한다는 말이 나온다. 그 명단에는 *The Chinese Recorder*, *The Celestial Empire*, *The Messenger*(Shanghai), *The Rising Sun*(Nagasaki), *The Kobe Chronicle*, *The Northern Christian Sun*(Syracuse, N. Y.), *The Toung Pao*(Leyden, the Netherlands) 등이 포함된다.[5] 선교 매체에 국한되지 않고 유럽의 동양학 중심 도시인 네덜란드 레이던에서 발행하는 동양학 전문지와도 협력 관계를 맺었다는 사실에서 『코리안 리포지터리』의 트랜스내셔널 성격이 잘 드러난다.

중국, 일본, 미국, 네덜란드 등지에서 출판되는 선구적인 동아시아 대중매체와 국제적으로 연결된 『코리안 리포지터리』의 지식 정보망은 형식적 수준이 아니라 매우 실질적이며 밀접하게 작동했다. 위에 열거한 매체들은 상호 기사 교류 및 복사 게재, 국내외 정세 및 정보 문의와 교환, 인적 교류와 초청 강연 등 다양한 형식과 수단으로 넓게는 동아시아, 좁게는 조선에 대한 중요하고도 긴박한 지식-권력을 함께 만들고 공유했다.

『코리안 리포지터리』가 단순한 선교 매체가 아니라 근대한국학 담론을 형성·보급·협상·재창조하는 동아시아의 교차로였다는 점을 구체적 사례를 들어 검증해보자. 『고베 크로니클』*The Kobe Chronicle*과 『노스 차이나 헤럴드』*The North China Herald*는 『코리안 리포지터리』 1896년 12월호에 게재된 고종의 인물 사진과 소개 글

---

5   *The Korean Repository*, Vol. 1(1892. 12), p.377. 『코리안 리포지터리』와 협력했던 이들 매체에 대한 서지 정보를 아쉽게도 임경석 편저, 『동아시아 언론매체 사전, 1815~1945』, 논형, 2010에서도 찾아볼 수 없었다.

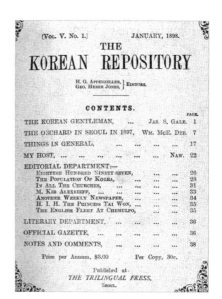

[Vol. V. No. 1.] JANUARY, 1898.

THE
KOREAN REPOSITORY

H. G. Appenzeller, } Editors.
Geo. Heber Jones, }

CONTENTS.

PAGE.

THE KOREAN GENTLEMAN, ... Jas. S. Gale. 1
THE ORCHARD IN SEOUL IN 1897, Wm. McE. Dye. 7
THINGS IN GENERAL, ... 17
MY HOST, ... Naw. 22
EDITORIAL DEPARTMENT:—
    Eighteen Hundred Ninety-seven, ... 26
    The Population Of Korea, ... 28
    In All The Churches, ... 31
    M. Kir Alexieff, ... 33
    Another Weekly Newspaper, ... 34
    H. I. H. The Princess Tai Won, ... 35
    The English Fleet At Chemulpo, ... 35
LITERARY DEPARTMENT, ... 36
OFFICIAL GAZETTE, ... 36
NOTES AND COMMENTS, ... 38

Price per Annum, $3.00 Per Copy, 30c.

Published at
THE TRILINGUAL PRESS,
Seoul.

서양 선교사들이 조선에 대한 '거의 모든 지식'을 모으고, 전달하며, 공론화하기 위해 간행한 최초의 영문 월간 선교지 및 시사지 성격을 띤 『코리안 리포지터리』.

을 다음해 1월 동시에 번역·게재했다.[6] 당대의 통신 사정을 고려한다면 거의 시간의 지연 없이 이들 매체 사이에서 특정 기사와 이미지가 공유되었음을 알 수 있다. 또 『코리안 리포지터리』의 주요 필진 중 한 명인 게일은 자신의 조선 여행기[7]를 일본 '요코하마문학협회'Yokohama Literary Society에서 발표했고, 자신이 만든 『한영사전』 *Korean-English Dictionary* 출간 뉴스가 1897년 5월 8일자 『일본신문』*Japan Mail*에 게재되었다고 자랑했다.[8] 『코리안 리포지터리』와

---

6   Editorial Department, "The Portrait of the King," *The Korean Repository*, Vol. 4(1897. 1), p.30 참조.

7   J. S. Gale, "A Trip Across Northern Korea," *The Korean Repository*, Vol. 4(1897. 3).

8   "Notes and Comments," *The Korean Repository*, Vol. 4(1897. 3/5), p.81, p.199.

『일본신문』사이에 조선에 대한 지리·언어적 지식의 교류 혹은 '사고팔기'가 진행되었다는 증거다.

한 걸음 더 나아가, 한국에 대한 지식-정보 교환이 한 방향이 아니라 양방향에서 '협상'되었음을 보여주는 사례도 있다.『일본신문』은 1897년 5월 8일자 기사에서 최근 조선 전국에서 도적질과 폭동 등이 많이 발생한다고 들었는데, 그것이 조선의 평시 상황인지 더 악화한 것인지, 아니면 뉴스망의 부재로 외부 세계가 잘 모르는 풍문인지 정확히 알려달라고『코리안 리포지터리』데스크에 요청했다.[9] 일본 측의 이런 주문에『코리안 리포지터리』가 어떻게 반응했는지 확인할 수 있는 기사를 찾아볼 수는 없지만, 뉴스의 상호 교환과 정보 공유라는 내부 협약에 따라『일본신문』의 궁금증을 해소해주었을 것으로 짐작된다. 이 사례에 근거하여 다시 보면, 서양 선교사들이 선의로 또는 무심코 자신들이 획득한 조선에 대한 은밀한 '내부' 정보를 호시탐탐 침략 기회를 탐색하던 일본 정부 및 매체와 공유하고 전달하는 에이전트 노릇을 했을 가능성을 완전히 배제할 수는 없다.

이러한 가설의 성립을 뒷받침하는 사람이 그리피스다. 그는 조선에 '불법으로' 잠입한 가톨릭 선교사들이 자기 나라의 앞잡이가 되어 조선을 배반한 '반역자들'이라고 강하게 질타했다.[10] 유교의

---

9   "Notes and Comments," *The Korean Repository*, Vol. 4(1897. 5).『일본신문』에 관한 서지 정보도『동아시아 언론매체 사전, 1815~1945』에 기재되어 있지 않아 향후 숙제로 남긴다.

10   "이교도 나라인 조선의 법률을 무시하고 프랑스 가톨릭 선교사들은 위선과 허위의 수단을 동원하여 초상初喪 중인 양반으로 변장하여 조선에 들어왔다." Griffis, *Corea: The Hermit Nation*, p.376, p.408.

견고한 강철 우리에 갇혀 사자 밥 신세가 된 조선의 신자들을 구출하기 위해 프랑스 제2제정의 군사 개입을 간청한 프랑스 가톨릭 선교사가 "침략자의 척후병"이며 "군함의 길잡이"임은 "엄격한 논리이며 사실"이라고 그리피스는 못 박았다.[11] 그의 가혹한 비난을 프로테스탄트 신자가 가톨릭 성직자에게 마구 던지는 교파적인 시기심으로만 볼 수는 없다. 전례가 있는 역사적 사실이었기 때문이다. 루이 14세의 대신 콜베르Jean Baptiste Colbert는 프랑스 동인도회사를 세우고 1666년 프랑수아 카레 신부를 '정보원'으로 인도에 파견했다. 영국 동인도회사와 네덜란드 동인도회사의 움직임을 몰래 살펴 무역전쟁에서 유리한 고지를 차지하려는 속셈이었다.[12]

1866년 병인양요丙寅洋擾 때 프랑스 정부가 자국의 선교사 보호를 구실로 파견한 프랑스 해군의 길잡이 노릇을 한 인물은 리델 신부였다. 그는 10월 가을 햇볕의 뱃전에 앉아 다음과 같은 감상적 소감을 읊었다. "한국은 거칠면서도 아름답고 풍요롭습니다. [프랑스] 장교들과 병사들은 그 아름다움과 풍요로움에 감탄했고 우리는 이런 감탄사를 수없이 들었습니다. (…) 얼마나 좋은 기후, 얼마나 풍요로운 나라인가! 우리가 코친차이나가 아닌 이곳에 자리를 잡았더라면…!"[13] 근대한국학의 '국제화'는 일종의 양날의 검이었다. '은자의 나라'가 외부와 소통하는 창문이면서도, 한편으로 외부 세력이 틈입하는 뒷문이기도 했다. 서양 선교사들이 모국을 위한 민

11   Griffis, *Corea: The Hermit Nation*, p.360/392.
12   피터 버크, 박광식 옮김, 『지식: 그 탄생과 유통에 대한 모든 지식』, 현실문화연구, 2006, 213쪽.
13   불레스텍스, 『착한 미개인 동양의 현자』, 100쪽 재인용.

간 외교관 노릇이나 언론사의 현지 특파원 '아르바이트'까지 감당
해야 했던 19세기 말 상황에 대입해보면, 선교사-첩보원이라는 이
중적 역할은 어쩌면 크게 놀라운 일이 아닐 수도 있다.

2   『코리안 리포지터리』에 투영된 한국학의 성격과 특징

근대한국학 담론의 관제탑과 국제화의 첨병 임무를 수행한 『코리
안 리포지터리』에 게재된 주요 내용들은 무엇이었을까? 다양한 배
경을 가진 필진과 백과사전 형식 때문에 그 콘텐츠를 두부 자르듯
일목요연하게 정리·정돈하기가 매우 어렵지만, 『코리안 리포지터
리』는 "조선에 관한 전문적인 지식은 조선을 효과적으로 지배(개종)
할 수 있는 원천"이라는 신념을 지켰다. 한편으로 달레-로스-그리
피스로 이어지며 만들어진 조선에 대한 편견과 고정관념을 확대 재
생산·강화했고, 다른 한편으로 선배 한국학자들이 피상적으로 기
술하거나 간과한 조선의 또 다른 이면裏面을 발굴하여 깊이 있게 재
조명했다.

　　다시 말해 『코리안 리포지터리』는 『한국천주교회사』와 『은자
의 나라 한국』에서 제시된 윤곽과 기본 뼈대를 답습하면서 현지에
서 장기 체류한 경험이 없던 바다 건너 '책상물림' 옵서버들이 범한
오류를 수정, 보완했다. 한국학을 더욱 정교하고 세련된 콘텐츠로
담금질하려는 의도였다. 이 월간지가 이전의 담론을 어떻게 반복·
변주·전유했는지 특정 텍스트의 내용 분석에 치중하기보다 텍스트
사이의 상호성inter-textuality에 주목하여 한국학 지식-권력의 숲과

생태계를 조망해보자.

무엇보다 『코리안 리포지터리』는 조선 문명이 본질적으로 병들고 정체停滯되었기 때문에 자율적으로는 혁신할 수 없다는 선배 선교사들의 기본 입장을 지지했다. 마지못해 서구 열강에 문호를 개방한 이 나라는 '잘 알려지지 않은 조선', '불안한 조선', '부패한 조선', '불행한 조선', '모험가 조선' 등 다양한 별명으로 묘사되지만 "진짜 조선은 자원이 발달하지 않은 국가"라고 규정했다.[14] 육체노동이라고는 평생 해보지도 않고 그 자체를 경멸하는 조선의 지배계층은 낙후되고 저개발된 자기 나라를 개혁할 의지도 능력도 없다고 진단했다. 굶어 죽어도 오직 '예'禮만을 숭배하는 양반은 가난과 빚더미에도 군자의 평정심을 유지(하는 체)하지만, 합리적이며 과학적인 사고방식에 치명적인 결점을 가졌다는 것이다. 이런 사회풍습에 길든 양반은 "비즈니스에서는 머리에 피도 마르지 않은 어린아이"에 불과했다. "절대적으로 무용지물적인 태도his absolute good-for-nothingness와 그가 살아가는 이 세상에 대한 부적응성"을 겸비한 조선의 양반계급은 "휴머니티의 수수께끼"이며 "오리엔트 부조리의 하나"라고 『코리안 리포지터리』는 비꼬았다.[15]

조선의 밝은 미래는 젊은 세대에게서도 찾아볼 수 없다고 서양 선교사들은 걱정했다. 유교(주자학)의 시대착오적 교육의 늪에 빠진 조선의 어린이와 청소년은 "고대 성현의 학문과 의사疑似 역사로

---

14   Editorial Department, "The Real Korea," *The Korean Repository*, Vol. 2(1895. 9), p.348. 작은따옴표로 표시된 강조는 원문의 것이다.

15   J. S. Gale, "The Korean Gentleman," *The Korean Repository*, Vol. 5(1898. 1), p.3, p.6.

가득 찬" 중국 고전을 읽고 암기하는 데 열중하지만 "1896년 현재 그들이 사는 세계를 이해하려는" 실질적인 지식 습득에는 무지하다고 한탄했다. 현실적 과학기술 교육에는 눈이 멀어 있고, 공장에서 찍어낸 빵처럼 천편일률적 텍스트를 기계적으로 낭송하는 데 재능을 낭비한다는 지적이다. 그 결과, '교육을 받은 평균 한국인'은 "근대적인 모든 것에 대하여 색맹이며 그의 사고력은 깊이도 없고 독창력도 없다."[16] 자기가 배우는 텍스트에 대해 질문조차 제기하지 못하고 성장한 이들이 위대하고 창조적인 예술작품을 생산하지 못하는 것은 당연한 귀결이라는 편견도 『코리안 리포지터리』에서 되풀이된다.

한편, 조선에 대한 이전의 피상적 관점에서 벗어나 그 속살에 더 가깝게 접근한 예리한 사회비평은 『코리안 리포지터리』에서 주목할 부분이다. 샤머니즘과 조상 숭배와 같은 우상을 섬기고 내세에 대한 믿음이 없는 조선인들에게 기독교를 전파하기는 매우 어렵지만, 그런 조선인의 특징을 '다시 태어난 기독교인'으로 만들 수 있는 비결로 삼기도 했다. 조상 숭배 거부라는 '마지막 시험'을 통과하기 위해 가족이라는 탯줄과 교우관계를 단호히 끊은 조선의 초보 기독교인들은 역설적으로 어느 민족보다도 더 열성적이고 용맹한 '기드온의 용사'Gideon's band[17]가 될 자격이 있다고 『코리안 리포지터리』는 예언했다.[18] 조선(한국)이 동아시아에서 매우 예외적으로

---

16   Daniel L. Gifford, "Education in the Capital of Korea (1)," *The Korean Repository*, Vol. 3(1896. 7), pp.281~282.

17   기드온은 고대 이스라엘 민족을 타민족의 압박에서 해방한 유대인 선지자다.

18   "Obstacles Encountered by Korean Christians," *The Korean Repository*, Vol. 5(1895. 4), p.149.

짧은 기간에 가장 완강한 유교 국가에서 '기독교 국가'로 가장 성공적으로 변신(?)한 지난 100년의 역사를 회고한다면 매우 흥미롭고도 정확한 전망이었다고 하지 않을 수 없다.

지배-종속 관계로 요약되는 조선 남녀(부부) 관계의 고정관념을 깨려는 시도도 『코리안 리포지터리』에서 유의해 읽어야 할 신선한 내용이다. 조선 여성을 유교적 가부장주의 응달 아래 시들어 죽는 희생자들로 간주한 이전의 주장과 달리 이들을 조선 사회의 능동적 실세라고 재평가한 것이다. "부지런하고, 성격이 강하며, 비상사태에 꾀바르고, 참을성 있고, 불굴의 헌신으로 빛나는" 조선 여성은 "가정의 실질적 가장"the real man-of-the-house이며 동시에 "모든 사회제도와 사회기관의 캡틴"이라고 『코리안 리포지터리』는 칭송했다.[19] 체면치레에 정신을 뺏겨 세상살이를 팽개친 남성 및 남편을 대신하여 조선 여성은 가족을 일상적으로 먹여 살리는 데 희생할 뿐 아니라, 농사꾼·가게 주인·보따리장수 등으로 노동하면서 조선의 사회경제를 실질적으로 이끌어가기 때문이다.

한국 여성의 공적 영역에서의 활약상도 과소평가하지 않았다. 마치 구체제 하의 프랑스에서 살롱 마담들이 베르사유 바깥에서 궁중 사회를 지배하는 파워브로커power-broker로서 사회여론 조성에 영향력을 행사했던 것처럼, 사랑방을 넘어 안방에서 조선(양반) 여성이 은밀히 운영하는 "치맛바람 정부"petticoat government의 통제에서 남자-양반마저도 자유롭지 못하다고 진단했다.[20] 당시 기독교

---

19   "The Status of Woman in Korea," *The Korean Repository*, Vol. 3(1896. 6), pp.134~135.

20   Gale, "The Korean Gentleman," p.5.

로 가장 많이 개종한 집단이 여성이었다는 점을 상기한다면, 조선
의 '우먼파워'를 사회변혁의 핵심으로 높이 평가한 미국 선교사들
의 시각은 경이롭고도 독창적이라고 하지 않을 수 없다.

'여성 문제'에 대한 이와 같은 전복적 해석에서도 드러나다시
피, 『코리안 리포지터리』는 서양 선교사-학자들이 이전에 축적한
지식을 확장·심화하는 데 만족하지 않고 사실적 오류를 지적하며
과감하게 나무라기도 했다. 그리피스의 『은자의 나라 한국』이 인기
를 얻어 6쇄를 출간하는 시점(1897)에 맞춰 이 저서에 포함된 일본
식 발음에 따른 고유명사 철자의 잘못을 지적하는 기사를 실었다.
『고사기』古事記(*Japanese Kojiki*)와 『일본서기』日本書紀(*Nihongi*) 같은
일본 측 사료에 전적으로 의존한 그리피스가 조선을 'Chō-sen', 고
구려를 'Kokorai', 백제를 'Hiaksai', 고려를 'Korai' 등 일본식으로
잘못 표기했다고 지적한 것이다. 그리피스가 "조선의 역사적 인물"
인 단군을 압록강 주변의 신비스러운 부족국의 창시자로 하찮게 취
급한 것도 사실과 어긋나므로 수정해야 마땅하다고 요청했다.[21] 그
리고 그리피스가 일본과 중국 자료들을 과중하게 참조해서 조선 역
사를 서술한 것은 "프랑스와 스페인의 아카이브에 근거해서 네덜란
드 역사를 서술하는" 행위와 같다고 강도 높게 힐난했다.[22]

한마디로 말하자면, "반도 왕국[조선]을 묘사한 가장 대중적 작
품"인 『은자의 나라 한국』은 엄격한 의미에서는 '조선의 역사서'라

---

21   필자 미상, "Ancient Korea," *The Korean Repository*, Vol. 4(1897. 12),
      p.460, p.462.
22   필자 미상, "Ancient Korea," *The Korean Repository*, Vol. 4(1897. 12),
      p.458.

고 볼 수 없다는 것이다. 같은 잣대를 적용하여, 비숍의『한국과 그 이웃 나라들』도 조선에 관한 최신의 최상급 정보를 솔직하고 공평하게 기록했다는 장점은 있지만, 조선의 역사를 다룬 전문 서적이 아니라 "하나의 여행기"a narrative of travel에 불과하다고 평가절하했다.[23] 당대 한국학 전문가들의 잘못과 한계를 비판한 것은 한국학에 대한 절대적 권위와 합법성이 이제『코리안 리포지터리』에 있다는 자신감의 간접적 표현이었으리라.

3   『코리아 리뷰』와 한국 속담 및 민담 채집

『코리안 리포지터리』는 1898년 12월호를 끝으로 폐간되었다. 대략 1년의 공백기 후 그 속편에 해당하는『코리아 리뷰』가 1901년 1월 창간되었다. 『코리안 리포지터리』의 주필 조지 존스G. H. Jones가『코리아 리뷰』에서도 여전히 주필을 맡았고, 호머 헐버트Homer Hulbert도 계속 편집 책임을 담당할 만큼 두 월간지는 연속성을 보였다. 『코리안 리포지터리』를 인쇄한 삼문출판사가 미국 교인들의 모금으로 시설을 확충하여 '감리교출판사'Methodist Publishing House라는 새로운 간판을 내걸고『코리아 리뷰』를 간행했다. 즉『코리아 리뷰』는 최초의 영문 월간지인『코리안 리포지터리』를 새롭게 정비하여 재출범한 것으로, 그 기본 성격을 유지했다. 『코리아 리뷰』는 1906년 12월까지 만 6년에 걸쳐 출간되었다.

---

23   Literary Department, *The Korean Repository*, Vol. 5(1898. 3), p.119.

헐버트는『코리아 리뷰』창간사에서 비슷한 시기에 출범한 일종의 경쟁지인『영국왕립아세아학회 한국지부 트랜잭션』*Transactions of the Korea Branch of the Royal Asiatic Society*(이하 *Transactions* 또는『트랜잭션』으로 약칭)과의 역할 분담론을 거론했다. 예를 들어 한국의 민담 연구나 인종적 특질에 관한 철저한 연구는 영국왕립아세아학회 한국지부가 마땅히 추구해야 할 영역이지만, 조선의 이모저모에 대한 지적 궁금증을 품고 그에 대한 답을 갈구하는 서양인들을 위한 "정보 안내서"a bureau of information 역할은『코리아 리뷰』가 담당할 수 있다고 밝혔다.『트랜잭션』이 조선학에 관한 본격적인 연구를 전담하고,『코리아 리뷰』는 한국에 관심을 가진 서양인이 서로 자신의 견해를 표현·비교·교환하는 "부차적이며 보충적인 연구의 매개"가 되어야 한다고 헐버트는 두 영어 매체의 차별적 역할을 주장했다.[24]

『코리안 리포지터리』와『코리아 리뷰』는 근대한국학에서 소외된 새로운 연구 주제를 개발하여 그 기초조사를 선구적으로 진행했다. 한국 속담과 민담을 채집하고 번역·소개하는 것이 그런 일이었다. 처음으로 한국 속담을 채집하여 그 뜻을 영어로 옮기고 해설한 인물은 성공회 소속 선교사이며 의사인 랜디스E. B. Landis(1865~1898)였다.[25] 그는『코리안 리포지터리』1896년 8월호에

---

24   "Editorial Comment," *The Korea Review*, Vol. 1 No. 1(1901. 1), p.23.
25   랜디스가 수행한 한국 연구의 성격과 그 의의에 대해서는 방원일, 「성공회 선교사 랜디스(Eli Barr Landis)의 한국종교 의례 연구」,『선교사와 한국학』, 숭실대학교 한국기독교문화연구원, 2022 참조. 방원일은 '한국 무교 의례'라는 소제목으로 랜디스의 "Notes on the Exorcism of Spirits in Korea," *The China Review*, 21: 6, 1895를 분석하고, 이 선행연구가 존스의

처음으로 한국 속담 40개를 채집하여 뜻풀이했고, 같은 해 10월호에 60개를 추가 소개했다. 서양 속담 "한 개 돌로 두 마리 새 잡기"와 비슷하다는 "꿩 먹고 알 먹고"라는 한국 속담을 첫 번째로 시작하여[26] "강철(별똥별)이 간 곳에는 가을도 봄이다"라는 백 번째 속담으로 일단락한다.[27] 랜디스는 자신이 어떤 경로와 수단으로 속담을 모았고, 누구의 도움으로 그 의미를 파악했는지는 밝히지 않았다.

헐버트가 갑자기 사망한 랜디스의 뒤를 이어 속담 채집과 풀이 작업을 계속했다. 그가 여러 차례에 걸쳐 『코리안 리포지터리』에 소개한 한국 속담 75개가 그 성과물이다.[28] "급히 먹는 밥에 목이 멘다"라는 첫 번째 속담으로 시작하여 "원님이 아전의 소매에 들었다"라는 속담으로 마무리했다. 한국 속담에 대한 짤막한 직역에 그쳤던 랜디스와 달리, 헐버트는 짧은 속담에 담긴 깊고 오묘한 뜻을 제법 길게 해설했다. 장황하고 지루한 유교적 가르침과는 대비적으로, "날카롭게 정의되고, 명백하게 흥미를 끌며, 깔끔하고 신랄하게 표현"되는 속담에는 "더 높은 진실"the higher truth과 "뛰어나게 실용적인 지혜"가 담겨 있다고 헐버트는 주목했다.[29] "신은 구체적인 곳

"The Spirit Worship of the Koreans"의 "토대가 되었다"고 추정한다. 109쪽.

26　E. B. Landis, "Some Korean Proverbs," *The Korean Repository*, Vol. 3(1896. 8), p.218.

27　Landis, "Some Korean Proverbs," *The Korean Repository*, Vol. 3(1896. 10), p.309.

28　H. B. Hulbert, "Korean Proverbs," *The Korean Repository*(1895. 8), (1897. 8), (1897. 10), (1897. 12). 『코리안 리포지터리』 1895년 8월호에 'Peza'라는 필명(?)으로 발표된 「한국 속담」은 2년 뒤 1897년 8월에 같은 제목으로 헐버트가 쓴 글과 기본적으로 같다. 앞의 글이 12개의 한국 속담을 영어로만 옮겨 소개했다면, 뒤의 글은 해당 속담의 한국어 표현을 첨부하고 31개의 속담을 추가했다는 차이가 있다.

에 존재한다"라는 서양 속담을 빌린다면, 한국 속담의 장점과 우수성은 유교와 같은 낡고 형이상학적인 설교가 아니라 일상적이며 구체적인 교훈을 곱씹어보게 한다는 점이다.

헐버트는『코리안 리포지터리』가 폐간된 이후에도『코리아 리뷰』에서 한국 속담 채집을 이어갔다. 그는 두 차례에 걸쳐 모두 34개의 속담을 추가하면서 이 작업을 일단락했다.[30] 헐버트는 한국말에 속담, 지혜로운 표현bon mots, 풍자와 경구epigrams 등이 풍부한 것은 국민 대부분이 한자가 주도하는 문자문화의 특권에서 제외되었기 때문이라고 파악한다. 딱딱하고 어려운 문어체 언어 체제를 대체하기 위해 그들이 일상적으로 사용하는 구어를 맛깔스럽게 만든 것이 속담이라고 설명한다.[31] 즉 양반과 유교로 대변되는 고급문화에서 제외된 하층민이 즐겨 사용하는 대안적인 소통 매체인 것이다. 그뿐만 아니라 속담은 한국인들의 '기질'temperament을 오롯이 담은 그릇이므로 그들의 정신세계에 가깝게 다가가는 중요한 단서가 담겨 있다고 확신했다.[32] 다시 말하면, 한국의 보통 사람들이 공유한 '망탈리테'mentalité와 그 속마음에 접속하는 중요한 징검다리

---

29   H. B. Hulbert, "Korean Proverbs," *The Korean Repository*, Vol. 3(1897. 8), p.284.

30   H. B. Hulbert, "Korean Proverbs," *The Korea Review*(1901. 2, 1901. 9). 헐버트, 김동진 편역,『헐버트 조선의 혼을 깨우다: 헐버트 내한 130주년 기념 '헐버트 글 모음'』, 참좋은친구, 2016은『코리아 리뷰』1901년 2월호에 24개, 같은 해 9월호에 25개의 속담이 각각 소개되었다고 기록했다. 374~386쪽 참조. 그러나 필자가 영인본으로 확인한 결과, 2월호에 8개, 9월호에 26개가 각각 실렸다.

31   H. B. Hulbert, "Korean Proverbs," *The Korea Review*, Vol. 1(1901. 2), p.52.

32   H. B. Hulbert, "Korean Proverbs," *The Korea Review*, Vol. 1(1901. 9), p.392.

가 속담이라는 말이다.

　또 다른 한편으로, 일단의 서양 선교사들은 한국 민담 채집에 좀 더 높은 열정을 쏟았다. 『코리안 리포지터리』에는 이들이 채집한 8편의 민담이 수록되었다.[33] 익명의 필자(X)와 함께 알렌Horace Newton Allen이 민담들을 모아 소개했다. 특히 알렌은 배경 해설을 덧붙여서 "처음으로 영역된 한국의 설화 자료"로 평가받는 한국 민담 모음 번역서를 1889년 미국 뉴욕에서 간행했다.[34] 그가 『코리안 리포지터리』에 자신의 해설을 생략하고 채집·번역한 일련의 민담을 이 번역서에 포함한 것인지, 아니면 번역서에 실은 민담은 새로 발굴한 것인지는 나중에 검증해야 할 숙제이다.

　『코리안 리포지터리』에서 짧게 간헐적으로 소개했던 한국 민담은 『코리아 리뷰』에서 더 길고 많이 등장한다. 비슷한/겹치는 시기에 한국학 전문 학술지를 표방하며 출범한 『트랜잭션』과 순수 선교 전문지를 지향하는 『코리아 필드』 등과의 경쟁을 피해 틈새시장을 노리려는 『코리아 리뷰』의 편집 전략이 일반 독자의 흥미를 끄

33　구체적인 목록은 Horace N. Allen, "Legends of Chong Dong and Vicinity"(1895. 3); Allen, "The Wise Fool or The Korean Rip Van Winkle"(1895. 9); Allen, "Folk Lore: A Reward to Filial Piety"(1895. 12); G. H. Jones, "The Magic Cat"(1896. 2); X, "The Straight Hook"(1897. 5); X, "Pak-The Spoon Maker"(1897. 11); X, "The Beauty and the Beast: A Korean Version"(1898. 6); X, "Sin the Squeezer"(1898. 11) 등이다. 이유정, 「호머 헐버트의 한국 민속 연구와 영역 설화집으로서의 『THE KOREA REVIEW』」, 『비교한국학』 29-2, 2021, 206쪽 각주 4 참조.

34　Horace N. Allen, *Korean Tales. Being a Collection of Stories Translated from the Korean Folk Lore together With Introductory Chapters Descriptive of Korea*, New York: G. P. Putnam's Sons, 1889. 이 번역서에 대한 평가는 이유정, 「호머 헐버트의 한국 민속 연구와 영역 설화집으로서의 『THE KOREA REVIEW』」, 206쪽 각주 3 참조.

『코리안 리포지터리』 폐간 후 그 후속편으로 간행된 『코리아 리뷰』는 '조선 민속잡지'라고도 불린다.

는 민담, 풍습, 전설, 영웅담 등을 게재하게 된 배경이라고 이해할 수도 있다.[35] '조선 민속잡지'라고 불려도 될 정도로 『코리아 리뷰』에는 양적·질적으로 풍부한 민담과 풍습이 소개되었다. 이유정이 작성한 통계에 따르면, '잡동사니란'Odds and Ends이라는 표제 아래 총 122편의 축약된 형태의 이야기가 실렸다. 그리고 독립적인/개별적인 제목이 붙은 좀 더 길이가 긴 민담 41편이 게재되었다.[36] 분류 기준의 모호함과 논쟁성을 참작하더라도 대략 160편 내외의 한국 민담이 영어권 독자들에게 알려지게 된 것이다.

35   『코리아 리뷰』의 창간 배경, 잡지 성격, 참여 필진 등에 대해서는 이영미, 「영문 잡지 『코리아 리뷰(The Korea Review)』(1901~1906) 연구」, 『역사민속학』 60, 2021 참조.

36   상세 목록, 필자, 줄거리 요약 등은 이유정, 「호머 헐버트의 한국 민속 연구와 영역 설화집으로서의 『THE KOREA REVIEW』」, 표 1: 226~237쪽, 표 2: 237~249쪽 각각 참조.

헐버트는 서양 선교사들이 주도한 초기 단계의 한국 민담 채집과 조사 연구에서도 핵심적 역할을 했다. 그는 『코리안 리포지터리』와 『코리아 리뷰』에 많은 한국 민담을 발굴해 실었을 뿐만 아니라, 민담이 차지하는 중요한 문화인류학적·민속학적 의미를 『트랜잭션』에서 학술적으로 자리매김했다. 미리 말하자면, 헐버트는 동료 선교사 알렌과 게일의 뒤를 좇아 번안한 한국 민담 모음집을 1925년 미국에서 출판했다.[37] 이 『마법사 엄지』는 헐버트가 "독자 수준에 맞게 윤색"하고 "미국의 독서 취향을 위해 각색"해 출간한 독특한 서적이다.[38] 서양 선교사들이 근대한국학 민속 연구에서 차지하는 아방가르드 역할과 그 콘텐츠 분석 및 학문적 의의에 대해서는 5장에서 매우 구체적으로 토론할 것이다.

4 　 '선교사 제국주의' 지식-권력의 도구로서의 근대한국학?

『코리안 리포지터리』와 『코리아 리뷰』가 남긴 가장 중요한 역사적 유산은 그것이 일본제국의 조선 식민지화를 후원·정당화하는 방향으로 '사용' 또는 '오남용'되었다는 점이다. 서양 선교사들이 축적한 조선에 관한 부정적인 지식이 일본제국에 수입되어 조선의 식민지화를 정당화하는 논리로 활용··재구성·윤색되었다. 일본제국과 그

37　　 H. B. Hulbert, *Omjee the Wizard–Korean Folk Stories*, Springfield, Massachusetts: Milton Bradley Company, 1925.

38　　 장경남, 「호머 헐버트의 [*Omjee, The Wizard–Korean Folk Stories*] 연구」, 『한국기독교문화연구』 16, 2021, 11쪽, 34쪽.

에 부역한 학자들이 조선 역사에 내재된 것으로 꼽았던 '타율성론', '정체성론', '당파성론', '사대주의론', '문화적 독창성 결여론' 등 식민(주의)사관의 거의 모든 핵심 요소[39]를 처음 체계적으로 생산·주조·재가공·제품화·수출한 주역이 서양 선교사들이었다.

『코리안 리포지터리』는 서구와 일본제국이 주고받은 식민 담론 생산·소비의 핵심적 중계지였다. 지배계층의 부패와 무능력 때문에 조선이 독립적이고 문명적인 국가로 스스로 개혁하는 것이 불가능하다는 메시지를 지속적으로 강조하고 국제적으로 전파하는 데 앞장섰다. 조선이 외교적으로는 자주국가지만 독립국가로서의 의무와 책임에는 무지하므로 조선을 이끌어줄 '선생님'이 필요하다고 역설했다. 서구화의 전범典範임을 자처하는 일본은 "초대받기를 기다리지 않고" 조선의 손을 잡았으며, "조선은 반드시 일본을 따라가야 하며 따라갈 것"이라고 『코리안 리포지터리』는 호언장담했다.[40]

조금 급진적으로 말하자면, 서양 선교사들이 주도한 한국학은 앙시앵레짐 조선의 야만성과 후진성을 공고화·국제화함으로써 일본에 의한 조선의 식민지화를 준비하고 초대하는 인식론적인 '비단길'이었다. 이런 관점에서 되짚어보면, 『코리안 리포지터리』는 일종의 '선교사 제국주의'Missionary Imperialism를 퍼뜨린 또 다른 '제국의 도구'Tools of Empire였다.[41] 영국제국은 수심이 얕은 항구 가까이

---

39   윤해동, 「식민주의 역사학과 근대 역사학」, 윤해동·이성시 엮음, 『식민주의 역사학과 제국: 탈식민주의 역사학 연구를 위하여』, 책과함께, 2016, 6쪽; 신주백, 『한국 역사학의 기원』, 15쪽.

40   필자 미상, "The Independence of Korea," *The Korean Repository*, Vol. 2(1895. 5), p.195. 볼드체 강조는 원문의 것이다.

깊숙이 침입해 대포를 쏠 수 있는 철로 만든 함선Iron Gun Boat을 타고 중국을 상대로 한 아편전쟁에서 이겼다. 유럽제국은 19세기 말에 발명·개량된 기관총 덕분에 수적인 열세에도 아프리카를 정복하여 나눠 가졌다. '선교사 제국주의'는 이런 근대적 살상무기보다 더 부드럽고 효과적인 지식-권력—"진리가 너희를 자유롭게 하리라"—으로써 '은자의 나라/금단의 나라'의 완강하게 닫힌 문(과 마음)을 열었다.

19세기 후반 '선교사 제국주의'가 창출한 한국학 담론은 트랜스내셔널 혼성 작품transnational hybridity이었다. 서양 선교사들은 자신들이 직접 채집한 기록물들을 밑바닥에 기본 반죽으로 깔고, 그 위에 중국 문헌과 일본 사료를 적당히 토핑으로 얹고, 조선의 구술 증언 등을 양념으로 뿌려 다국적 하이브리드 텍스트를 빚었다. 이렇게 발명·완성된 한국학은 전화와 전신 같은 과학기술 덕분에 근대 대중매체의 흐름을 타고 동아시아 너머로 널리 전파되었다. 『코리안 리포지터리』 사례에서 보았듯이, 서양 선교사들은 기독교라는 종교적 네트워크를 넘어 일본 고베와 요코하마, 중국 베이징과 상하이, 네덜란드 레이던 등지에서 간행되는 신문 및 정기간행물과 '국제적으로' 공명하며 정보를 문의·교환하고 특정 현안에 대

---

41   Susan Thome, "The Conversion of Englishmen and the Coversion of the World Inseparable: Missionary Imperialism and the Language of Class in Early Industrial Britain," Frederick Cooper & Ann Laura Stoler eds., *Tensions of Empire: Colonial Culture in a Bourgeois World*, Berkeley: University of California Press, 1997; 대니얼 R. 헤드릭, 김우민 옮김, 『과학기술과 제국주의: 증기선·키니네·기관총』, 모티브북, 2013 참조. 이 책의 원제는 *The Tools of Empire: Technology and European Imperialism in the Nineteenth Century*(1981)이다.

해 영향력을 행사했다. 계몽주의와 프랑스혁명의 공격으로 서구에서 퇴조(혹은 패배)하던 기독교 문명이 그 대안적인 '생존 공간'을 동아시아에서 확보하려는 노력이 한국학에 각인된 국제적 성격에 투영되었다고도 해석할 수 있다.

3장

한국학 전문화와 시스템 만들기, 1900~1940년
: 영국왕립아세아학회 한국지부

영국왕립아세아학회Royal Asiatic Society of Great Britain and Ireland
는 "아시아와 관련된 과학, 문학, 예술을 진흥하고 연관된 주제들을
연구하기 위해" 1823년 창립되어, 이듬해에 왕립학술기관으로 승
인받았다. 최초의 해외 지부는 영국제국의 식민지 인도의 뭄바이
(1838)에 설치되었다. 동아시아 지역에서는 홍콩(1847), 일본(1875),
한국(1900) 등의 순서로 지부가 창립되었다.

영국왕립아세아학회 한국지부Royal Asiatic Society Korea Branch
는 선교사·외교관·사업가 등의 신분으로 체류하던 영국·미국·캐
나다인 중심으로 창립되었다. 1900년 6월 16일 서울유니언Seoul
Union(현재의 미국 대사관저 앞마당 위치에 있던 외국인 사교 클럽)에서 열린
발기 모임에 17명이 참석했다. 초대 회장으로 영국 총영사 존 해링
턴 거빈스John Harrington Gubbins(1852~1929), 부회장은 미국 감리
교 선교사 조지 존스George Heber Jones(1867~1919), 서기는 캐나다
출신의 선교사 제임스 S. 게일James Scarth Gale(1863~1937)과 미국
선교사 호머 B. 헐버트Homer Bezaleel Hulbert(1863~1949) 등이 선출
되었다. 『트랜잭션』Transactions of the Korea Branch of the Royal Asiatic

Society 창간호는 1900년 후반기에 개최된 일반회의General Meeting 에서 발표되고 회원들의 비평과 질의응답을 거쳐 수정 보완된 세 편의 논문을 게재하여 1900년 말 출간되었다.

영국왕립아세아학회 한국지부는 순수 한국학 연구를 표방하 며 한국에 설립된 최초의 근대적 학술단체다.[1] 초대 회장 거빈스는 이 신생 단체가 "한국과 이웃 나라들의 예술, 역사, 문학, 관습을 탐 구"하는 "학문적인 모임의 지부"a branch of a learned society로 성장 할 것을 촉구했다.[2] 이런 목적을 달성하기 위해 한국에 거주하는 회 원들의 한국에 대한 흥미 위주의 궁금증을 해결하는 데 머물지 말 고, 바깥 세계의 박식한 청중the more distant and possibly more learned audience을 계몽하는 역할을 수행해야 한다고 설명했다. 한국지부 가 이런 이중의 임무를 성공적으로 수행했는지는 "우리가 출판하는

---

[1] 영국왕립아세아학회 한국지부와 『트랜잭션』이 근대한국학 담론의 형성과 전문화에 미친 중요한 역할과 역사적 유산에 대한 선행연구는 이고은, 「왕 립아시아학회 한국지부 정기간행물 트랜스액션 탐색적 연구: 1900~1924 년을 중심으로」, 『정신문화연구』 40-3, 2017; 김신, 「서구관찰자들의 텍 스트 이면에 숨겨진 의도 분석: 영국왕립아시아협회 한국지부 연구 결과 를 토대로」, 『정신문화연구』 40-4, 2017; 이영미, 「1900~1940년 왕립아시 아학회 한국지부와 서양인들의 한국 연구」, 『한국학연구』 62, 2021 등 참 조. 1900년에서 1950년 사이에 게재된 『트랜잭션』 논문들을 주제별로 분 류하여 분석한 책도 있다. 한국학중앙연구원출판부에서 2019년에 출간한 이상훈 외, 『영국왕립아세아학회 잡지로 본 근대 한국 1: Transactions of the Korea Branch of the Royal Asiatic Society, 1900~25년을 중심으로』와 『영국왕립아세아학회 잡지로 본 근대 한국 2: Transactions of the Korea Branch of the Royal Asiatic Society, 1926~50년을 중심으로』 참조. '서구 인에 의한 서구인의 시각으로 서구인에게 소개된 잡지'인 『트랜잭션』에 투 영된 편견을 '내부자적 입장'에서 비판적으로 이해하려는 시도다. 이상훈, 「서언」, 『영국왕립아세아학회 잡지로 본 근대 한국 1』, 6쪽.

[2] *Transactions*, Vol. 1, 1900, p.72.

논문을 실은 『트랜잭션』에 의해 판정될 것"이라고 거빈스는 강조했다.[3] 기관 학술지에 게재된 논문의 독창성과 우수성에 따라 영국왕립아세아학회 한국지부의 존재 이유와 그 학술지의 가치가 결정된다는 말이다.

한 익명의 옵서버는 영국왕립아세아학회 한국지부의 창립과 『트랜잭션』 창간호 출간은 한국인의 삶과 사상에 대한 "분명하고도 명백하게 비판적인 연구"가 처음 시작되었음을 선언하는 '한국 학문사에서 가장 중요한 사건'an event of prime importance in the literary history of Korea이라고 그 의의를 설명했다.[4] 파편적인 지식이나 과장된 표현에서 벗어나지 못했던 이전의 서툰 초기 한국학과 결별하고, "순수하게 비판적인 관점에서 사실에 접근하여 (…) 한국적인 삶의 많은 측면을 공정하고, 균형 있고, 냉정하게 토론"할 것을 그는 주문했다.[5]

1   영국왕립아세아학회 한국지부 창립과 영-미 네트워크의 강화

1900년 11월 20일 모임에서 윌리엄 애스턴William G. Aston(1841~1911), 윌리엄 엘리엇 그리피스Rev. William Elliot Griffis(1843~1928), 존 로스Rev. John Ross(1842~1915) 세 명이 명예회원으로 추대되었다. 애

---

3   *Transactions*, Vol. 1, pp. 73~74.

4   "The Korean Branch of the Royal Asiatic Society," *The Korea Review*, Vol. 1 No. 8(1901. 8), p.337. 이 글을 쓴 이는 편집 주간 헐버트로 짐작된다.

5   "The Korean Branch of the Royal Asiatic Society," *The Korea Review*, Vol. 1 No. 8(1901. 8), p.338.

1900년 창립된 영국왕립아세아학회 한국지부의 엠블럼. '근역청아'는 '조선/한국의 인재 양성'이라는 뜻이다.

스턴은 서양인으로는 최초로 1884~1885년 조선 주재 외교관(총영사관) 신분으로 근무했다. 2장에서 상세히 알아본 로스는 『한국사』 (1879)의 저자다. 그리피스는 당대의 베스트셀러 『은자의 나라 한국』(1882)의 저자인데, 로스와 마찬가지로 한국을 방문하지 않고 일본 자료에 의존하여 책을 저술했다. 창립회원들의 동의를 받아 이 세 사람을 명예회원으로 추대한 것은 영국왕립아세아학회 한국지부가 이들이 기초를 닦은 한국학 업적을 계승하여 발전시키겠다는 의지의 표명이었을 것이다.

우선 주목할 점은 '영국왕립아세아학회 한국지부'라는 공식 명칭이 있는데도, 미국과 캐나다 선교사들이 학회 운영과 『트랜잭션』 편집을 주도했다는 사실이다. 첫 연례 모임에 참석한 17명 중에 13명이 선교사였다. 그리고 『트랜잭션』 창간호에 게재된 전체 논문 세 편의 필자가 캐나다 출신 선교사 게일과 미국 출신 선교사 헐버트와 존스였다는 점도 이런 사실을 뒷받침한다.[6] 필진 측면에서만 보자면, 『코리안 리포지터리』에서 활약한 미국과 캐나다 선교사들이 『트랜잭션』에 다시 등장하여 주인공 역할을 했다. 프랑스가 1900년 국립극동연구원École française d'Extrême-Orient을 출범해 한국을 포함한 동아시아 국가(민족)를 연구 대상으로 삼은 것과 비교하면, 미국과 캐나다에서는 아직 아시아 지역을 전문으로 연구하는 학술단체가 없었다. 미국 최초의 지역연구 학술단체라고 할 수 있는 극동학회Far Eastern Association는 1943년에야 뒤늦게 고개를 내밀었다. 미국과 캐나다 선교사들이 '영국왕립'아세아학회 한국지부에 셋방살이를 하면서도 실질적으로는 『트랜잭션』의 주인 노릇을 한 배경이었다.

특기할 점은 초창기 한국학 연구에서 선구자 역할을 한 프랑스인이 창립회원이나 명예회원에 단 한 명도 포함되지 않았다는 사실이다. 프랑스 선교사들이 일찌감치 18세기 초반부터 조선의 문을 두드렸고, 조불수호통상조약(1886) 체결 이후에는 프랑스가 "한국에 대한 이미지를 유럽에서는 가장 풍부하고 가장 완전한 형태로 제공할 수 있는 나라"[7]였다는 점에 비추어보면 '기이한 현상'이다. 그리고 대한제국의 1900년 파리세계박람회 참석을 계기로 1902~1904년 프랑스인 고문관과 기술자들이 다른 서양 국가 출신과 비교해 두 배 많았다는 사실[8]에 비추어보아도, 한국학 창출에 대한 프

---

6   창간호에 게재된 필자와 논문 제목은 다음과 같다. James S. Gale, "The Influence of China upon Korea"; Homer B. Hulbert, "Korean Survivals"; George H. Jones, "Korea's Colossal Image of Buddha."

7   불레스텍스, 『착한 미개인 동양의 현자』, 14쪽, 320쪽.

8   육영수, 「'은자(隱者) 왕국'의 세상 엿보기 혹은 좌절된 접속: 1900년 파리세계박람회에 전시된 '세기말' 조선」, 『대구사학』 114, 2014, 163쪽, 177~178쪽. 대한제국 농상공부 통신국 고문으로 임명된 클레망세 Clémencet와 법부法部 고문관으로 초빙된 크레망지Laurent Crémanzy 등이

랑스의 영향력이 감소한 것은 이례적이다. 프랑스 외교관 빅토르 콜랭 드 플랑시Victor Collin de Plancy는 『트랜잭션』 제2호 2권에 게재된 회원 명단에 잠깐 등장했고, 1902~1903년 평의원Councillors으로 잠시 봉사했다가 회원 명단에서 사라졌다.[9]

독일인과 러시아인도 영국왕립아세아학회 한국지부와 『트랜잭션』에서 소외되었다. 독일 출신 수도사 신분으로 한국에 장기 체류하면서 한국 미술사에 대한 최초의 서양어 저서(A History of Korean Art, 1929)를 출간한 안드레아스 에카르트Andreas Eckardt도 영국왕립아세아학회 한국지부에서 발표 기회를 얻지 못했다. 또한 지리적으로 인접해 있고 대한제국의 외교에 깊숙이 영향을 끼친 러시아인도 철저하게 제외되었다.

임원진은 "한국과 이웃 나라들의 예술, 역사, 문학, 관습을 탐구"한다는 학회 창립 취지를 달성하기 위해 우수한 연구자 섭외를 최우선 과제로 삼았다. 모임은 발표된 주제에 대해 참석한 회원들이 자유롭게 질문하고 토론하는 '민주적' 방식으로 진행되었고 티타임으로 마무리되었다. 수정·보완된 발표문은 엄격한 심사 과정을 거쳐 선별적으로 1년에 한두 차례 간행되는 『트랜잭션』에 게재되었다. 백낙준은 한국지부 창립 70주년을 기념하는 글에서 "발표문이 없으면 모임도 없다"라는 초창기 원칙을 준수하여 학회 전통으로 정착시켰고, 『트랜잭션』은 "학회 업무를 가늠하는 척도"가 되었다고 평가했다.[10] "한국지부의 미래는 『트랜잭션』에 실리는 논문

대표적이다.

9   *Transactions*, Vol. II Part II, 1902, pp.85~87.

10   George Paik, "Seventy Year of the RAS in Korea," *Transactions*, Vol.

의 우수성으로 판가름난다"라고 확신한 초대 회장 거빈스의 다짐이 지켜진 것이다.

창간사에 투영된 열정과 사명감에도 불구하고 『트랜잭션』의 간행은 1903년 1월부터 1910년 12월까지 중단되었다. 한반도를 둘러싼 세력 다툼으로 러일전쟁이 터지고 조선이 일본의 보호국이 되었다가 결국 식민지로 편입되는 긴박한 국제 정세가 한국지부 활동 중단의 주요 원인이라고 짐작된다. 이런 외부 요인 외에도 이 시기에는 기독교로 개종한 조선인들이 증가하여 서양 선교사들이 산더미 같은 업무에 파묻혀 한국지부 업무를 소홀히 할 수밖에 없었다는 내부적인 요인도 작용했다고 백낙준은 분석했다.[11] 아울러 핵심 회원 알렌과 헐버트의 정치적 갈등—한반도에서 세력 균형을 이루기 위해 일본 진출을 견제하려는 알렌의 친러시아주의 대對 대한제국의 서구화와 문명화의 모델로 메이지 일본을 선호한 헐버트의 친일본주의—이 한국지부 분열과 학회지 중단의 또 다른 원인이었다는 시각도 있다.[12]

영국왕립아세아학회 한국지부는 일본제국이 대한제국을 식민지로 삼은 직후인 1911년 초 활동을 재개했다. 1월 23일 창립회원이자 미국 감리교 선교사인 윌리엄 벤턴 스크랜턴William Benton

XLVII, 1972, p.28, p.31. 이 글의 필자인 백낙준은 미국 유학에서 돌아와 H. H. 언더우드가 학장직에 있던 연희전문학교 교수가 되었다. 그는 1930년 『트랜잭션』에서 한국지부의 회원 명단에 공식적으로 등장한다. *Transactions*, Vol. XIX, 1930, p.56. 같은 대학에 재직 중인 N. S Paik도 함께 이름을 올렸다.

11   George Paik, "Seventy Year of the RAS in Korea," p.28.
12   Brother Anthony of Taizé, "The Early Years of the RASKB: 1900-1920," *Transactions* 85, 2010, pp.135~136.

Scranton(1856~1922)이 운영하는 요양원 회의실에서 총 17명의 회원이 모여 새 임원진을 구성하고『트랜잭션』복간을 결의했다. 회장에는 당시 제물포 주재 영국 영사였던 아서 하이드 레이Arthur Hyde Lay(1865~1934), 기록서기에는 스크랜턴, 섭외서기에는 게일 등이 뽑혔다. 부활한 한국지부는 1930년대 초반까지 조선총독부 및 일본의 한국학 전문가들과 일종의 학문적 협력 체제를 유지했지만, 일본제국의 군국주의적 색채가 농후해지는 1930년대 후반에는 갈등 관계로 바뀌었다. 영국왕립아세아학회 한국지부의 식민시대 마지막 공개 모임은 1939년 6월 14일 오후 5시 서울유니언에서 개최되었다.

1940년 당시 회장인 H. H. 언더우드(임기 1938~1940)는 일본제국의 만주 침공 이후 강화되는 군국주의의 광풍 앞에 선 위태로운 촛불 신세가 된 한국지부의 존재 이유와 업적을 25명의 참석자에게 비장하게 재확인했다. 한국지부는 "한국에 관한 증가하는 연구 창고"an increasing storehouse of research on Korea를 세웠고『트랜잭션』은 "극동 연구를 위한 독특한 공헌"을 했다고 언더우드는 자평했다.[13] 식민시대에 간행된 마지막『트랜잭션』에는 유일하게 생존해 있는 명예회원 헐버트와 10명의 종신회원을 포함하여 총 210명이 회원 명부에 기록되었다. 일본이 추축국의 일원으로 제2차 세계대전에 참전 중이던 1941년 12월『트랜잭션』원고 교정 작업을 하던 전직 회장 E. W. 쿤스 박사가 긴급 체포·감금되었다.[14] 일본제국

---

13   *Transactions*, Vol. XXX, 1940, p.50.
14   H. H. Underwood, "KBRAC: Its Past and Present," *Transactions*, Vol. 75, 2000, p.1.

이 울린 진주만 공습 경보는 영국왕립아세아학회 한국지부와 『트랜잭션』에는 조종弔鐘이었던 셈이다. 한국지부는 제2차 세계대전의 종결과 일본제국의 해체 이후 다시 문을 열었다.[15]

2   『트랜잭션』의 콘텐츠와 주요 성격

영국왕립아세아학회 한국지부 창립 100주년을 맞이한 H. G. 언더우드의 평가에 따르면, "발표 논문의 의의와 독창성의 관점에서 보면 학회의 가장 생산적 시기"는 1911~1940년이었다.[16] 「사냥과 사냥꾼 이야기」Hunting and Hunters Lore와 「한국의 배와 선박」Korean Boats and Ships처럼, 영어로 작성된 최초의 연구논문이거나 현재까지도 유일한 주제의 글이 『트랜잭션』에 수록되었다고 언더우드는 자랑스럽게 회고했다. 언더우드가 조지 매카피 매큔George McAfee McCune과 에드윈 라이샤워Edwin Reishouer의 공동 논문 「한글의 로마 철자법」Romanization of the Korea Alphabet[17]을 "가장 유명하고 널

---

15   한국지부는 1947년 11월 26일 영국성공회 서울 주교관Bishop's Lodge에서 재출발을 위한 준비 모임을 했다. 12월 8일 언더우드H. H. Underwood가 회장, 헌트Charles Hunt가 부회장으로 각각 선출되었다. 복간된 『트랜잭션』에 실린 회원 명부를 보면 총 94명이 회원으로 등록되었는데 85명(90퍼센트)이 미국 출신의 외교관, 군인, 선교사, 학자, 일반인 등이었다. 영국왕립아세아학회 한국지부는 그 이름과 달리 현저하게 '미국화'Americanization되었다.

16   Horace G. Underwood, "The Korean Branch of the Royal Asiatic Society: The First One Hundred Years," *Transactions*, Vol. 75, 2000, p.1.

17   George McCune & Edwin Reishouer, "Romanization of the Korea Alphabet"은 『트랜잭션』 1939년 24호에 게재되었다.

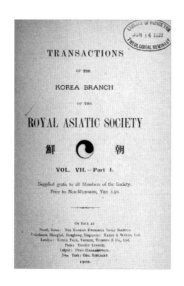

서양 선교사와 외교관이 펴낸 최초의 근대적 한
국학 전문 학술지 『트랜잭션』

리 알려진 논문"이라고 극찬[18]한 것은 두 사람이 주창한 한국 고유
명사의 영어 표기법이 오늘날까지도 가장 널리 사용된다는 점에서
결코 과장이 아니었다. 백낙준은 한국지부의 활약을 좀 더 세분화
하여 1911~1930년을 '발전기'라고 이름 붙였다. 이 시기는 대한성
공회 트롤로프Mark Napier Trollope 주교가 세 차례에 걸쳐 회장으로
재임한(1917~1919, 1922~1925, 1928~1930) 기간과 겹치기 때문에 "트
롤로프 시대"Trollope Era라고 불리기도 했다.[19]

한국지부의 도약과 발전적인 정착은 『트랜잭션』 끝에 첨부된
'정회원'Ordinary Members의 증가에서도 나타난다. 그 명부를 대략

---

18   Horace G. Underwood, "The Korean Branch of the Royal Asiatic Society:
      The First One Hundred Years," *Transactions*, Vol. 75, 2000, p.3.
19   George Paik, "Seventy Year of the RAS in Korea," *Transactions*, Vol.
      XLVII, 1972, p.29.

세어보면, 1920년 158명이었던 정회원이 1924년 184명으로 증가했다. 한국지부가 안정적인 정착기에 돌입했음을 과시하듯이, 1923년 처음으로 '평생회원'Life Members 제도가 도입되어 러들로 박사Dr. A. I. Ludlow가 1번으로 이름을 올렸다. 쿤스 회장은 1934년 연례 보고 연설에서 34년 전 34명의 회원으로 출범한 한국지부가 지금은 191명으로 늘어났다고 자랑했다.[20] 그의 지휘 아래 출판위원회Committee on Publication가 1934년 출범하여 그동안『트랜잭션』에 실린 50편의 글 중에서 4편을 엄선하여 우수한 모노그래프로 선정했다.[21] 이 중 3편이 조선의 예술에 관한 비평문이었는데, 성숙기에 들어선 한국지부가 이제는 한국의 언어나 역사와 같은 기본 지식에 만족하지 않고 조선 예술을 비평하고 미술사 같은 고급 지식에 도전할 만한 수준에 도달했음을 홍보하려는 의도였을 것이다.

『트랜잭션』은 선행했던『코리안 리포지터리』와 어떤 차별적 어젠다와 특징을 가졌을까? 당시 한국에 대한 호기심 이상의 학문적 관심과 열정을 가진 서양인들이 수적으로 제한적이었기 때문에『코리안 리포지터리』필진이『트랜잭션』에 다시 등장했고, 발표 주제가 겹치거나 비슷한 것도 있었다. 그렇지만 이전의『코리안 리포지터리』및『코리아 리뷰』와 비교하면『트랜잭션』은 좀 더 깊이 있고 전문적인 한국학 연구의 포럼이었다. 유사한 주제를 다룰 때도

---

20   *Transactions*, Vol. XXIII Part II, 1934, p.44.
21   네 편의 목록은 다음과 같다. Trollope, "Introduction to Korea Buddhism"; "The Marble Pagoda of Seoul," *Transactions*, Vol. VI Part II, 1915; A. I. Ludlow, "Pottery of the Korai[Koryŏ] Dynasty(924~1392 A. D.)," *Transactions*, Vol. XVI, 1925; Charles Hunt, "Some Pictures and Painters of Corea," *Transactions*, Vol. XIX, 1930.

이전 매체에 게재된 글을 반복·재활용하기보다는 좀 더 깊고 넓은 시각과 분석 틀을 적용하여 학술적 수준을 끌어올렸다.

단적인 예를 들어, 한국 민담에 대한 단편적 채집과 흥미 위주의 글들이 『코리안 리포지터리』와 『코리아 리뷰』에 매우 간헐적으로 등장한 것과 비교하면, 헐버트가 1902년 17쪽 분량으로 『트랜잭션』에 발표한 「한국의 설화」[22]는 한국 민담의 종류, 특징, 역사적 성격 등을 추적·분석한 최초의 종합적 비평문이다. 『코리안 리포지터리』와 『코리아 리뷰』에서 축적된 기초 지식을 영양분 삼아 서양 선교사의 한국 체류 기간이 늘어나는 것에 정비례해 아마추어 수준을 넘어서는 본격적 분석과 비평으로 『트랜잭션』의 학술적 권위와 품격이 향상되었다.

영국왕립아세아학회 한국지부 임원진과 『트랜잭션』 편집인은 한국학 분야에서 매우 필요하지만 공백으로 남아 있는 주제와 이슈를 능동적으로 발굴·섭외하려고 최선을 다했다. 『트랜잭션』 18호(1929)에 '메모와 질문'Notes & Queries 섹션을 신설하여 '독자들이 지적으로 목말라하는 지식이나 정보지만 공식적 문헌이나 언론에서 관련 자료를 거의 제공하지 않는 궁금증'을 해결해주고자 노력했다.[23] 일본제국의 만주 침공과 신사참배 강요 등의 여파로 한국지부의 침체기 또는 시련기The Era of Ordeal라고도 할 수 있는 1930년대 중·후반에는 생존을 위해 임원들이 특정 주제에 대한 발표를 독려하기도 했다. 회장이었던 찰스 헌트Charles Hunt는 두 차례에 걸친

---

22   H. B. Hulbert, "Korean Folk-Tales," *Transactions*, Vol. II Part II, 1902.
23   *Transactions*, Vol. XVIII, 1929, p.89.

연례 보고(1934~1935, 1936)에서 '학술지 발행이 중단되지 않도록' 그리고 "한국지부의 미래 유용성"을 위해 회원들이 좀 더 날카롭고 의욕적인 자세로 연구 주제를 개발해달라고 요청했다.[24]

한 걸음 더 나아가, 영국왕립아세아학회 한국지부 임원진과 『트랜잭션』 편집인은 이전에는 감히 접근하기 어려웠던 주제에 용감하게 도전하여 한국학 담론의 범주를 확장하려고 시도했다. 한국의 지리 환경과 생태계, 한국에 서식하는 동식물, 한국의 기상과 날씨 등에 대한 글이 이에 해당한다.[25] 초창기 선교사들은 대부분 인문학에 가까운 교육 배경을 가졌지만, 20세기 초 이후에는 세브란스 의과대학에서 근무하는 의사-선교사를 포함해 과학기술학을 공부한 선교사들—예를 들어 하버드대학에서 광산공학을 전공한 E. W. 밀스와 미시간대학에서 천문학 박사학위를 취득한 루퍼스 등—이 합류한 '효과'라고 짐작된다. 과학기술 분야로까지 한국학이 진출한 것이다. '현장'에서 특정 주제에 대해 자격 있는 전문가를 섭외하기 힘든 경우에는 '해외' 연구자들의 투고를 적극적으로 초대하고 환영했다. 아래에서 살펴볼 보스턴 거주 식물학자 윌슨이 이런 사례에 해당한다.

---

24   *Transactions*, Vol. XXIV, 1935, p.52 & Vol. XXVI, 1936, pp.51~52.

25   J. D. Van Buskirk, "The Climate of Korea and Its Probable Effect on Human Efficiency," *Transactions*, Vol. X, 1919; Daniel James Cumming, "Notes on Korean Birds," *Transactions*, Vol. XXII, 1933; A Sister of the Community of St. Peter, "Some Wayside Flowers of Central Korea," *Transactions*, Vol. XVIII, 1921; A Sister of the Community of St. Peter, "Herbae Koreanae, Being a First List of Some of the Commonest Herbaceous Plants Found in Korea," *Transactions*, Vol. XVIII, 1929.

3   연구 주제의 개척과 확장
: 생태·환경의 역사

『트랜잭션』에 소개된 한국의 생태·환경에 대한 최초의 글은 에드 윈 웨이드 쿤스Edwin Wade Koons(1880~1947)가 1915년 발표한 「한 국의 조림造林」이다.[26] 쿤스는 미국 북장로파 선교사로 1903년 한국 에 파견되어 경신학교 교장과 새문안교회 목사를 역임한 인물이다. 4쪽 분량의 짧은 이 글은 학술적 논문이라기보다 조선총독부 산림 과에 제출하여 수정받은 연구용역 보고서에 가깝다. 러일전쟁과 철 도 건설 등으로 황폐해진 조선의 산림을 되살리기 위해 조선총독부 가 녹화사업에 열중하고 있음을 선전하는 일종의 '식민지 정책 지 지 선언서'다.[27] 쿤스의 보고서는 자신들이 살고 있는 한국의 생태· 환경에 대한 지식에 목말라하는 서양인(독자)들이 증가했다는 방증 이다.

    영국왕립아세아학회 한국지부가 당대 유명한 식물학자인 어니 스트 윌슨Ernest H. Wilson(1876~1930)을 1918년 한국으로 초청하여 「한국의 초목」에 대해 강연하도록 요청한 배경이다. 윌슨은 한국에 거주하는 외국인들이 일상에서 자주 만나는 식물 및 나무 이름과 같은 기본지식을 배울 수 있는 책이 거의 없다고 서두를 열었다.[28]

---

26   E. Wade Koons, "Afforestation in Korea," *Transactions*, Vol. VI Part I, 1915.

27   일본제국이 산림 복구라는 국가사업을 통해 식민지 조선을 어떻게 효과 적으로 침투하여 지배했는지를 다룬 책이 아주 최근에 출간되었다. David Fedman, *Seeds of Control: Japan's Empire of Forestry in Colonial Korea*, Seattle: University of Washington Press, 2020 참조.

그는 빈약한 선행연구를 참조해 펼친 한국 나무에 대한 자신의 거칠고 간략한 발표가 한국에 체류하는 선교사와 외교관들이 여가를 활용해 주변의 자연을 관찰하는 계기가 되기를 바란다며 강연을 끝맺었다.

윌슨이 남긴 충고 아닌 충고를 앞장서서 모범적으로 실천한 사람이 옥스퍼드대학을 졸업하고 영국성공회 사제이자 선교사가 된 트롤로프였다. 그는 전문가도 아닌 자신이 굳이 「한국의 식목」이라는 거창한 제목으로 3부작 시리즈[29]를 집필한 의도는 '식물학적'botanical 목적이 아니라 '문헌학적'philological 필요성에 있다고 밝혔다. 한국에 체류하는 서양 선교사들이 식물에 대해 무지하다면, 식물에 대한 전문지식을 가진 서양 학자들은 한국 언어를 모른다는 약점이 있다고 트롤로프는 토로했다.[30] 이런 이중적 딜레마를 극복하기 위해 그는 식물학자 윌슨의 전문적 자문과 자신이 가진 한자·한국어의 고급 지식을 유기적으로 결합하여 한국에서 발견되는 토착 식물 총 153종의 목록을 체계적으로—한국 토착명, 영

---

28   Ernest H. Wilson, "The Vegetation of Korea," *Transactions*, Vol. IX, 1918, p.3.

29   Mark N. Trollope, "Arboretum Coreense, Part I: Being a Preliminary Catalogue of the Vernacular Names of Fifty of the Commonest Trees and Shrubs Found in Chosen," *Transactions*, Vol. IX, 1918; Mark N. Trollope, "Arboretum Coreense, Part II: Being a Preliminary Catalogue of the Vernacular Names of Fifty of the Commonest Trees and Shrubs Found in Chosen," *Transactions*, Vol. XI, 1920; Mark N. Trollope, "Arboretum Coreense, Part III: Being a Preliminary Catalogue of the Vernacular Names of Fifty of the Commonest Trees and Shrubs Found in Chosen," *Transactions*, Vol. XI, 1920.

30   Mark N. Trollope, "Arboretum Coreense, Part I" *Transactions*, Vol. IX, 1918, pp.71~72.

어 명칭, 전문적인 라틴어 속명屬名과 학명學名, 해당 한자어, 사용처 등의 표준적 순서— 작성했다. 트롤로프는 자신의 이런 작업이 동료 서양 선교사들이 성취한 소중한 업적인『한불자전』과『한영자전』에도 잘못 기록된 한국 식물에 대한 오류를 바로잡는 데 도움을 줄 것이라고 기대했다.

회장 쿤스가 솔선수범한 한국 동식물에 관한 열정은 회원들에게도 전달되었다. 미국 북장로교파 선교사이며 의사인 랠프 가필드 밀스Ralph Garfield Mills(1884~1944)는 자신이 근무한 평안북도 강계 지역의 동래강을 직접 여러 차례 찾아 그곳의 지리적 특징과 동식물을 조사하고「북한 동래강 유역의 생태 연구」보고서를 작성하여 『트랜잭션』에 실었다.[31]

그 뒤를 이어 미국 볼티모어 출신으로 1918년 남장로교파 선교사로 한국에 파견된 대니얼 제임스 커밍Daniel James Cumming (1892~1971)은 한국의 새들을 탐구했다. 그는 자연사에 대한 과학 교육이 부족하다는 약점은 있지만 미국 동남부 지역에서 조류를 수년간 관찰한 경험을 되살려 무관심 속에서 사라지고 있는 날짐승 연구에 도전했다고 밝혔다.[32] 동료 선교사들이 한국 조류에 관해 배울 수 있는 책을 그에게 종종 추천받으려 해도 일본조류학회The Ornithological Society of Japan에서 발간한 일본어 참고문헌밖에 없는 안타까운 현실을 조금이라도 개선하려는 의도였다. 커밍은 개인적인 현장 관찰을 통해 한국 조류와 철새의 종류, 새끼 돌봄nesting

---

31   R. G. Mills, "Ecological Studies in the Tong-nai River Basin," *Transactions*, Vol. XII, 1921.

32   Cumming, "Notes on Korean Birds," *Transactions*, Vol. XXII, 1933, p.4.

habit, 교배 등에 대한 상세한 정보를 기록하고, 일본조류학회의 협력으로 수백 종의 조류 생김새 스케치, 학명, 한국어 명칭 등을 부록으로 첨부했다. 커밍은 자신의 조사 결과가 더 많은 한국인이 조류 보호가 가져다주는 생태적 이익에 눈을 뜨고, 그 교훈을 '학교의 새로운 세대들'에게 가르치는 데 도움이 되기를 소망했다.[33]

일부 영미 선교사들을 사로잡은 생태·환경 연구는 한국학 연구의 미개척지에 발을 디뎠다는 것 이상의 의미가 있다. 주지하다시피, 18세기 중후반 유럽에서 식물학과 지리학으로 대변되는 자연에 관한 과학적 연구가 본격적으로 태동했다. 그 선두에 선 인물이 스웨덴 출신 식물학자 칼 린네였다. 그가 1735년 출간한 『자연의 체계』Systema Naturae가 촉발한 박물학博物學(natural history)의 등장과 대중화는 "유럽 시민에게 자신들이 세계의 다른 부분과 연결되어 있다고 여기게 만드는 매우 관념적이고 이데올로기적인 장치들의 근원"이 되었다.[34] 제국이 식민지에 파견한 관료와 외교관, 선교사와 사업가, 과학기술자 등은 낯선 현지에서 만나는 이름 모를 풀과 꽃, 나무와 동식물 등의 표본을 채집하는 '컬렉터'가 되었다. 그리고 린네가 작성한 표준적 동식물 분류 체계와 라틴어 명칭에 대입하여 비교·분류하는 데 재미를 붙였다. 이 세상에 단 하나의 신이 존재하는 것처럼, 전 세계의 동식물을 단 하나의 보편적 명칭과 분류 체계에 편입할 수 있다고 확신하는 '린네의 사제'Apostle of Linnaeus가 탄생한 것이다.

33   Cumming, "Notes on Korean Birds," p.11.
34   메리 루이스 프랫, 김남혁 옮김, 『제국의 시선: 여행기와 문화횡단』, 현실문화, 2015, 46쪽, 62쪽.

트롤로프도 20세기 초 극동에 파견된 '린네의 사제'였다. 그는 한국인이 사용하는 토속 식물 이름을 영어 및 라틴어 학술 명칭과 병렬적으로 일치시키면서 지역의 다양하고도 고유한 식물들을 표준 분류표에 억지로 욱여넣었다. 자연계의 야만적 무질서를 깔끔히 정리·정돈한다는 고귀한 명분으로 지역에서 자생하는 동식물의 고유한 이름을 삭제하고 지역적 품성을 강탈했다. 옛글에 비춰 풍자적으로 표현하자면 다음과 같을 것이다. '한국의 꽃/식물의 토속 이름이[나랏말쏘미] 린네의 라틴어 학명과 맞지 않아[듕귁에 달아] 세계 표준 분류법에 편입되지 못하니[문쫑와로 서르스뭇디 아니홀쎄] 이를 내가(서양 선교사들이) 불쌍히 여겨 몸소 조사하여 한국 토속 동식물의 '세계화'를 위해 바로잡노니, 널리 이용하도록 하라.'

한국 자연사에 대한 트롤로프의 불타는 탐구심은 극동의 린네 또는 다윈으로 빙의하여 한국 자연계를 촘촘한 진화론의 사슬로 엮으려는 무의식적 욕망이었다고 볼 수도 있다. 동료들은 그를 '학자의 귀감, 신사, 인자한 친구이며 교회의 프린스a Prince of the Church'라고 칭송했다.[35] 트롤로프는 과학과 생물학을 훈장처럼 가슴에 달고 "어떠한 지배 장치도 갖추지 않은 무해한 헤게모니를 지지하는 주체"[36]로 무장하여 제국주의적 빛을 '세계 끝까지' 떨치려는 '서울의 잉글리시맨' 중 한 명이었다.

35   H. H. Underwood, "An Appreciation of the Life and Work of the Late Right Reverend Mark Napier Trollope, D. D. Bishop in Korea; And for Thirteen Years President of the Korea Branch of the Royal Asiatic Society," *Transactions* Vol. XX, 1931, A Supplement, p.189.
36   직접 인용은 메리 루이스 프랫의 표현이다. 『제국의 시선』, 85쪽.

『코리안 리포지터리』와 『코리아 리뷰』와 비교하면 『트랜잭션』에 게재된 한국학 관련 글들은 텍스트의 형식 또는 글쓰기 전략에서도 다른 차원을 지향했다. 우선, 문자 텍스트의 건조함과 지루함을 보완하거나 뛰어넘기 위해 많은 시각·이미지 자료들이 첨부되었다. 때로는 이미지 자료들이 문자 텍스트보다 더 많은 분량을 차지하거나 압도하기도 했다.

　예를 들어 「한국의 그림과 화가」에는 고대 벽화부터 신사임당의 화조도에 이르는 11장의 작품 사진이 첨부되었고,[37] 「한국의 악기 및 음악 소개」에는 온갖 종류의 악기와 악보, 무당춤과 전통악기 연주회 사진 등이 45장이나 실렸다.[38] 음악과 미술이라는 예술 장르의 특성 때문에 실사 이미지가 동반되었다고 단순하게 생각할 수만은 없다. 「한국의 금광」이라는 글에는 노동자와 탄광촌, 석탄 생산 공장 건물과 내부 작업 공정, 채광에 사용되는 도구 등의 사진 28장이 곁들여졌고,[39] 「한국의 배와 선박」에는 나룻배와 돛단배, 전통 배 제작 공정, 이순신 장군이 지휘한 거북선의 다양한 설계도와 좌우 상단 모형도, 한국 해군이 사용한 무기류와 해전 그림 등 무려 51장의 이미지 자료가 텍스트 자료보다도 더 많은 공간을 차지했다.[40]

---

[37] 　Charles Hunt, "Some Pictures and Painters of Corea," *Transactions*, Vol. XIX, 1930, pp.1~34.

[38] 　Florences S. Boots, "Korean Musical Instruments and an Introduction to Korean Music," *Transactions*, Vol. XXX, 1940, pp.1~32.

[39] 　Edwin W. Mills, "Gold Mining in Korea," *Transactions*, Vol. VII, 1916, pp.5~39.

『트랜잭션』의 지면을 화려하고 빽빽하게 수놓은 이미지 자료가 지닌 의미는 무엇일까? 사진기의 발명과 보급 및 이미지 자료를 좀 더 싼 비용으로 인쇄할 수 있는 인쇄기술의 발전도 한몫했겠지만, 이런 '외부' 요인으로만 이미지 자료의 사용을 설명할 수 없다. 기술적으로 가능했음에도 『코리안 리포지터리』와 『코리아 리뷰』에는 사진이 거의 게재되지 않았다는 점을 간과할 수 없다. 세계박람회, 밀랍인형박물관, 화보 잡지illustrated magazines, 초기 영화관 등 '세기말'에 서구 사회와 대중을 매료한 현란하고 화려한 시각문화 유행의 광풍[41]이 엄숙한 학술지에까지 불어왔을 것이다. 이미지자료를 적극적으로 도입한 편집상의 변화는 "눈으로 보는 것이 마음으로 믿는 것이다"라는 '사진적 리얼리즘'photographic realism 또는 시각적 인식론이라는 '세기말' 시대정신의 반영이었다. 다시 말하자면, 이미지 사료가 전달해주는 '목격 원리'eyewitness principle와 '목격 양식'eyewitness style이라는 문법과 화술에 기대어 자신의 텍스트에 객관적 신뢰성과 권위를 부여하려는 서사 전략이 『트랜잭션』의 필자들을 사로잡았다.[42]

단적인 사례를 들어보자. 「과거와 현재의 한국 도로」의 필자인 테일러는 도로에 관한 각종 사진을 독자들에게 제시함으로써 일본제국이 식민지 "은자隱者 나라의 진정한 개방"을 성취했음을 '시각

40   Horace H. Underwood, "Korean Boats and Ships," *Transactions*, Vol. XXIII Part I, 1934, pp.1~90.

41   이런 새로운 문화적 유행에 대해서는 바네사 R. 슈와르츠, 노명우 외 옮김, 『구경꾼의 탄생: 세기말 파리, 시각문화의 폭발』, 마티, 2006 참조.

42   피터 버크, 박광식 옮김, 『이미지의 문화사: 역사는 미술과 어떻게 만나는가』, 심산, 2005, 26~27쪽.

적으로 증명'했다.[43] 그는 낙후된 식민지 조선의 문명화를 장담한 일본제국이 그 약속을 성공적으로 지켰다는 사실을 질퍽거리는 옛 길과 우마차나 노새를 탄 갓 쓴 남자 등과 같은 사진들 및 이와 대비되는 산악지대를 관통하는 신작로, 섬과 섬을 잇는 현대식 다리와 한강철교 등을 담은 14장의 사진을 통해 홍보했다. 1919년 대중교통 수단으로 여행할 수 있는 도로가 2,569마일에 불과했는데 1923년 6,258마일로 거의 2.5배 증가했다는 통계자료를 들이미는 것보다, 한반도의 물리적 풍경에 "지울 수 없는 표시"를 남긴 도로 건설을 눈으로 확인하는 것이 최고의 효과를 가져올 것이라고 테일러는 확신했다. 의도하지는 않았더라도 테일러를 포함한 일부 서양 선교사들은 위험하고 논쟁적인 '식민지 근대성'의 홍보원 노릇을 했다.

본격적인 학술 전문지로서 『트랜잭션』의 위상을 가늠할 수 있는 또 다른 지표는 전거典據와 참고문헌의 등장이다. 『트랜잭션』의 필자들은 자신이 펼치려는 주장을 뒷받침하거나 자신이 취급하는 이슈와 주제의 중요성을 독자에게 홍보하기 위해 전거를 동원했다.

선별적 예를 들자면, 프레더릭 스타Frederick Starr는 한국 엽전과 호부護符에 관한 자기 글은 이 분야를 개척한 램즈던H. A. Ramsden의 저서 *Corean Coin Charms and Amulets*(1910)를 기본적으로 참조하여 저자가 간과한 샘플을 추가한 부록이라고 겸손해했다.[44] 밴 버스커크J. D. Van Buskirk는 한반도 날씨가 한국인의 특이

---

43   W. W. Taylor, "Korean Roads Past and Present," *Transactions*, Vol. XV, 1924, p.48.

44   Frederick Starr, "Corean Coin Charms and Amulets, A Supplement,"

한 기질 형성에 끼친 영향을 분석한 자신의 글은 예일대, 하버드대, 일리노이대 등에 재직하는 교수들의 선행연구에서 도움을 받았고, 조선총독부 기상청 데이터와 개인적으로 수집한 날씨 정보를 조합한 결과물이라고 원천sources을 밝혔다.[45] 한국 예술에 대한 정보와 지식이 빈약하다고 고백한 러들로는『트랜잭션』에 소개한 본인의 고려자기에 대한 글은 영국 빅토리아앨버트박물관에서 펴낸 카탈로그 *The Catalogue of the Le Blond Collection of Korean Pottery*에 크게 의존했다고 인정했다.[46] 헌트는「한국의 그림과 화가」를 작성하기 위해 런던과 프랑스에서 간행된 여러 카탈로그는 물론, 일본 학자가 일본어로 출간한『朝鮮書畵家列傳』(1915)과 한국인 오세창의 저서『근역서화징』槿域書畵徵(1928) 등에 빚졌다고 털어놓았다.[47]

　『트랜잭션』에서 실험된 글쓰기의 형식적 변화와 스타일의 세련됨이 한국학 연구의 학문적 시스템화를 정착시키는 데 이바지했음을 과소평가할 수 없다. 전거를 앞세워 논지에 설득력을 확보할 수 있었을 뿐만 아니라, 직업으로서의 선교사·외교관·사업가가 지닌 한국학 연구자로서의 약점을 보완하여 자기 주장에 '진리 효과'

　　　　Transactions, Vol. VIII, 1917, p.42. 그는 램즈던의 저서에서 소개된 207종에 66종을 이미지 자료와 함께 덧붙였는데, 그중 55개는 자기 수집품이고 10개는 일본 이와쿠니 지역의 시오야 기사부로Shioya Kisaburo의 소유물이며 나머지 1개는 쿤스Edwin Wade Koons의 것이라고 소유자의 설명을 밝혔다. p.69.

45　　J. D. Van Buskirk, "The Climate of Korea and Its Probable Effect on Human Efficiency," *Transactions*, Vol. X, 1919, pp.3~4.

46　　A. I. Ludlow, "Pottery of the Korai[Koryŏ] Dynasty(924~1392 A. D.)," *Transactions*, Vol. XVI, 1925, p.33.

47　　Charles Hunt, "Some Pictures and Painters of Corea," *Transactions*, Vol. XIX, 1930, pp.1~2.

를 강화하는 일종의 무대장치로 도표, 시각자료, 통계자료 등을 동원했다. 19세기 중반까지 서양 선교사들이 주도한 '현장 한국학' 또는 '경험이나 책으로서의 살아 있는 한국학'이 '세기말'을 고비로 '연구실·책상물림 한국학'으로 이행했는지에 대해서는 좀 더 많은 실증적 사례 검증을 통해 고민해봐야 할 것이다.

5   미래 한국학 전문가의 인큐베이터

『트랜잭션』은 중진 서양 선교사와 외교관이 애써 가공한 연구 결과물을 공식적으로 선보이는 학술지 역할에 그치지 않았다. 한국학을 공부하려는 젊은 예비 학자를 일종의 도제apprentice로 훈련하는 지적 운동장 역할을 담당하기도 했다. 단적인 사례를 들어, 미국인 선교사 부모 아래 한국에서 출생한 해럴드 조이스 노블Harold Joyce Noble(1903~1953)은 20대 중반에 「1883년 조선 보빙사의 미국 방문」이라는 글을 『트랜잭션』에 발표했다. 그는 조선이 신생 강국인 미국에 외교단을 파견함으로써 주권국가로서의 국제적 위상과 세계 각국과의 외교적 평등성은 과시했지만, "조선 관료들이 일반적으로 보인 민족주의적 비전의 결핍" 때문에 고종이 펼치려는 개혁 정책은 한여름 밤의 꿈처럼 스러졌다고 설명했다.[48] 노블은 이 글을 수정 보완한 논문 "Korean and Her Relations with the United

---

48   Harold J. Noble, "The Korean Mission to the United States in 1883," *Transactions*, Vol. XVII, 1929, pp.1~2, p.18.

States Before 1895"으로 1931년 캘리포니아대학교 버클리캠퍼스에서 박사학위를 취득하고 오리건대학교University of Oregon의 극동 아시아 전문 교수가 되었다. 그가 해방 이후 미국의 대한민국 주재 영사로 부임(1949~1951)한 것은 영국왕립아세아학회 한국지부가 식민시대에 성장시킨 소장 연구자의 '금의환향'에 다름 아니었다.

영국왕립아세아학회 한국지부가 주도한 조선학 포럼에서 학문적 도제기를 보낸 인물은 또 있다. 앞에서 언급했던, 식민지 시기 『트랜잭션』에 게재된 '가장 유명한 논문'인 「한글의 로마 철자법」의 공동 저자 조지 매카피 매큔(1908~1948)은 미국 북장로교파 선교사로 활동했던 조지 섀넌 매큔George Shannon McCune(1872~1941)의 아들로 평양에서 출생했다. 미국 캘리포니아대학교 버클리캠퍼스에서 대학원 과정을 수료한 조지 매카피 매큔은 제2차 세계대전 이후 모교로 돌아가 극동학 전임강사로 근무했다. 매큔이 1946년에 가르친 '한국사'Korean History는 미국에서 처음 개설된 한국학 과목이며, 부인과 동료가 수정 보완하여 1950년 출간한 유작 『오늘의 한국』Korea Today은 "[미국의] 한국 전문가가 집필한 최초의 영문 한국 연구서"로 꼽힌다.[49]

올리베트 스왈렌Olivette R. Swallen(1893~1975?)이라는 여성도 위의 두 남성과 출생 배경이 비슷하고 유사한 교육을 받았다. 그녀 역시 선교사 부모 아래 평양에서 출생하여 미국에서 교육을 받고 돌

---

[49] 김서현, 「미국 '제1세대 한국학자'의 해방 전후 한국 인식 — 조지 맥아피 맥큔의 *Korea Today*를 중심으로」, 『한국학연구』 58, 2020, 119쪽. 매큔이 1946~1948년 버클리캠퍼스에서 개설한 한국학 관련 과목과 그 내용에 대해서는 같은 논문 122~125쪽 참조.

아와 숭의여학교 교사로 재직하면서 한국학 현장을 지켰다. 스왈 렌은 영국왕립아세아학회 한국지부의 초청을 받아 1932년 '한국의 자장가'Korean Nursery Rhymes라는 주제에 대해 발표했지만, 아쉽게 도 이 발표문은『트랜잭션』에 게재되지 못했다.

이 세 사람처럼 식민지 현지에 체류하면서 영국왕립아세아 학회 한국지부 활동에 직접적·적극적으로 동참하지는 못했지 만『트랜잭션』을 애독하며 전문지식을 벼린 사람들을 회원 명부 에서 발견할 수 있다. 1896년 북장로교파 선교사로 한국에 파견 되어 1920~1923년 평의원으로 활동한 캐서린 웜볼드Katherine Wambold(1866~1948)는 팔레스타인 예루살렘에 소재한 미국동양연 구소American School of Oriental Research에서 한국학을 국제적으로 소개했다.[50] 이 밖에도 20세기 중후반 미국에서 한국 및 동아시아 교육과 연구의 주요 거점으로 발돋움하는 미시간대학교, 컬럼비아 대학교, 시카고대학교, 워싱턴대학교(시애틀) 등지의『트랜잭션』기 관 회원과 구독자들은 '은자의 나라'에 대한 정보와 지식을 축적했 다. '오래된 것들이 아주 빨리 사라지는 새로운 세계에 살고 있는 오늘날, 오래된 세계[조선]의 단면을 탐구하는 것을 취미로 삼는 영 어권 젊은이들이 그 결과물들에 접근할 수 있도록 하라'고 권고한 당시 영국왕립아세아학회 한국지부 클라크 회장의 바람이 미국 학 계를 중심으로 메아리쳤다.[51]

50   1900년 설립된 미국동양연구소는 현재 미국해외연구협회American Society of Overseas Research로 이름을 바꿔 미국 버지니아주 알렉산드리아에 있 다. 이영미, 「1900~1940년 왕립아시아학회 한국지부와 서양인들의 한국 연구」,『한국학연구』62, 2021, 185쪽, 각주 49 참조.
51   *Transactions*, Vol. XXXVII, 1937, p.135.

영국왕립아세아학회 한국지부가 북미 지역의 미래 한국학 전문가의 인큐베이터로 기능했다면, '당사자'인 한국인의 목소리는 『트랜잭션』에서 어떻게 공명했을까? 영어 활용 능력이 있고 서양인과 교류한 윤치호와 서재필Philip Jaison 같은 극히 소수의 한국인은 『코리안 리포지터리』와 『코리아 리뷰』에 글을 실을 드문 기회를 얻었다.[52] 마찬가지로 일부 '기독교인 한국인'도 『트랜잭션』에 글을 싣는 예외적 특권을 누렸다. 한국인 출신으로 『트랜잭션』에 처음 글을 게재한 사람은 오문환(1903~1962)이었는데, 그는 미국 장로교 선교사 새뮤얼 오스틴 모펫Samuel Austin Moffett(1864~1939)에게 영어를 배웠다. 오문환은 영국 웨일스 출신으로 한국을 방문했다가 1866년 "한국에서 처음 그리고 현재까지도 유일하게 순교한 프로테스탄트 선교사"인 제롬 토머스의 생애와 마지막 행적에 대한 글을 1933년 『트랜잭션』에 게재했다.[53]

미국 예일대학교에서 종교사 전공으로 박사학위를 받은 백낙

---

52   T. H. Yun, "Popular Movements in Korea," *The Korean Repository* (1898. 12). 엄격히 따지자면 재미교포 신분인 서재필도 필자로 동참했다. Philip Jaison, "What Korean Needs Most"(1896. 3); "Korean Finance"(1896. 4). 이 두 사람 외에 이익섭이라는 필자도 등장한다. Yi Ik Seup, "The Alphabet(Panchul)"(1892. 10); "A Map of the World"(1892. 11). 한국인으로서 『코리아 리뷰』에 글을 실은 사람은 이정원Mr. Yi Chong-Won과 고평익Ko Piung Ik 두 사람뿐이었다. 두 사람은 진정한 의미에서 '저자'author가 아니라, 서양 선교사의 의뢰를 받아 한국 민담을 채록, 번역해 소개한 심부름꾼에 더 가까웠다. 상세한 내용은 이 책 5장 참조.

53   Mr. Oh Moon Whan, "The Two Visits of the Rev. R. J. Thomas to Korea," *Transactions*, Vol. XXII, 1933, p.97. 오문환은 'Pyengyang Foreign Trouble' 또는 'General Sherman Incident'로 알려진 사건으로 대동강 어귀에서 사망한 제롬 토머스의 헌신과 희생으로 "대동강 기슭은 한국 기독교의 중심이 되었다"라고 기록했다. p.123.

준L. George Paik(1896~1985)은 『트랜잭션』에 필자로 명함을 내민 두 번째 한국인이었다. 그는 H. H. 언더우드가 발표한 「한국의 배와 선박」 부록Appendix에 첨부된 중국 사신이 고려시대 배를 묘사한 글의 번역자로 이름을 처음 올렸다.[54] 또 백낙준은 영국 해군장교 배질 홀이 1818년 조선의 서해안을 탐험한 사건이 『조선실록』*The Chronicle of the Yi Dynasty*에 어떻게 묘사되었는지를 조사·번역한 4쪽 분량의 짧은 글을 1935년 『트랜잭션』에 게재했다.[55]

위의 사례에서 보다시피, 영미 선교사들이 앞장서 한국학을 창출·전문화하는 과정에서 한국인은 '말할 수 없는 서벌턴'으로 완전히 소외·배제되지는 않았다. 소수의 한국 출신 '서벌턴' 지식인에게 최소한의 발언권은 있었다. 1930년 전후로 연희전문학교에 재직하는 일단의 교수들이 영국왕립아세아학회 한국지부 회원으로 가입하고, 일부는 임원직을 맡기도 할 만큼 일정 지분을 가졌던 효과로 보인다. '한국 출신' 회원 중 Dr. M. M. Lee는 1936년 평의원이 되고 1937~1938년 부회장에 뽑혀 가장 높은 자리에 올랐다. 그

54　　L. G. Paik, "From Koryu To Kyung (Pictures of Korŏ) by Soh Keung, Imperial Chinese Envoy to Korea, 1124 A. D.," *Transactions*, Vol. XXIII, 1934.

55　　L. George Paik, "The Korean Record on Captain Basil Hall's Voyage of Discovery to the West Coast of Korea," *Transactions*, Vol. XXIV, 1935. 배질 홀은 조선 서해안과 일본 류큐(오키나와)를 탐험한 보고서 *Account of a Voyage of Discovery to the West Coast of Corea and the Great Loo-Choo Island in the Japan Sea*를 1818년 런던에서 출간했다. 이 책의 조선 서해안 탐험 부분이 축약되어 『트랜잭션』에 소개되었다. Basil Hall, "Captain Basil Hall's Account of His Voyage to the West Coast of Corea in 1816," *Transactions*, Vol. XI, 1920, pp.3~37. 1933년 연례 보고에 따르면, '현재 발표 준비 중인 글'Papers now in Preparation 목록에 백낙준의 "Nak Nyang"이 포함되었지만 『트랜잭션』에는 실리지 않았다.

러나 그는 임기를 채우지 못하고 1938년 총독부 입김으로 강제 사직했다. 1938년 6월 1일 모임에서 회장 직무대리 쿤스 박사는 임원들의 강제 사직과 감축을 "올해의 가장 놀라운 특징"으로 꼽고 이묘묵Dr. M. M. Lee을 대표적인 희생자로 호명했다.[56]

그러나 영국왕립아세아학회 한국지부가 이들에게 건네준 '마이크'는 주인공인 서양 선교사-학자들이 한국에 대해 더 멋있게 노래할 수 있도록 뒤에서 배경 효과음을 넣는 보조 장치에 불과했다. 제롬 토머스에 관한 오문환의 글은 영국왕립아세아학회 한국지부와『트랜잭션』이 표방하는 한국학에 관한 전문 연구와는 동떨어진 '서양 선교사 신화 만들기'에 더 가까웠다. 거칠게 표현하자면, 백낙준은 고급 번역가와 1차 사료 검색 기술자로 대접받았다.『트랜잭션』은 서양 선교사를 잇는 2세대 서양 청년들이 미래 한국학 전문가로 성장하도록 준비시키고 훈련했다. 조선 지식인은 이들의 한 발 앞선 출발head-start을 보조하는 '토착 정보원'native informant이나 학문적 '거간꾼'go-between으로 취급되었다. 2부에서 살펴보겠지만, 한국 지식인이 주체적이며 전문적인 한국학 전문가로 육성되는 것은 식민지 시기 경성제국대학의 출범 이후였다.

---

56   *Transactions*, Vol. XXIX, 1939, p.29. 영어 이니셜로 표기된 사람이 미국에서 철학박사 학위를 받고 연희전문학교 교수로 근무하다가 미군정 시기 통역 부장을 역임한 이묘묵(1902~1957)이라고 그 인적사항을 윤해동이 확인·공유해주었다.『한국민족문화대백과사전』은 그를 '친일반민족행위자'로 규정했다.

4장

19세기 말~20세기 전반 서양 선교사의
한국 문화예술 담론 만들기

한국(조선)의 미학과 문화예술적 전통에 대한 서양 선교사들의 기록은 매우 빈약하다. 성공적인 선교 사업을 우선적 과제로 삼은 서양 선교사들이 자신들의 현재와 미래 운명에 직접적 영향을 끼치는 외교 상황이나 정치·경제적 이슈에 보내는 민감한 관심과는 대조적이다. 신자 확보와 선교에 '쓸모없는' 한국의 문학·미술·음악·연극 등에 상대적으로 무관심했음을 반영하는 결과일 것이다. 또 언어적·정서적으로 다른 세상에서 온 타자인 서양 선교사로서는 한국 예술세계의 안팎을 공감적으로 이해하기에는 일정한 한계가 있었다. 선교사 1세대이면서 한문과 한글 해독에 밝은 게일과 헐버트 등과 같은 소위 '선교사-학자'가 한국 예술 분야에 예외적으로 도전하여 그 학문적 터전을 닦은 배경도 여기에 있다.

이와 같은 복합적인 이유로 19세기 후반과 20세기 전반에 서양 선교사들이 남긴 한국 문화예술 전통에 대한 글은 성기고 파편적이다. 이들이 한국에 대한 갖가지 정보를 상호 제공·교환한 주요 매체였던『코리안 리포지터리』와 그 후속편인『코리아 리뷰』및 한국학에 대한 본격적인 전문 학술지『트랜잭션』등에 발표된 관련 글들을 꼼꼼히 세어봐도 겨우 15편 내외에 불과하다.[1] 이 세 매체에 소개된 한국 예술 관련 글들은 각각 4편, 5편, 5편으로 특정 시기와 특정 매체에 몰려 있지 않았음을 알 수 있다. 그리고 1880~1930년 대에 이 세 매체 외의 국내 매체와 해외 매체에 한국 예술을 주제로 하여 서양인들이 발표한 글도 대략 열두어 편 내외를 헤아린다.[2] 영

1   발표 순서로 열거하자면 그 목록은 다음과 같다. James S. Gale, "A Few Words on Literature," *The Korean Repository*, Vol. II(1895. 11); H. B. Hulbert, "Korean Vocal Music," *The Korean Repository*, Vol. III(1896. 2); H. B. Hulbert, "Korean Poetry," *The Korean Repository*, Vol. III(1896. 5); H. B. Hulbert, "Korean Art," *The Korean Repository*, Vol. IV(1897. 4); James S. Gale, "The Influence of China upon Korea," *Transactions*, Vol. 1(1900. 12); H. B. Hulbert, "The Marble Pagoda," *The Korea Review*, Vol. I(1901. 3); H. B. Hulbert(추정), "Xylographic Art in Korea," *The Korea Review*, Vol. I(1901. 3); H. B. Hulbert, "Korean Fiction," *The Korea Review*, Vol. II(1902. 7); 필자 미상, "The Treasures of Kyong-ju," *The Korea Review*, Vol. II(1902. 9); F. S. Miller, "A Korean Poem," *The Korea Review*, Vol. III, 1903; James S. Gale, "The Pagoda of Seoul," *Transactions*, Vol. VI Part II, 1915; A. I. Ludlow,"Pottery of the Korai[Koryŏ] Dynasty(924~1392 A. D.)," *Transactions*, Vol. XIV, 1923; E. M. Cable, "Old Korean Bells," *Transactions*, Vol. XVI, 1925; Rev. Charles Hunt, "Some Pictures and Painters of Corea," *Transactions*, Vol. XIX, 1930; Mrs. Florences S. Boots, "Korean Musical Instruments and an Introduction to Korean Music," *Transactions*, Vol. XXX, 1940 등.

2   O. T. Mason, "Corea—by a Native Artist," *Science*, 1886; Chaille-Long-Bey, "Art and the Monastery in Corea," *Cosmopolitan*, 1890; William G. Aston, "On Corean Popular Literature," *The Transactions of Asiatic Society of Japan*, Vol. XVIII, 1890; J. Scott, "Stray Notes on Korean History and Literature," *The China Branch Royal Asiatic Society*, Vol. XXVIII, 1894; J. S. Gale, "Corean Literature," *The North China Herald and Supreme Court & Consular Gazette*(1902. 6. 11); J. S. Gale, "Korean Literature," *The Christian Movement in Japan, Korea and Formosa*, Kobe, 1923; G. V. Podstavin, "Samples of the Satirical Productions of Korean Contemporary Literature," Vladivostock, 1907; G. V. Podstavin, "Korean Literature," *The Korea Magazine*, Vol. I, 1917; J. S. Gale, "Korean Literature(1): How to Approach It," *The Korea Magazine*, Vol. I(1917. 7); J. S. Gale, "Korean

미권 선교사-학자들이 독점하다시피 한 예술 논평에 러시아 학자 포드스타빈G. V. Podstavin(1875~1924)이 끼어들어 남긴 글이 눈에 띈다.[3]

아주 최근에야 국내 학계에서 서양 선교사들이 남긴 한국 예술에 대한 기록을 추적·비평하려는 움직임이 소장 학자들을 중심으로 태동했다. 굳이 장르별로 분류하자면, 한국 음악과 미술에 대한 비평은 거의 없고 어문학에 대한 분석이 상대적으로 많다.[4] 지난 10여 년 사이에 축적된 선행연구가 들쑥날쑥하고 특정 분야에 몰려 있어 뚜렷한 연구 경향과 독창적 성과 등을 종합적으로 평가하기에는 아직 이르다. 부족한 국내 선행연구를 미력하나마 보완하고자

Literature(2): Why Read Korean Literature," *The Korea Magazine*, Vol. I(1917. 8); G. V. Podstavin, "Korean Literature," *The Korea Magazine*, Vol. II, 1918; Andreas Eckardt, *History of Korean Art*, Leipzig & London, 1929; Andreas Eckardt, *Koreanische Musik*, Tokyo: Deutsche Gesellschaft für Natur-und Völkerkunde Ostasiens, 1930. 1년 뒤 영어판 Andreas Eckardt, *Korean Music*, London: K. W. Hiersemann, 1931이 출간되었다.

3   포드스타빈은 1900년부터 20년 동안 블라디보스토크동방학원(극동대학교의 전신)에서 한국어를 교육한 인물이다. 아쉽게도 러시아 한국학의 선구적인 이 인물에 대한 선행연구를 찾아볼 수 없다.

4   강혜정,「20세기 전반기 고시조 영역의 발전양상」고려대학교 박사학위논문, 2013; 김승우,「구한말 선교사 호머 헐버트의 한국시가 인식」,『한국시가연구』31, 2011; 김영민,「한국시가에 대한 구한말 서양인들의 고찰과 인식」,『어문논집』64, 2011; 김성철,「19세기 후반~20세기 초반 서양인들의 한국 문학 인식 과정에서 드러나는 서구 중심적 시각과 번역 태도」,『우리문학연구』39, 2013; 김승우,「한국詩歌에 대한 구한말 서양인들의 관찰과 인식: James Scarth Gale을 중심으로」,『어문논집』64, 2011; 이상현·이은령,「19세기 밀 새외 관한인의 한국시가론과 그 의미」,『한국시가연구』31, 2011; 임정지,「고전서사 초기 영역본에 나타난 조선의 이미지: Korean Tales와 Korean Folk tales의 경우」,『돈암어문학』25, 2012; 이상현,『문혀진 한국 문학사의 사각(死角): 외국인의 언어·문헌학과 조선후기-식민지 언어문화의 생태』, 박문사, 2017 등.

서양 선교사들의 눈에 비친 한국 문화예술 전통의 성격과 미학관을 종합적으로 비평하는 것이 이 장의 기본 목표다. 분석 대상은 국내에 간행된『코리안 리포지터리』,『코리아 리뷰』,『트랜잭션』에 게재된 글에 한정한다.

　서양 선교사들은 한국 문학의 역사적 뿌리와 갈래가 어디에서 유래했다고 관찰하는가? 이들은 어떤 경로를 통해 한국 문화예술에 대한 기초지식을 배웠고, 한국 미학의 역사적 특징을 무엇이라고 규정하는가? 서양 선교사의 한국 문화예술 전통 만들기에 투영된 편견 또는 새로운 시각이 남긴 역사적 유산은 무엇인가? 이런 의문에 대한 대답에 좀 더 가깝게 접근하기 위해 본문의 전반부에서는 한국 문학 전통의 중국적 뿌리와 독창적 기원을 둘러싼 게일과 헐버트의 논쟁을 소개한다. 후반부에서는 이 두 사람의 업적을 디딤돌 삼아 2세대 서양 선교사들이 선구적으로 개척·확장한 한국 미술과 한국 음악에 대한 미학 담론을 분석한다.

1　한국 문학의 기원과 품성 따지기
　　 : 게일—헐버트 논쟁

한국의 미학·예술관에 대한 소개와 문화 비평에 가장 앞장섰던 인물은 게일James S. Gale과 헐버트Homer B. Hulbert였다. 이 두 사람은『코리안 리포지터리』,『코리아 리뷰』,『트랜잭션』 등에 게재된 한국 문화예술 전통에 대한 전체 비평 기사의 반 이상을 합작했을 만큼 핵심적 인물이었다. 흥미로운 점은 한국 문화예술 전통의 뿌리와 그 특징을 바라보는 게일과 헐버트의 시각이 대조적이었다는 사실이다. 게일이 한국의 문화예술은 중국의 복사판 또는 기껏해야 사대주의적 아류에 지나지 않는다고 부정적으로 평가했다면, 헐버트는 한국 문화예술의 독창성을 과소평가하지 않았다. 두 사람 사이에 전개된 이런 이견에 대해 좀 더 구체적으로 알아보자.

한국 역사문화의 원류에 대한 게일과 헐버트의 생각은『트랜잭션』창간호에서 종합적이고 공식적으로 충돌했다. 게일은「한국에 대한 중국의 영향」이라는 직설적 제목의 글에서 한국의 고유한 것이라고 (잘못) 알려진 국가 (통치) 이념, 철학, 종교, 언어, 사회제도와 경제 구조, 물질문화, 예술과 풍속 등등 거의 모든 것이 중국 문명(특히 당나라 문명)의 산물이자 파생품에 다름이 아니라고 단정했다. 중국이 한국에 끼친 전반적 영향력이 얼마나 깊고도 지속적이었는지는 한국 학자들이 '자국의 역사'native histories를 연구하지 않아 '토박이 역사서'를 찾아보기 매우 어렵다는 사실로도 알 수 있다고 게일은 판단했다. 그는 자신의 주장을 뒷받침하기 위해 한국인이 쓴 매우 예외적인 역사서『동국통감』에서 스스로 "작은 중국"이라고 고백했다고 인용했다.[5]

이런 게일의 시각에서 보면, '소중화주의'를 숭배하는 한국에서 자생적으로 문화예술의 씨앗이 뿌려지고 그 꽃과 열매가 수확될 수 없는 것은 당연하다. 한국인이 일상적으로 즐기는 민요나 통속 문학작품도 엄밀히 따져보면 중국에서 전래된 '짝퉁'이기 때문이다.[6] 심지어는 한글로 쓴 소설도 거의 예외 없이 중국과 연관된 소

5   Gale, "The Influence of China upon Korea," p.12.

재를 다루고 그 공간적 배경도 중국 땅을 벗어나지 못했다고 게일은 지적했다. 예를 들어 한국 여성의 눈물을 짜냈던 『심청전』도 독자의 공감을 유도하기 위해 이야기의 주요 무대를 멀리 떨어진 송나라로 끌고 갔음을 그는 상기했다.[7] 그리고 당시 한양(서울)에서 가장 인기 있는 통속소설 중에서 열한 권은 온통 중국을 배경과 주제로 삼은 작품이고, 한국적 소재와 지리 공간을 취급한 소설은 달랑두 권에 불과하다고 자신의 주장을 '길거리 통계'로 재확인했다.

게일은 내친김에 한 걸음 더 나아가, 한국의 자장가와 노동요도 '중국 지향적'이라고 덧붙였다. 갓난아이가 어머니에게서 처음듣는 〈아가, 아가, 울지 마라〉라는 노래는 중국의 고대 황금기를 구가했던 요순堯舜시대 왕들을 기리는 내용으로 아기가 성장하여 중국 위인을 닮기를 소망하는 부모의 마음이 담겨 있다고 해석했다. 또 한국 노동자들이 집터를 닦으며 부르는 노동요도 진나라 강태공과 당나라 시인 이태백 등 중국의 고대 영웅들을 섬기는 내용으로구성되었다고 밝혔다.[8] 문학작품뿐 아니라 서민들이 일상적으로 향유하는 노래에도 중국 문명의 길고도 진한 그림자가 드리워져 있다고 보았다.

---

6   게일이 말년에 한국 문학 전통을 중국의 종속에서 벗어난 고유하고 자주적인 것으로 재인식했다는 주장도 있다. 토론토대학 희귀본 장서실에 보관된 『게일 유고』와 그가 미국 의회도서관에 보낸 한국 한문소설과 국문작품 등을 분석한 이상현은 게일 자신이 초석을 놓은 '한국 문학 부재론'을 넘어 한국 문학의 세계화를 위해 노력한 인물로 게일을 재평가한다. 이상현, 「100년 전 한국 문학 세계화의 꿈―개신교선교사 게일(James Scarth Gale)과 한국의 고전세계」, 『한국문학논총』 76, 2017 참조.

7   Gale, "The Influence of China upon Korea," p.16.

8   Gale, "The Influence of China upon Korea," p.16.

『트랜잭션』 창간호에 실린 「한국에서 살아남은 것들」Korean Survivals이라는 제목의 글에서 헐버트는 이와 같은 게일의 의견을 조목조목 반박했다. 헐버트는 한국이 중국으로부터 예술적인 기본 개념과 형식을 빌려온 것은 인정하더라도, 그것이 한국 특유의 예술적 콘텐츠를 창출하지 못했음을 증명하지는 못한다고 따졌다. 영국 예술가들이 유럽 대륙의 라파엘로Raffaello Sanzio와 멘델스존 Moses Mendelssohn 등으로부터 예술적 모델과 기교를 배우고 창작을 위한 영감의 대상으로 삼았던 것처럼, 중국 대륙의 영향력에 대한 한국 예술가들의 입장도 그와 비슷하다고 헐버트는 항변했다. 유럽 대륙에서 발생한 서사시, 발라드, 소네트 등과 같은 예술 장르를 모방했다는 이유만으로는 영국 작가들이 성취한 우수한 문학작품을 과소평가할 수는 없다는 논리다. 영국이 유럽 대륙 문화예술의 순진한 모방자가 아닌 것처럼, 한국도 중국의 문화예술 전통에 완전히 굴복하여 자신만의 문화적 개성 함양과 고유한 예술적 전통 만들기를 포기했다고 단정할 수 없다고 헐버트는 옹호했다.[9]

한국 문화예술의 중국 의존성과 독립성에 관한 게일과 헐버트의 논쟁은 흔히 '한국 문학의 원조'로 꼽히는 설총薛聰에 대한 서로 반대되는 평가로 표출되었다. 게일에 따르면, 설총이 '이두'吏頭를 발명한 것은 중국의 어려운 표의문자와 그에 담긴 심오한 사상에 좀 더 가깝게 다가서기 위한 고육지책이었다. 이런 관점에서 보면 설총은 "중국의 가르침과 철학의 영향을 보여주는 대표자"로 보는 것이 옳다고 게일은 파악했다.[10] 그 연상선에서 고대 한국 삭가들은

9   Hulbert, "Korean Survivals," pp.37~38.

태생적으로 중국 문학과 근본적으로 차별적인 문학작품을 잉태할 능력과 독창성이 없으므로 "한국은 소설이 없는 나라"라고 그는 얕잡아보았다.

이와 같은 게일의 견해에 반대하여 헐버트는 설총을 중국 문명 체제를 거스르는 최초의 학문적 반란을 모색한 선구자로 재조명함이 마땅하다고 설파했다. 서양의 초서Geoffrey Chaucer, 단테Dante Alighieri, 세르반테스Miguel de Cervantes처럼 자국어로 문학 고전을 창작하여 일종의 민족문학을 개척한 위대한 문인들의 수준에는 못 미치지만, 설총이 중국 문명권에서 벗어날 수 있는 변화의 실마리를 마련하는 데 기여한 점을 간과할 수 없다고 헐버트는 강조했다. 설총이 7세기에 만든 이두는 중국의 문법 체계와는 다른 표기법으로서 '반-중국적'anti-Chinese 정서를 품고 한국의 독자적 학문 체제의 기초를 닦으려는 획기적 사건이었다는 것이다.[11] 라틴어의 영향력에서 벗어나 초기 영문법과 영어 어휘를 창출하려고 노력한 영국 학자들만큼 설총은 한국 문학사에서 중요한 인물이라고 헐버트는 자리매김했다. 설총을 "한국 학문과 한국 문학의 아버지"라고 꼽은 존스의 평가[12]를 헐버트가 지지한 셈이다.

한국 문학의 원류와 그 특징에 대한 게일과 헐버트의 다른 견해는 즉흥적으로 갑자기 툭 튀어나온 것이 아니었다. 『트랜잭션』 이전으로 시간을 거슬러 올라가 따져보면, 이 두 사람은 『코리안 리

---

10 Gale, "The Influence of China upon Korea," p.6.

11   Hulbert, "Korean Survivals," p.31.

12   George H. Jones, "Sul Ch'ong: Father of Korean Literature," *The Korea Review*, Vol. I(1901. 3) 참조.

포지터리』와 『코리아 리뷰』 등에 투고한 글에서도 다른 목소리를 냈다. 게일이 서구 및 중국 예술과 비교하며 한국 예술과 문학의 열등성을 비판하는 데 집중했다면, 헐버트는 한국 문화예술 전통에 내재한 특유의 성격과 잠재성을 발굴하려고 애썼다.

헐버트는 「한국의 소설」이라는 글에서 "한국은 소설이 없는 나라"라고 깔본 게일을 정면으로 비판했다. 엄격히 따져서 가공의 이야기를 창작해 먹고사는 직업인으로 한정한다면 한국에는 이런 범주에 해당하는 소설가가 없다는 게일의 평가가 맞다고도 할 수 있다. 그러나 학자-지식인 신분으로서 잠시 샛길로 빠져 창작 활동을 한 사람들을 포함한다면 한국에도 '다른 종류'의 소설가가 존재한다고 헐버트는 반박했다.[13]

헐버트는 자신의 견해를 뒷받침하기 위해 최치원을 한국의 선구적 소설가의 한 명으로 호명하고, 김부식을 '역사소설'의 작가로 재발견한다. 그는 한국에서는 소설이 시와 역사에 비해 낮게 평가받았다고 인식했다. 어려운 중국 한문을 사용해 한국인의 일상과 감성을 소설 양식으로 표현하는 데는 치명적인 약점이 있기 때문이었다. 그래서 한국에서는 한문을 읽을 수 없는 사람들을 위해 극적인 몸짓과 특유의 발성으로 소설을 읽어주는 '전문 이야기꾼'professional story-teller이 오래전부터 존재했다. 이들이 한문 소설을 '구술 공연'으로 재탄생시킨 것이 소설이 아니겠느냐고 반문한 헐버트는 이런 특유한 형식의 한국 소설이 오히려 '우리[서양] 소설보다 더 우수하다'고 평가했다.[14]

---

13   Hulbert, "Korean Fiction," p.289.

헐버트에 따르면, 쉬운 한글로 쓴 소설의 애독자가 여성뿐이라는 생각도 틀렸다. 실질적으로는 유교 지식인과 중상층·중하층 남성도 숨은 독자일 정도로 소설은 광범위하게 소비되고 있다고 진단했다. 헐버트는 그 증거로 지금 서울(한양)만 해도 최소한 일곱 개의 순회 도서관circulating libraries에서 수백 권의 소설이 인기리에 대여되고 있다고 밝혔다. 이런 추세에 따라 한국에서도 조만간 영국 소설의 개척자인 대니얼 디포Daniel Defoe에 버금가는 근대 소설가가 출현하여 '한글로 쓴 소설의 표준 작품'a standard work of fiction in Korean을 선보일 것이라고 희망차게 예견했다.[15]

한국 문학의 고유한 전통과 창작 능력에 대한 긍정적 평가를 넘어 헐버트는 '번역 불가능한 정서'와 맞닿고자 애쓴다. 마치 흑인 특유의 언어 습관과 악센트 때문에 백인이 그 숨은 진정한 의미에 접근하기 힘든 것처럼, 한자어가 많이 포함된 한국 시어에 담긴 미묘한 정서를 외국인으로서 완전히 이해하기가 매우 어렵다고 헐버트는 겸손해했다. 이런 근원적인 한계에도 그는 한국 시의 특징과 장단점을 다음과 같이 요약했다.

한국의 시가는 모두 서정적 성격이다. 서사시와 비견할 만한 것이 전혀 없다. 우리가 종달새에게 심포니 전부를 노래하기를 요청하지 않는 것처럼, 우리는 아시아인에게 장편의 역사적 또는 서술적 설명을 시 형식으로 제공해달라고 요청하지는 않는다. 그들[한국인]의 언어는 이런 형식의 표현에 적합하지 않다. 한국어는 본질적

14   Hulbert, "Korean Fiction," p.292.
15   Hulbert, "Korean Fiction," p.289.

으로 격정, 감성 모든 것이 순수하고 단순한 음악이다. 한국 시는 개인적이며, 가정적이며, 심지어는 종종 사소한 것과 같이 협소한 것들이라고 불리는 이슈를 취급한다. 한국인들의 삶은 좁고 그들의 지평선은 막혀 있다는 사실을 우리는 절대 잊지 말아야 한다. 이것이 왜 그들이 아주 사소한 일에 풍부한 감정을 낭비하는지를 부분적으로 설명해준다. 왜냐하면 한국인들의 작은 세상에서는 사소한 일이 상대적으로 더 크기 때문이다. 버들가지의 흔들림, 나비의 불규칙한 비행飛行, 떨어지는 꽃잎, 지나가는 수벌의 윙윙거리는 소리ー이런 모든 소리는 더 넓은 삶을 사는 당신보다는 그[한국인]에게 더 많은 것을 의미한다.[16]

역사상 중요한 인물이나 사건을 사실에 기초하여 서사시의 형식으로 기록하는 전통을 가진 서양과 달리, 한국어는 격동적이며 감정이나 사소한 개인적 감상을 시시콜콜 표현하는 데 더 적합하다고 헐버트는 생각했다. 그러므로 지중해나 대서양 같은 웅대한 무대를 배경으로 하여 전쟁의 승패와 인간과 자연의 대결 같은 통 큰 이야기를 장엄하게 묘사하는 재능을 갖지 못했다. 그 대신 한국 시인은 꽃잎의 미세한 움직임이나 나비의 은밀한 날갯짓과 같은 작은 대상에 몰두한다. 은밀한 감정 세계의 포로가 된 한국 문학 전통의 약점을 지적하는 헐버트의 이런 시각은, 다음 장에서 알아보겠지만, '현미경적' 세계관을 한국 민속의 특징으로 꼽는 그의 시선과 연결된다.

16   Hulbert, "Korean Poetry," p.112.

한국 문학에 대한 게일과 헐버트의 논쟁은 음악과 미술 분야로 번져 진행되었다. 게일의 판단에 따르면, 유교 사상에 오랫동안 흠뻑 젖은 한국인은 전반적으로 '두뇌 문화'brain culture에서는 서양인보다 우월하지만, 예술적 감수성에서는 열등하다.[17] 음악과 미술을 포함한 다양한 교양교육 덕분에 상식이 풍부한 '르네상스 인간'이 서양인의 전형이라면, 한국 사람은 '유교라는 같은 틀에서 찍어낸'(막스 베버의 표현을 비틀어 말하자면) '가슴 없는 암기 기계'다. 다시 말해, 유학이라는 단 하나의 사상 체계와 절대적 행동·도덕 규범에 함몰된 한국인은 정서가 메마르고 감성적으로 낙제생이라는 것이다. 특히 한국인들에게 절대적으로 부족한 산술적 사유 능력이 그들이 서투르게 펼치는 예술작품의 치명적 약점이라고 게일은 파악했다. "우리는 수학적 진실이 육지와 바다 등 세상 어디에서도 통용된다고 항상 말했지만, 한국은 이런 거의 모든 [수학적] 진실에서 예외적인 나라이다."[18]

　그 결과 서양 예술가가 리얼리즘의 방식으로 자연과 세상을 정확하게 재현하는 것과 대조적으로, 한국 예술가는 신비주의에 머물렀다. 서양인은 그림을 그릴 때 "더도 덜도 아닌 우리[화가]가 의도한 바를 정확히 의미하는" 디테일이 살아 있는 사실주의 그림을 높이 평가한다. 반면에 한국 작가는 상세한 진술보다는 은근한 표현

17　　　Gale, "A Few Words on Literature," p.424.
18　　　Gale, "A Few Words on Literature," p.426.

과 은유적으로 물체를 뭉뚱그려 거칠게 요약하는 것을 선호한다. 한국 작가의 그림에 등장하는 꽃과 갈매기는 그 사물에 대한 사실적 직접 묘사라기보다는 어떤 수많은 동떨어진 상념을 간접적으로 표현하는 오브제일 뿐이다.[19]

게일의 기준에 따르면, 한국인은 사물의 복잡함을 관찰할 수 있는 현미경 같은 눈이 없을 뿐만 아니라 리듬에 감흥을 느끼는 귀도 없다. 오랫동안 성당의 오르간 연주와 기독교 성가를 듣고 부르며 음악적 소양을 길렀던 서양인과 비교하면, 한국인은 지난 수백 년 동안 진정한 음악을 듣지 못했다고 게일은 단정했다. "[유교가 지향한] 외향적 형식과 의례의 시대가 한국인의 가슴을 폐쇄하여 화석화시켰기 때문에 지금은 더이상 '풍류'p'oongyoo가 없다."[20] 유교 의례에 필요한 최소한의 음악을 제외한 다른 모든 음악을 죄악시하는 한국에서는 천상에 오르는 '영원한 멜로디'도 그것을 들을 수 있는 훈련된 청각과 가슴을 가진 사람도 없다고 게일은 한탄했다.

헐버트는 한국에 풍류가 없고 한국인은 음악적 미숙아라는 게일의 섣부른 견해에 동의하지 않는다. 헐버트가 『코리안 리포지터리』 1896년 2월호에 발표한 「한국의 보컬 음악」이라는 대략 10쪽 분량의 글은 서양 선교사들이 한국 음악에 관해 서술한 가장 이른 비평문의 하나다. 헐버트는 서양인의 '인위적인 귀'artificial ear에 거슬리는 이상한 감정을 표출한다는 선입견으로 한국 음악을 '일종의 신화'a myth라고 깎아내리는 것은 옳지 않다는 지적으로 글을 시작

---

19   Gale, "A Few Words on Literature," p.423.
20   Gale, "A Few Words on Literature," p.424.

한다.[21] 한국의 시가 서양 시와 같은 '음률/라임rhyme'이 없다고 시가 아닌 게 아닌 것처럼, 한국 음악이 서양 음악과 같은 표준적 리듬의 장단長短과 고저高低에 어긋난다고 음악이 아닌 것은 아니라고 항변한다. 한국의 시조가 "엠파이어 스테이트 특급과 비교하면 절름발이 짐꾼 조랑말을 타고 여행하는 것처럼" 극단적으로 느린 곡조로 진행되어 한 음표를 숨도 쉬지 않고 90초 동안 끌어 관객들을 괴롭힌다는 이유로 그것을 저급한 문화라고 무시할 수는 없다.[22]

헐버트의 분류법에 따르면, 한국의 전통 보컬 음악은 클래식에 해당하는 시조Si Jo, 민중 노래Ha Ch'i와 그 중간쯤 되는 사랑방 스타일the drawing-room style 노래의 세 종류로 나눌 수 있다. 그중에서 한국인들에게 "음식에서 밥이 차지하는 것과 같은 위치에 있는 음악"이 〈아리랑〉A-ra-rŭng이다. 이 '민요'ditty는 수백 또는 수천 가지 버전으로 즉흥적으로 변주되어 불리기 때문에 그 정확한 수를 계산하기 어렵다. 그뿐만 아니라 '아리랑'의 정확한 의미에 대해서 한국인들조차도 의견이 갈린다고 헐버트는 보고했다. 후렴구와 함께 합창되는 〈아리랑〉 운문韻文은 "전설, 민요, 자장가, 음주가, 가정사, 여행과 사랑 노래 등과 같은 모든 영역"에 걸쳐 있다. 서양인에게는 민담 「엄마 거위」Mother Goose와 바이런 및 워즈워스의 시 등을 섞어놓은 어떤 색다른 작품처럼, 한국인에게 민요 〈아리랑〉은 "서정시lyric, 교훈시didactic, 서사시epic 등을 한곳에 몰아넣은 것"과 같은 복합적 감동을 준다.[23]

---

21   Hulbert, "Korean Vocal Music," p.45.
22   Hulbert, "Korean Vocal Music," p.46.
23   Hulbert, "Korean Vocal Music," p.50. 헐버트는 이 글에서 한국 시조와 민

한 걸음 더 나아가, 헐버트는 『코리아 리뷰』에 발표한 「한국의 목판화」라는 9쪽 분량의 짧은 글에서 목판화의 독창성을 발견했다. 독일 가톨릭 선교사 에카르트의 저작 『조선미술사』(1929)에서도 목판화에 대한 소개와 설명이 전혀 없다는 것을 상기한다면, 「한국의 목판화」는 한국 판화에 대한 매우 선구적인 예술비평이다. 헐버트에 따르면, 출판 인쇄를 위해 나무에 글자를 새기거나 그림을 그리는 목판화는 1500년 이후 유행했고 일찌감치 기술적·미학적으로 '상당한 완성도'에 도달했다. 그는 〈박혁거세 출생〉과 〈처용무〉 등 6편의 목판화 작품을 보여주면서 등장인물들이 취한 '자세의 자연스러움'과 배경 묘사에서 나타나는 '천진난만한 처리 방식'은 예술적 경지에 오른 것이라고 칭찬했다. 고대 그리스 조각상이 '예술은 삶의 모방'이라는 점을 잘 보여준다면, 한국 목판화는 예술을 "이상적 삶에 대한 실체적 상징에 대한 하나의 해석 및 연출"이라며 그 본질을 잘 파악했다고 추어올렸다.[24]

한국 예술의 수준과 잠재력에 대해 서로 다른 견해를 가졌음에도 게일과 헐버트 모두 한국 음악과 미술의 후진성을 과학적 잣대로 지적했다. 한국 예술에는 현미경적 사실주의가 없고 수학적 엄정함이 치명적으로 부족하다고 비판한 게일의 견해에 헐버트는 기본적으로 동의한다. 헐버트는 다음과 같이 말했다. "음악에서의 수학적 요소의 부족은 유럽에서 빌려온 것을 제외한 모든 아시아 국

요의 곡조를 채집하여 서양식 오선지에 기록하고 그 뜻을 의역하여 설명했다. 필자가 아는 한, 이 글은 민요 〈아리랑〉에 대해 학술적으로 접근해 분석한 최초의 연구라는 점에서 중요하다.

24   Hulbert, "Xylographic Art in Korea," pp.100~101.

가에서 군악이 존재할 수 없게 만들었고, 정원 조경에서의 기하학적 요소의 결핍은 그들[한국 건축가들]이 최선을 다한 작품을 단순한 뒤범벅덩어리로 만들었다."[25] 그뿐만 아니라 한국의 음악과 미술은 "배합하는 재능"combining faculty과 "상상하는 힘"이 없어 어린이 수준의 미숙한 단계에 머물렀다고 헐버트는 아쉬워했다. 정확한 장단과 고음 및 저음을 오선지에 표현하는 기초적인 수학적 훈련과 컴퍼스로 공간을 입체적으로 분할·배치하는 능력의 결핍을 한국 음악가와 미술가의 치명적 약점으로 꼽았다.

게일과 헐버트가 한국 문화예술 전통과 미학관에 대한 비평을 독점한 것은 아니었다. 초창기 선배 선교사들의 뒤를 이어 소위 젊은 '2세대' 서양 선교사들이 한국으로 건너옴에 따라 한국의 문화예술 전통에 대한 조사와 연구가 좀 더 전문화·세분화되었다. 이들은 게일과 헐버트가 거칠게 밑그림을 그린 한국 문화예술 전통에 대한 담론을 덧칠하거나 좀 더 다양한 분야로 확장하여 이어갔다.

세브란스 병원에서 의료 선교에 참여했던 러들로[26]가 1923년 『트랜잭션』에 발표한 「고려시대 도자기」가 이에 해당한다. 러들로는 자신이 이 주제에 대한 전문가는 아니지만 "빈약한 참고문헌"과 도자기 애호가·수집가의 경험에서 획득한 지식을 기반으로 '고려자기'Koryo Chagi에 대한 소개 글을 쓰게 되었다고 글머리에서 밝혔다.[27] 그는 한국의 매장 풍습 덕분에 고대 도자기 유품을 발굴·보존

25   Hulbert, "Korean Art," p.146.
26   러들로의 이력에 관해서는 이상훈 외, 『영국왕립아세아학회 잡지로 본 근대 한국 1』, 한국학중앙연구원출판부, 2019, 314쪽 참조.
27   A. I. Ludlow, "Pottery of the Korai[Koryŏ] Dynasty(924~1392 A. D.)," p.34.

할 수 있어 다행이라고 역사적 배경을 설명했다. 러들로는 고려자기의 다양한 모양, 형태에 따른 사용 방식, 표면 장식 기법, 장식의 동식물 소재 등에 대해 상세히 묘사한다. 그는 게일의 연구 성과를 인용하면서 주전자 모양의 고려자기는 술뿐만 아니라 차를 마시는 도구로도 사용되었음을 새롭게 알게 되었다고 말했다.[28] 러들로는 자신의 소장품을 포함한 고려자기 사진 15점을 부록처럼 첨부한다.

케이블E. M. Cable(1874~1945)이 1925년 『트랜잭션』에 발표한 「한국의 옛 종」은 또 다른 사례다. 북감리교과 선교사로 1899년 한국에 파견된 케이블은 제물포교회 담임목사를 거쳐 1926년 협성신학교 교장으로 취임했다.[29] 케이블은 이 글에서 각각 신라(3개), 고려(13개), 조선시대(10개)에 제작된 종에 초점을 맞춰 총 26개 종의 명칭, 주조 날짜, 위치, 종에 새겨진 한자 해설, 역사적 성격과 특징 등을 50쪽 가까운 분량으로 상세히 소개한다. 그는 조선총독부에서 간행한 『朝鮮金石總覽』을 참조했다고 밝혔다.[30] 자신이 소개한 총 26개의 종 중에서 10개가 현재 일본에 있음은 "흥미롭고도 매우 의미 있는 사실"이라고 케이블은 확인했다. 그중 단 1개만이 일본 정부에 공식적으로 선물한 것이므로, 나머지 9개의 한국 옛 종들이 일본 사찰이나 개인 집에서 발견되는 것은 "조사해봐야 할 문제"라고 꼬집었다.[31] 한국 종 제작 기술과 예술성에 감탄한 케이블은 "우리 조상들이 야만의 숲과 광야에서 살고 있을 무렵에""한국인들은

---

28   Ludlow, "Pottery of the Korai[Koryŏ] Dynasty(924~1392 A. D.)," p.37.
29   케이블의 이력 소개는 이상훈 외, 『영국왕립아세아학회 잡지로 본 근대 한국 1』, 321쪽 참조.
30   E. M. Cable, "Old Korean Bells," p.7.
31   Cable, "Old Korean Bells," p.43.

높은 수준의 문명과 문화를 소유"했음을 기억해야 한다며 글을 맺었다.[32]

성공회 선교사 찰스 헌트Charles L. Hunt(1889~1950)는 1930년 『트랜잭션』에 「한국의 그림과 화가」를 발표함으로써 게일과 헐버트가 초벌을 구운 미술비평을 이어갔다. 이 글은 고대부터 20세기 초반까지의 한국 전통미술과 미술가를 통시적으로 소개·비평한 논문이다. 헌트 자신이 글 앞머리에서 주장했다시피, 「한국의 그림과 화가」는 에카르트의 『조선미술사』 출간 이전에 발표되었으므로 엄격히 따지자면 서양인이 작성한 최초의 미술비평이라고 평가해도 크게 틀리지 않는다.[33] 헌트는 자신이 도전적으로 개척하려는 한국미술사는 독창적이며 독립적인 연구 결과라기보다는 선행연구에 크게 힘입은 것이라고 하며 겸손해했다. 당시까지만 해도 한국 미술은 여전히 '발견되고 알려져야 할' 미완성 주제이기 때문에 영국과 프랑스 등의 서양어 문헌은 물론 일본어·한국어 문헌도 참조했다고 그 목록을 글머리에서 상세하게 열거했다.[34]

32   Cable, "Old Korean Bells," p.43.
33   Rev. Charles Hunt, "Some Pictures and Painters of Corea," p.1.
34   헌트는 에드워드 골드스턴Edward Goldston이 영국 런던에서 출간한 세 권 짜리 *The Catalogue of the Eumophorpolus Pictures in London*에 포함된 이왕가박물관이 보관하고 있는 695편의 미술작품과 1911년 프랑스 파리에서 출간된 에르네 레루Ernest Leroux가 편집한 도록 *Collection d'un Amateur: Objets d'Art de la Corée, de la Chine et du Japon* 등을 참조했다고 밝혔다. 헌트는 일본 학자와 한국 학자의 저서에도 의존했다. 이토 히로부미 초대 통감이 1909년 출범시킨 '朝鮮古書刊行曾'The Society for the Publication of Ancient Corean Literature가 펴낸 『朝鮮美術大觀』과 요시다 이사부로吉田英三郎가 1915년 일본어로 출간한 『朝鮮書畵家列傳』 등이 이에 해당한다. 그는 한국 미술평론가 오세창吳世昌이 1928년 출간한 『근역서화징』槿域書畵徵도 참고자료에 포함했다.

헌트는 영국 및 프랑스의 미술사가와 한국과 중국에서 간행된 선행연구 성과에 기초해 한국 그림은 기본적으로 중국 영향을 받았음을 인정했다. "중국 그림을 지배하는 규칙과 원리와 한국 그림을 다스리는 규칙과 원리는 같다고 말하는 것이 옳다."[35] 그러나 그는 일본 및 중국 미술 전문가 어니스트 페놀로사Ernest Francisco Fenollosa(1853~1908)의 저서[36]를 인용하면서, 통일신라시대 한국 그림은 중국과 일본의 그것과는 다른 독창적 화풍을 선보였다고 덧붙였다. 4~7세기 한국 화가들은 독자적 활기와 천재성을 발휘했고, 특히 600년 무렵은 중국과 일본 그림을 추월하는 짧지만 빛나는 황금시대였다고 헌트는 기록했다.

헌트의 감식안에 따르면, 한국 화가들은 초상화 분야에서는 독자적 화풍을 개척했다. 상대적으로 풍경화에서는 중국과 일본의 영향이 엿보이지만, '부드러운 터치로 그린 산수화'the mellow colouring of the Corean landscape에는 한국적 특징이 분명히 드러난다고 주목했다.[37] 그는 "500년 동안 가장 뛰어난 풍경화가로 꼽히는" 안견安堅, "조선시대의 가장 위대한 화가 중 한 명인" 겸재謙齋 정선과 공재恭齋 윤두서 등의 이름을 구체적으로 부르면서 우수하고 독창적인 한국풍의 풍경화와 초상화를 호평했다. 겸재의 풍경화는 북궁전박물관North Palace Museum과 동궁전박물관East Palace Museum[38]에

---

35   Hunt, "Some Pictures and Painters of Corea," p.4.

36   Ernest Francisco Fenollosa, *Epochs of Chinese and Japanese Art*, London: William Heinemann, 1912.

37   Hunt, "Some Pictures and Painters of Corea," p.26.

38   북궁전박물관은 경복궁 자리에서 1915년 개관한 조선총독부 박물관을, 동궁전박물관은 창경궁에 잠시 자리를 잡았던 이왕가박물관을 지칭하는 것

소장·전시되었다고 안내했다.

북장로교파 선교사이며 세브란스 병원 치과의사로 일했던 존 부츠John L. Boots(1894~1983)의 부인 플로렌시스 부츠Florences S. Boots(1894~1976)가 1940년 발표한「한국의 악기 및 음악 소개」는 고조선부터 조선시대에 이르는 한국 음악사를 압축적으로 소개한 선구적 비평이다. 음대를 졸업하고 이화여전에서 음악 과목을 강의했던 부츠 부인은 당시『트랜잭션』에 기고한 예외적인 '여성 필자'의 한 사람이었다. 부츠 부인 외에 북장로교파 선교사 쿤스의 딸로 선교사와 결혼한 곰퍼츠 부인Elizabeth K. Gompertz과 서울 주재 영국 총영사 부인 도리스 로이즈Doris T. Royds 등도『트랜잭션』에 글을 실은 보기 드문 여성이었다.[39]

부츠 부인은 프랑스 외교관 쿠랑이 음악사전의 한 항목으로 쓴「중국 고전음악에 관한 역사적 서술: 한국 음악과 비교적 관점」Essai Historique sur la musique classique des Chinois avec un appendice relatif a la Musique Coreenne과 안드레아스 에카르트가 쓴「한국 음악」Koreanische Musik을 참조했다고 밝혔다.[40] 한국 음악에 관한 매우 희귀한 글이 프랑스어와 독일어로 단편적으로 작성되었지만,「한국의

으로 짐작된다. 이왕가박물관은 덕수궁 석조전으로 옮겨 덕수궁미술관 또는 이왕가미술관으로 불렀다. 조금 복잡한 근대 박물관(미술관)의 기원과 변천 과정에 대해서는 이성시,「조선왕조의 상징 공간과 박물관」, 임지현 외 엮음,『국사의 신화를 넘어서』, 휴머니스트, 2004, 8장 참조.

39　이영미,「1900~1940년 왕립아시아학회 한국지부와 서양인들의 한국연구」, 인하대학교 한국학연구소 엮음,『탐험가, 외교관, 선교사: 서구 한국학의 형성 주체와 문화적 토양』, 소명출판, 2022, 227쪽. 특히 각주 45 참조.

40　정경란,「부츠가 본 한국의 음악」, 이상훈 외,『영국왕립아세아학회 잡지로 본 근대 한국 2』, 45쪽.

악기 및 음악 소개」는 영어로 한국 음악사를 통사적으로 서술한 최초의 글이라고 부츠 부인은 스스로 자랑스러워했다.[41]

전체 32쪽 분량의 전반부는 고구려, 백제, 신라의 삼국시대, 고려시대, 조선시대, 식민지 시기 등으로 구분하여 각 나라와 시대의 음악적 특성, 유명한 음악가, 발명 또는 개량된 고유 악기 등을 소개·비평한다. 글의 후반부는 금속, 돌, 비단, 대나무, 박, 흙, 나무, 가죽 등 제작에 이용되는 여덟 가지 원료와 시대별 한국 악기를 분류하고 그 악기의 한국어 명칭과 한자 표기법, 제작 연도와 악기 모양 및 음색의 특징 등을 흑백사진과 함께 꼼꼼하게 기록한다.

부츠 부인은 오랜 역사와 독창적 성과에 빛나는 한국 전통음악이 근래 서양 음악에 밀려 한국의 젊은이들에게 외면받고 있다고 안타까워했다. 가야의 우륵이 발명한 가야금은 "순전히 한국적인" 악기로서 오늘날까지도 가장 중요한 고유 악기로 남아 있고, 신라 신문왕 때 발명된 대금은 "중국에서는 찾아볼 수 없는 순수한 한국 악기"다.[42] 조선시대는 오리지널 작곡, 옛 음악의 새로운 편곡, 악기의 발명과 개량이라는 세 가지 측면에서 "한국 음악의 위대한 진보"를 성취한 시대라고 부츠 부인은 평가했다.[43] 특히 세종의 통치기에는 작곡가·지휘자·악기 제작자라는 삼중의 멀티플레이어이자 한국 최초로 전통음악 기보법記譜法을 선보인 "한국의 가장 위대한 음

---

41   Mrs. Florences S. Boots, "Korean Musical Instruments and an Introduction to Korean Music," *Transactions*, Vol. XXX, 1940, p.1.

42   Mrs. Boots, "Korean Musical Instruments and an Introduction to Korean Music," p.3, p.25.

43   Mrs. Boots, "Korean Musical Instruments and an Introduction to Korean Music," p.3, p.11.

악가" 박연이 등장하여 활동했다.[44] 부츠 부인은 이왕직 아악부가 그를 한국 전통음악의 시조始祖로 여기는 것은 마땅하다고 동의했다. 박연의 음악적 성취를 이어 성종 통치기에는 성현이 "한국 음악에 관한 가장 중요한 저술"인 『악학궤범』樂學軌範을 편찬했다고 밝힌 부츠 부인은 그 목차를 상세하게 소개했다.[45]

부츠 부인은 고대 그리스 철학자 플라톤이 설파한 국가 경영과 시민 만들기에서 차지하는 음악의 중요성과 피타고라스가 소리의 고저장단을 수학적 비율로 측정했다는 사실을 잘 알고 있을 정도로 음악적 교양 수준이 높았다. 이렇게 '귀가 밝은' 부츠 부인은 한국 전통음악의 고유한 질서와 매력에 빠진 당대의 매우 예외적 서양인이었다. 서양 음악에 익숙한 보통 사람은 지휘자는 물론 '계획과 디자인'도 없이 즉흥적으로 끽끽거리고 요란스럽게 시작하여 단조롭고 반복적인 소리의 연속만으로 시나브로 끝나는 한국 음악을 도저히 경청할 수가 없었으리라. 그러나 한국 민족과 문화에 관심을 두고 한국 음악사를 공부하고 다시 들으면, 이상하게 생긴 악기들이 연주하는 무질서한 소음 속에서 유기적인 형태와 특유의 멜로디를 구별할 수 있다고 부츠 부인은 설명했다. "서양 음악의 특징이지만 동양 음악에는 전혀 없는 하모니는 리듬에 자리를 내어준다. 그 리듬은 위엄과 정밀성으로 움직이는 멜로디와 함께 효과적으로 조화롭게 풍경을 표현한다. 모든 악기(연주)가 오래된 민족의 독창적 문

---

44   Mrs. Boots, "Korean Musical Instruments and an Introduction to Korean Music," p.14.

45   Mrs. Boots, "Korean Musical Instruments and an Introduction to Korean Music," p.12.

화를 다채롭게 표현하는 것으로 녹아든다."[46]

부츠 부인은 한국 음악사가 이룩한 이와 같은 위대한 업적에 비추어보면 전통음악은 현재 심각한 위기에 처해 있다고 진단한다. 15세기 후반 800명을 헤아리던 궁정음악가가 지금은 58명이라는 빈약한 인원으로 축소되어 이왕직 오케스트라를 간신히 이끌고 있다고 안타까워한다.[47] 트롬본과 바이올린은 표현력이 '현대적'이며 전문연주가로서의 직업 선택도 열려 있는 데 비해, 한국 전통음악은 평생을 바쳐 연마해야 할 정도로 어렵고 일자리도 매우 제한적이다. 그러므로 한국 청년들이 "실용적 가치"가 없는 전통음악의 후계자가 되기를 꺼리는 것은 당연하다고 부츠 부인은 공감했다.[48] 또 서양 선교사들에게 묻어온 서양식 종교음악이 교회 담장을 넘어 도시는 물론 시골에까지 번져 한국 전통음악이 설 자리를 잃었다고 반성하면서, 한국 고전음악 전통의 부활과 부흥을 기원했다.

3   한국 문화예술사의 시대 구분과 정전 만들기

이상으로 19세기 말~20세기 전반에 이 땅을 찾아 체류한 서양 선교사들이 『코리안 리포지터리』, 『코리아 리뷰』, 『트랜젝션』 등의 매

---

46   Mrs. Boots, "Korean Musical Instruments and an Introduction to Korean Music," p.16.

47   Mrs. Boots, "Korean Musical Instruments and an Introduction to Korean Music," p.14.

48   Mrs. Boots, "Korean Musical Instruments and an Introduction to Korean Music," p.15.

체에 발표한 한국 문화예술 전통에 대한 담론을 종합적으로 살펴보았다. 문학, 음악, 미술, 조각, 목판화, 유물 등 거의 모든 장르를 총괄하여 서양 선교사들이 서술한 예술비평의 전체 윤곽과 주요 내용을 추적하여 국내 학계에서는 처음으로 선교사들이 다룬 한국 예술사 전체를 재조명하려고 시도했다는 의의와 유용성을 지닌다. 근대 한국학의 새로운 계보 쓰기를 위해 특히 다음 사항에 유의할 필요가 있다.

첫째, 서양 선교사들은 자신들이 개별적으로 흥미를 느끼는 한국 문학·음악·미술 분야에 뛰어들어 예술사의 관점에 따른 시대 구분, '정전正典 만들기'canonization, 주요 작가와 작품에 대한 카탈로그 작업 등을 일단락함으로써 향후 연구자들이 '가야 할 길'의 좌표를 제시했다. 구체적으로 말하자면 서양 선교사들은 흔히 '동아시아 예술'이라는 지역적 집단 명칭으로 뭉뚱그려진 예술사에서, 다시 말해 중국·일본 예술과의 삼각관계에서 한국 예술의 차별성과 독창성을 분별함으로써 1920~1930년대에 펼쳐지는 '조선학 연구'의 물꼬를 트고 그 학문적 정당성 확보에 도움을 주었다.

둘째, 조선 말-대한제국-식민지 시기라는 시대적 흥망성쇠를 반영하는 단절적 성격이 서양 선교사들이 주도한 근대 한국 문화 담론의 형식과 내용 변화에서도 감지된다. 무엇보다도 다양한 프로테스탄트 교파의 참여와 '세대 교체'가 눈에 띈다. 19세기 중후반에 미국과 캐나다 신교도 선교사들이 프랑스 가톨릭 선교사들을 제치고 근대한국학 만들기를 거의 독점했다면, 영국왕립아세아학회 한국지부 결성을 계기로 영국성공회 선교사들이 개입하여 그 포럼을 과학기술과 문화예술 분야로 확장했다. 그리고 1880~1890년대에 출생한 2세대가 '선교사-교육자'로 성장하여 1930~1940년대 한국학 담론 생산·유통에 동참했다.[49] 이들은 해방 이후 전개되는 '현대 한국학'의 주역이 되었다.

그 연장선에서 셋째, 당대 한국 예술에 대한 지식-권력은 서양 선교사, 일본제국의 관료-학자, 한국 토박이 학자 등이 상호 교류하면서 배우고 논쟁하며 '공동 작업'collaboration한 혼성적 결과물이었다. 찰스 헌트가 용감하게 도전한 한국 미술사 쓰기는 요시다 이사부로의 『朝鮮書畫家列傳』과 오세창吳世昌의 『근역서화징』槿域書畫徵이 선행하지 않았다면 어려웠을 것이다. 거꾸로, 케이블이 작성한 한국 옛 종에 관한 꼼꼼한 목록은 조선총독부가 편찬한 『朝鮮金石總覽』의 다른 버전이었다. 그리고 부츠 부인은 한국 전통음악에 대한 전문지식을 이왕직 아악부에 근무하는 한국인으로부터 배웠다고 했는데, 혹시 이왕직 아악부에서 촉탁 신분으로 수년 동안 '국악'을 연구했던 안확이 아니었을까?[50] 다음 장에서는 한국 민속 연구 분야에 초점을 맞춰 한국학의 뒤엉킨 계보를 또 다른 각도에서 관찰해보자.

---

49   이영미, 「1900~1940년 왕립아시아학회 한국지부와 서양인들의 한국연구」, 31쪽.

50   안확은 1926~1930년 이왕직 아악부에서 음악사편찬사무音樂史編纂事務로 근무했고 '조선 음악'에 대한 일련의 글을 대중·학술 매체에 발표했다.

5장

서양 선교사와 근대 한국 민속 연구의 제1물결

한국 근대 민속학에서 오랫동안 주변인 취급을 받았던 서양 선교사들이 남긴 선행 업적을 발굴하려는 노력이 최근에 등장했다. 19세기 말~20세기 초반에 외국에서 번역·간행된 한국 설화·민담집의 사료적 가치와 의의를 추적한 논문이 그것이다.[1] 서양 선교사가 채록한 전래동요와 속담 및 수수께끼에 투영된 오리엔탈리즘을 비평한 글들도 있다.[2] 그리고 국내 학계에서는 주로 한국사 연구자, 한글학자, 문학·예술비평가로 소개되었던 호머 헐버트를 한국 민속 연구자로 재발견하려는 흥미로운 최근 논문도 눈에 띈다.[3] 양적으

---

1   오윤선, 「근대 초기 한국설화 영역자들의 번역태도 연구 — Allen, Griffis, Hulbert, Carpenter를 중심으로」, 『동화와 번역』 23, 2012; 오윤선, 「19세기 말~20세기 초 영문 한국설화의 자료적 가치연구」, 『우리문학연구』 41, 2014; 오윤선, 「외국인의 한국설화 다시 쓰기 양상: 호랑이 소재담을 중심으로」, 『우리문학연구』 43, 2014.

2   김승우, 「19세기 말 의료선교사 엘리 랜디스(Eli B. Landis)의 한국 민속 연구와 동요 채록」, 『한국민요학』 39, 2013; 유경민, 「한국어교육의 오늘: 개신교 선교사가 정리한 한국어 속담과 수수께끼 연구 — 외국인의 한국 언어문화 습득에 대한 고찰을 중심으로」, 『민족연구』 59, 2014.

3   이유정, 「호머 헐버트의 한국 민속 연구와 영역 설화집으로서의 『THE KOREA REVIEW』」, 『비교한국학』 29-2, 2021; 장경남, 「호머 헐버트의

로는 여전히 매우 빈약하다는 아쉬움이 있지만, 이러한 일련의 선행연구는 서양 선교사와 한국 근대 민속학의 결코 생략할 수 없는 밀접한 연관성에 주목하여 그 후속 연구를 자극하고 물꼬를 텄다는 점에서 의의가 있다. 다만 서양 선교사들이 19세기 말에서 20세기 초반에 걸쳐 간헐적이지만 지속적으로 수행한 한국 민속학 연구의 종합적 지형도를 그리는 데까지는 미치지 못했다는 한계와 하부 장르인 속담, 민담과 무속, 세시풍속 등의 유기적인 세밀도를 스케치하기에는 부족했다는 점을 지적하지 않을 수 없다.

근대 한국 민속 연구의 초창기를 선도한 서양 선교사의 역할과 학문적 영향을 재조명함으로써 선행연구의 양적인 공백과 질적인 약점을 보완하려는 것이 이 장의 목표다. 이를 위해 이 장의 내용은 두 부분으로 구성된다. 전반부에서는 19세기 말~20세기 초에 일단의 서양 선교사들이 어떻게 근대 한국 민속 연구의 기초공사에 주춧돌을 놓았는지 속담, 민담, 세시풍속, 신화, 무속 등 여러 분야에 남긴 발자취를 추적한다.[4] 후반부에서는 한국 근대 민속학의 창출

[*Omjee, The Wizard—Korean Folk Stories*] 연구」, 『기독교와 문화』 16, 2021 등 참조.

4   1878년 영국 런던에서 창립된 민속학회The Folk-Lore Society가 1890년 엮어 출간한 『민속학 핸드북』The Hand-book of Folklore에 따르면, 민속 분야는 '미신적 믿음과 행위'Superstitions Belief and Practice, '전통적인 관습'Traditional Customs, '전통적인 이야기'Traditional Narrates, '민중의 이야기들'Folk-Sayings 등으로 대분류된다. 이 글에서 다루는 '속담'proverb은 '민중의 이야기들'의 하위 분야, '세시풍속'Ceremonial Customs과 '전래동화'Nursery Tales는 '전통적인 이야기'의 하위 분야로 각각 소분류된다. 주영하가 이 서적의 존재를 알려주었는데, 19세기 말~20세기 초 한국에서 활약하던 선교사-학자들이 이 책을 읽고 참조했는지는 알 수 없다. 주영하, 「민속」, 한국학중앙연구원 편저, 『한국학 학술용어』, 한국학중앙연구원출판부, 2020, 327쪽 각주 30 참조.

과 개척에 핵심적 역할을 했지만 대부분의 선행연구에서 간과된 조지 존스와 호머 헐버트에 초점을 맞춰 그들이 생산한 학문적 성과와 그 역사적 유산을 되짚어본다.

1   서양 선교사의 초창기 민속 연구 개척

영미 프로테스탄트 선교사들이 한국 민속 연구에 첫발을 디딘 독점적 선구자는 아니었다. 이들에 앞서 프랑스 가톨릭 신부들도 한국 속담과 민담 등 민속 자료에 관심을 가졌다. 리델Felix-Clair Ridel(1830~1884) 신부가 1881년 요코하마에서 출간한 『한국어 문법론』*Grammaire Coréenne*에는 조선의 민담과 속담 등이 한국어 쓰기 및 말하기의 본보기로 포함되어 있다.[5] 러시아 작가 미하일롭스키 Nikolai Garin Mikhailovsky(1852~1906)도 1898년 한반도 북부 백두산 일대를 여행하면서 한국 설화를 채록하여 기록으로 남겼다.[6] 뒤늦게 한국에 파견된 독일 가톨릭 신부들이 영상으로 기록한 민속 사료도 귀한 가치가 있다.[7] 다만 이런 경우들은 한국 민속에 대한 개

---

5   이유정, 「호머 헐버트의 한국 민속 연구와 영역 설화집으로서의 『THE KOREA REVIEW』」, 205~206쪽 각주 2 참조. 구체적 내용에 대해서는 신상필, 「파리외방전교회가 남긴 동서양 문명교류의 흔적―Grammaire Coréenne(1881) 소재 단형 고전서사의 존재 양상과 그 의미」, 『고소설연구』 37, 2014 참조.

6   안상훈, 「백두산 설화의 전승과 연행양상―가린-미하일로프스키의 조선 기행문을 중심으로」, 『중앙어문학회 어문논집』 61, 2015 참조.

7   박일영, 「독일인 선교사가 본 20세기 초 한국의 민속―한국 문화 민속을 바라본 그들의 시선을 중심으로」, 『비교민속학』 51, 2013 참조.

별적인 지적 호기심 수준에 머문 이례적 사례에 해당한다. 그러므로 한국 민속에 대한 아마추어 수준을 넘어서는, 좀 더 전문적인 연구를 여러 해에 걸쳐 주도한 집단은 영미권 프로테스탄트 선교사였다고 해도 크게 틀리지 않는다.

2장 후반부에서『코리안 리포지터리』와『코리아 리뷰』를 통해 한국 속담과 민담 채집 및 소개에 앞장선 일단의 서양 선교사에 대해 간략히 알아봤다. 랜디스, 알렌, 헐버트 등이 그들이다. 이들 세 명 외에 다른 사람들도 손을 보탰다. 우선 눈에 띄는 것은 서양 선교사가 한국인으로부터 채집한 민담을 직접 번역·소개하고 간략한 해제를 붙인 사례다. 독일 태생으로 1900년 빅토리아 장로교 선교사 자격으로 내한하여 부산 지역에서 활동한 겔손 엥겔Gelson Engel(1864~1939)은『코리아 리뷰』1905년 2월호에「어느 여성의 꾀, 또는 산수 문제」와「한국의 거인」2편을 번역·소개하고「나무꾼, 호랑이와 토끼」를 포함한 총 9편의 한국 민담을 집중적으로 게재했다.[8] 엥겔은「나무꾼, 호랑이와 토끼」우화는 다른 나라의 다른 버전으로도 읽을 수 있는 익숙한 소재지만 "전적으로 독창적이며

---

8   이유징은 앞의 논문 표 2에서 엥셀이 번역한 민담 2편을 누락했다. G. Engel, "A Woman's Wit, or An Arithmetic Problem"과 "Korean Giants", *The Korea Review* Vol. 5(1905. 2)가 그것이다. 앞의 민담은 한 부부가 깊은 산속에서 도적을 만났으나, 똑똑한 아내가 산수 문제로 30명의 어리석은 산적들을 속여 무사히 풀려난다는 이야기다. 뒤의 민담은 힘이 세고 체격이 웅장한 거인 의형제가 깊은 산속에 사는 거인 삼형제와 힘겨루기에서 패배하여 겸손하고 더 현명해져서 귀향한다는 이야기다. 그리고 이유정이 앞의 논문 246쪽 표 2에서 "Tales of the Road"의 채록자를 엥겔이라고 적었지만, 이는 이정원Yi Chong-Won의 오류다. 이하 본문에서 필자는 특별한 이유가 없는 한 특정 민담의 줄거리 요약을 생략한다. 해당 민담에 대한 이유정의 요약 내용을 참조하면 된다.

독자적인" 한국 민담의 특징이 나타난다고 평가했다. 그리고 비교
문화인류학적 관점에서 볼 때 인간의 사유 양식 발전 양상의 닮은
꼴을 보여주는 '놀라운 증거'라는 해석을 덧붙였다.[9] 엥겔 외에 애
덤스J. E. Adams와 언더우드L. H. Underwood 등 다른 선교사들도 민
담 채집에 합류했다.[10]

　　매우 주목할 만한 점은 일부 한국인들도 한국 민담 작업에 직
접 동참·협조했다는 사실이다. 이정원은 「소 변신술」과 「몇 편의
한국 민담」 등 4편을 1905년 상반기에, 하반기에는 3편, 1906년
1편 모두 8편의 민담을 『코리아 리뷰』에 소개했다.[11] 그의 뒤를 이
어 고평익은 「바보 같은 이야기」를 1906년 5월호에 소개했다.[12] 「바
보 같은 이야기」는 시집간 딸을 방문하려고 길을 나선 할머니가 배
고픈 호랑이를 만나 "떡 하나 주면 안 잡아먹지"라는 속임수에 걸
려 잡아먹히고, 할머니 옷으로 변장한 호랑이가 딸과 사위 집에 침
입하여 그들도 잡아먹으려다 되레 죽임을 당했다는 잘 알려진 구전

9　　　　G. Engel, "Woodcutter, Tiger and Rabbit," *The Korea Review*, Vol. 5(1905.
　　　　　12), p.445 하단 각주 참조.

10　　　이유정은 앞의 논문 249쪽 표 2에서 언더우드의 「호랑이와 아기」A Tiger
　　　　　and the Babies가 『코리아 리뷰』 1906년 4월호에 실렸다고 잘못 기재했다.
　　　　　실제로 이 민담은 1906년 5월호에 게재되었다.

11　　　Yi Chong-Won, "The Magic Ox-Cure," *The Korea Review*, Vol. 5(1905.
　　　　　5), pp.179~183; "Fragments From Korean Folk-lore," "A Trio of Pools,"
　　　　　"A Fox Trap," "An Unworded Bequest," *The Korea Review*, Vol. 5(1905. 6),
　　　　　pp.212~215; "Fiercer Than the Tiger: A Nursery Tale," *The Korea Review*,
　　　　　Vol. 5(1905. 7), pp.263~264; "His Father," *The Korea Review*, Vol. 5(1905.
　　　　　12), pp.470~471; "The King's Property," *The Korea Review*, Vol. 6(1906.
　　　　　3), pp.94~98.

12　　　Ko Piung Ik, "A Foolish Tale," *The Korea Review*, Vol. 6(1906. 5),
　　　　　pp.180~182. 이유정은 앞의 논문 249쪽 표 2에서 이 민담이 실린 호수를
　　　　　4월로 착각해 기재했다.

동화다. 하느님이 내려준 튼튼한 동아줄을 타고 하늘나라에 올라간 사위는 해님이 되고 아내는 달님이 되었다는 슬프고도 아름다운 민담에 왜 '바보 같은 이야기'라는 제목을 붙였는지 채록자는 설명하지 않는다. 이정원과 고평익이 한국 민담을 서양 선교사에게 중계·해석한 지식 에이전트 또는 토착 정보원native informant 역할을 했다는 사실은 기억할 필요가 있다.

헐버트의 해석에 따르면, "지름길에 도적 맞는다"라는 속담에는 한때 '금단의 나라'로 불린 조선의 보수주의적 심성이 압축적으로 담겨 있다. 익숙한 먼 길로 돌아가는 어려움은 이미 밟아 다져진 길을 떠나 낯선 지름길로 가로질러 가면서 당하는 낭패에 비하면 더 참을 만하다는 뜻이다. 의역하자면 꽁꽁 닫았던 나라의 문을 서양 열강에 갑자기 개방하여 근대화·서양화로 가는 빠른 길을 선택하는 어리석음을 경고하는 속담으로, "모든 한국 속담 중에서 가장 특징적인the most characteristic 것의 하나"로 헐버트는 꼽았다.[13] 또 다른 사례로 "샌님이 종만 업신여긴다"라는 속담을 통해 한국적 삶의 내면세계를 엿볼 수 있다. 가난하지만 경제활동을 천시하는 선비가 애먼 종에게 눈을 흘기는 허위의식을 표현하는 말이다.[14] 속담의 직설적이고 짧은 기표記標는 한국인의 복잡한 인생관과 특유의 기질을 풍자적으로 말해주는 두꺼운 기의記意를 이해해야 온전히 해석될 수 있다.

헐버트가 선구적으로 주도한 속담 채집과 뜻풀이의 특징을 몇

---

13   Hulbert, "Korean Proverbs," *The Korean Repository*, Vol. 4(1897. 8), p.286.
14   Hulbert, "Korean Proverbs," *The Korea Review*, Vol. 1(1901. 2), p.53.

가지로 요약할 수 있다. 무엇보다 그가 한자로 요약된 속담과 순우리말 속담을 모두 모아 그 의미를 기록했다는 점에 주목할 필요가 있다. 예를 들어, '우이송경'牛耳誦經(쇠귀에 경 읽기), '적반하장'賊反荷杖(도둑이 오히려 매를 든다), '송무백열'松茂柏悅(소나무가 성공하면 잣나무가 기뻐한다) 등과 같은 사자성어 속담을 순우리말 속담과 구분 없이 모았다. 1900년 이전에 간행된 대부분의 속담집이 소재와 표현의 저속성을 순화하려는 의도로 주로 문어체 한역으로 구성(혹은 재번역)된 형식[15]이었다는 점을 상기한다면, 한자·한글 속담을 섞어모은 헐버트의 작업은 이행기적 성격을 보여준다고 평가할 수 있다. 랜디스가 채록한 한국 속담에 한자어 속담이 단 하나도 포함되지 않았던 것과 비교하자면, 한자에 능통한 헐버트의 학문적 능력이 빚은 차이점이라고 할 수 있을까.『코리안 리포지터리』에는 한자어 속담이 드문드문 등장하지만,『코리아 리뷰』에는 매우 예외적으로만 한자어 속담이 소개되었다는 사실에 근거하자면 20세기 들어 한국 속담 채집이 순우리말 지향적으로 변화하는 경향을 알 수 있다.

  랜디스와 헐버트가 같은 속담에 대해 다른 뜻풀이를 했다는 점도 간과할 수 없다. 랜디스가 인용한 "강철(별똥별)이 간 곳에는 가을도 봄이다"라는 속담을 헐버트는 "강철이 간 데는 봄도 한 가지 가을도 한 가지다"라고 좀 더 우리말 친화적으로 표현하고 다른 의미를 부여한다. 랜디스는 유성이 떨어지는 곳에 흉년이 든다는 의

---

15   박미경,「다카하시 도루의 조선속담연구 고찰」,『일본문화학보』28, 2006,
      451~452쪽.

미가 있는 이 속담은 '가난한 사람은 어디를 가든지 가난하다'라고 의역된다고 설명했다. 헐버트는 '별똥별이 떨어지는 곳에는 모든 식물과 곡식이 불타버리는 것처럼, 운이 없는 사람은 불행과 재앙을 몰고 다니므로 기피 대상'이란 뜻이라고 다르게 해석한다.[16] 또 랜디스는 "암탉이 운다"라는 속담은 "자연스러운 것에 매우 반대되는 현상"을 지칭한다고 설명하지만,[17] 헐버트는 한자로 표기된 '빈계신명'牝鷄晨鳴을 '주제넘게 남성처럼 행동하여 남편의 권리를 넘보는 아내'를 비꼬는 말이라고 설명한다.[18] 한국 속담에 대한 두 사람의 살짝 다른 해석과 교훈 찾기는 식민시대 일본인 관제 학자와 조선인 지식인이 '따로 또 같이' 진행하는 속담 채집 및 뜻풀이에 대한 예고편이라는 흥미로운 시사점을 제공한다.

서양 선교사들은 한국 속담과 민담 채록에 만족하지 않고 한국의 세시풍속과 민속놀이도 알고 싶어 했다. 『코리아 리뷰』 1905년 2월호에 실린 "석전"石戰(돌팔매 싸움)이 그 사례다. 헐버트가 쓴 글로 짐작되는데, 석전은 일종의 '패싸움'side-fight 형식의 나라 게임으로, 삼국시대 고구려 평안도에서 유래되어 고려시대에 제도화되었다고 그 역사적 기원을 더듬었다.[19] 주로 농한기인 연초에 텅 빈 벌판

---

16   Hulbert, "Korean Proverbs," *The Korean Repository*, Vol. 4(1897. 12), p.454.

17   Landis, "Some Korean Proverbs," *The Korean Repository*, Vol. 3(1896. 10), p.222.

18   Hulbert, "Korean Proverbs," *The Korean Repository*, Vol. 4(1897. 10), p.370.

19   Hulbert(추정), "The Stone-fight," *The Korea Review*, Vol. 5(1905. 2), p.49. "『코리안 리포지터리』와 달리 『코리아 리뷰』의 글 대부분에 저자의 이름이 쓰여 있지 않은데, 그 이유는 모두 헐버트가 썼기 때문이다"라는 진술을 (다른 증거가 발견되지 않은 현재로서는) 반박하기 어렵다. 이영미, 「영문

등지에서 돌팔매 패싸움이 벌어지는데, 이 글을 쓴 이는 평양, 송도, 서울 등을 이 민속놀이가 유명한 곳으로 꼽았다. 수천 명의 구경꾼을 끌어들이는 유혈이 낭자하고 폭력적인 이 싸움은 외국의 다른 곳에서는 유사한 놀이를 찾아볼 수 없는 "순전히 토속적인native 기원"을 갖기 때문에 외국적 요소와 뒤섞이지 않은 "순수한 한국적 삶"을 관찰하는 데 중요한 풍습이라고 평가했다.[20]

1905년 YMCA 협동 총무 신분으로 한국에 파견된 미국 선교사 프랭크 브로크먼Frank M. Brockman도 세시풍속을 조사했다. 그가 1906년 『코리아 리뷰』에 발표한 보고서 「한국 새해 풍속」이 그것이다.[21] 브로크먼은 고대 그리스 신화가 당대인의 종교적 삶과 밀접한 연관이 있는 것처럼, 세시풍속도 "민족 정서의 올바른 해석"에 도움이 될 것이라고 믿었다. 새해 풍속의 이모저모를 이해하면 한국 민속 전통과 정신세계에 한 발짝 다가설 수 있다는 기대다. 정월 초하루 첫 달이 뜨는 시간에 악령이 집집을 돌아다니다가 벗어놓은 신발을 신으면 그 신발 주인은 병에 걸린다고 믿는 한국 사람들은 신발을 감춤으로써 화를 피한다. 지붕 위에 체sifter를 올려 놓으면 악령이 그 구멍을 세는 데 정신이 팔려 자정을 넘기기 때문에 저주를 피할 수 있다고 믿는다. 정월 대보름 이른 아침에 차가운 술을 마시면 그해 청각이 밝아지며, 이날 오곡을 먹으면 그 한 해는 풍요로워지고, 아이들이 온갖 종류의 견과류를 먹으면 피부병에 걸리지 않

잡지 『코리아 리뷰(The Korea Review)』(1901~1906) 연구」, 2021, 145쪽.

20   Hulbert(추정), "The Stone-fight," p.49.

21   Frank M. Brockman, "Korean New Year Folklore", *The Korea Review*, Vol. 6(1906. 2).

는다는 등 미신적 풍습이 유난히 많다고 브로크먼은 기록했다. "나의 선생의 추론에 따르면"according to my teacher's reasoning이라는 표현이 등장하는 것으로 미루어보아, 브로크먼은 자기 주변의 한국인이 전해주는 이야기를 일종의 구술사로 작성했을 것이다.

특기할 사항은 서양 선교사들이 세시풍속에 만족하지 않고 '신비스러운' 무속 분야에도 도전했다는 사실이다. 알렌의 조선 풍속에 대한 호기심은 특이한 풍습인 무속에 대한 귀동냥과 구경으로 이어졌다. 그는 1896년 『코리안 리포지터리』에 「조선의 풍습: 무당」을 투고했다.[22] 그가 "직업적인 여성 엑소시스트"a paid female exorcist라고 번역한 무당은 4,000년 전으로 거슬러 올라가는 '매우 오래된 제도이며 신앙'에서 유래했다.[23] 귀신을 쫓아 병을 고쳐주거나, 집안의 나쁜 기운을 몰아내고, 조상의 음덕으로 후손의 복을 빌어주는 무당의 주요 고객은 하층민이지만 일부 평민도 무당이 보여주는 신비한 치유력과 예언력을 믿는다. 무당의 굿을 현장에서 직접 본 것처럼, 무당이 사용하는 방울 달린 요령과 청동으로 만든 징, 형형색색 비단 깃발, 짚으로 만든 인형 등과 그 춤사위를 상세히 묘사한다. 조선을 건국한 '태조대왕'은 유명한 무당이 그를 위해 한상 바닥에 숨겨놓은 '비자금'으로 새로운 수도 한양을 건설했다는 조금 황당한 이야기로 알렌은 글을 맺는다.

알렌이 「조선의 풍습: 무당」에서 피상적으로 관찰한 주제를 좀 더 전문적으로 파고들어 분석한 글이 1903년 『코리아 리뷰』에 6편

---

22   Allen, "Some Korean Customs, the Mootang", *The Korean Repository*, Vol. 2(1896. 4).

23   Allen, "Some Korean Customs, the Mootang," pp.69~70.

의 시리즈로 게재되었다.[24] 헐버트가 필자로 추정되는 이 연재물은 한국 무속의 중심인물인 무당과 판수의 역사적 유래, 그들이 수행하는 주요 업무, 살풀이와 미래를 예언하는 점괘를 푸는 방식 등에 대한 상세한 내용을 담고 있다. 거의 30쪽에 이르는 상당한 분량의 이 글은 서양 선교사가 한국 무속의 깊고 오묘한 세계에 뛰어들어 무속인이 한국 보통 사람들의 세계관과 일상생활에 끼친 영향력을 선구적으로 분석했다는 의의와 중요성이 있다.

일종의 미완성 작품인 이 글은 "한국 사회는 마법적 힘 occult power을 다루는 것을 직업으로 하는 두 명의 솜씨 좋은 사람handicraft의 축복 또는 저주를 받고 있다"라는 매혹적인 첫 문장으로 연재를 시작한다.[25] 영어로 "마법사"sorceress, "퇴마사"exorcist, "마녀"witch, "요술쟁이"wizard, "점술가"fortune-teller 등 다양하게 지칭되는 무당과 판수가 그들이다. 무당은 고대 기자조선 시절의 강신술necromancy에서 유래했을 정도로 오랜 역사를 가졌으며, 한자로 "속인다"deceive라는 뜻을 가진 '무'巫와 "무리"company를 뜻하는

24   Hulbert(추정), "The Korea Mudang and Pansu (1)," *The Korea Review*, Vol. 3(1903. 4), pp.145~149; "The Korea Mudang and Pansu (2)," *The Korea Review*, Vol. 3(1903. 5), pp.203~208; "The Korea Mudang and Pansu (3)," *The Korea Review*, Vol. 3(1903. 6), pp.257~260; "The Korea Mudang and Pansu (4)," *The Korea Review*, Vol. 3(1903. 7), pp.301~305; "The Korea Mudang and Pansu (5)," *The Korea Review*, Vol. 3(1903. 8), pp.343~346; "The Korea Mudang and Pansu (6)," *The Korea Review*, Vol. 3(1903. 9), pp.385~389. 원문에 없는 일련번호는 필자가 편의상 붙인 것이다. 연재물의 마지막 글 "The Korea Mudang and Pansu (6)"의 말미에 '계속'To be continued이라는 표현이 덧붙여 있지만, 직접 『코리아 리뷰』를 뒤져보았으나 후속 글을 찾을 수 없었다.
25   "The Korea Mudang and Pansu (1)," p.145.

'당'黨의 결합어이고, 판수는 "결정하다"decide라는 뜻의 한자 '판'判과 "운명"destiny으로도 풀이되는 한자 '수'數의 합성어다.[26] 무당이 주로 하층민 여성 가운데 선별되었다면, 무당보다 좀 더 높은 지위의 대접을 받는 판수는 눈먼 남성이 그 역할을 맡았다. 그리고 무당의 주요 업무가 '굿'kut이라면, 판수의 일상 업무는 '점'chum이다. 저자는 아마도 '굿'이라는 용어가 토박이 한국말에서 파생했을 것이기 때문에 외국어로 번역하기가 어렵다고 토로했다.[27]

무명의 저자(또는 헐버트)는 무당과 판수가 수행하는 다양한 굿과 점이라는 의례를 그 대상과 목적에 따라 분류하고 상세하게 묘사한다. 지면을 아끼기 위해 간략히 소개한다. 무당은 ① 병자의 치유 굿거리, ② 죽은 사람을 위무하는 살풀이, ③ 물과 관계된 사람 또는 직업의 안전과 풍요를 기원하는 용신굿dragon spirit seance, ④ 산신령의 보호를 기원하는 산굿mountain incantation 또는 산신굿mountain spirit incantation 등을 주관한다. 판수의 특기는 미래에 올 재앙을 방지하고 복을 부르는 예언이다. 이를 위해 그가 행하는 점은 도구와 방법에 따라 산통점dice box divination, 돈점money divination, 책점book divination의 세 종류로 구분된다. 산통점이 제일 하급이라면, 점쟁이가 보는 돈점이 그보다 상급이고, 명리학에 밝은 선비가 취미 삼아 봐주는 사주풀이 책점이 '더 높은 수준의 과학적' 방식이다.[28] 이 시리즈의 저자는 한국 무속에 관한 자신의 매우

26   "The Korea Mudang and Pansu (1)," p.145.
27   "The Korea Mudang and Pansu (1)," p.146.
28   "The Korea Mudang and Pansu (5)," *The Korea Review*, Vol. 3(1903. 8), p.344, p.346.

깊이 있고 전문적인 지식을 과시하듯이, 무당이 행하는 용신굿은 그 대상인 고기잡이배, 장사하는 상선商船, 강을 건네주는 나룻배, 군사용 배 등에 따라 다르다고 설명하고, 1년에 두 차례 하는 노들 강변 나룻배를 위한 굿을 현장에서 본 것처럼 꼼꼼하게 서술한다.[29]

성공회 신부 세실 허지스Cecil H. N. Hodges의 관찰에 따르면, 한국 신화와 민속의 채집 및 분석에 쏟는 '심각한 노력'의 부족으로 이 분야는 식민지 시기 초반까지도 "가장 빈약한 상태"로 남아 있었다. 그가 1914년「한국 신화와 민속에 관한 연구 요청」을『트랜잭션』에 발표한 배경이다.[30] 허지스는 이 주제에 동료 선교사와 전문가가 '의무적인' 관심을 가져야 할 이유 세 가지를 꼽았다.

첫째, 오늘날 한국 젊은이들이 일본과 서양의 사상과 문명에 현혹되어 조상으로부터 물려받은 '어리석고 실속 없는' 옛 관습과 민속을 경멸하고 현재 식민지로 전락한 책임이 그런 것에 있다고 잘못 알고 있는 점을 바로잡기 위해 그들의 정신적 뿌리에 대한 탐구가 절대적으로 필요하다. 둘째, 낯선 땅에서 활동하는 선교사로서 포교 대상인 '원주민'의 '성격 형성과 생각·자기표현 양식의 형상'을 감정이입하여 공감하기 위해서는 오래된 전통과 관습에 대한 지식이 필수다. 셋째, 다른 피부 색깔이나 신앙 체계와 관계없이 신화와 영웅담에 투영된 역사 발전의 자취와 흐름을 비교사적 관점에

---

29   "The Korea Mudang and Pansu (3)," *The Korea Review*, Vol. 3(1903. 6), pp.258~260.

30   Cecil H. N. Hodges, "A Plea for the Investigation of Korean Myths and Folklore," *Transactions* Vol. V, 1914, pp.41~53. 이상훈의 짧은 해설과 함께 실린 이 글의 번역·요약문은 이상훈 외,『영국왕립아세아학회 잡지로 본 근대 한국 1』, 280~288쪽 참조.

서 분석함으로써, "저변에 깔린 인류의 통합성"the underlying unity of the human race과 어떻게 황인·백인·흑인 등이 한 몸통으로 발전을 향해 같은 주요 경로를 따라 움직였고 지금도 움직이고 있는지를 알 수 있다.[31]

한국 신화와 민속에 대한 '긴급하고도 절대적인' 탐구의 당위성을 강조한 허지스의 주장은 다소 과장돼 있다. 앞에서 살펴보았듯이, 일단의 동료 서양 선교사들이 30년 전부터 한국 속담과 민담 및 설화 모음 작업을 간헐적이지만 지속적으로 수행해왔다. 알렌이 1889년 한국 민담 모음집을 뉴욕에서 출간한 것에 추가하여, 1913년에는 게일이 책임 편집, 번역하여 한국 민담을 종합적으로 수록한 성과물인 『한국의 민담』을 영미 학계에 잇달아 선보였다.[32] 선행연구에 대한 허지스의 무지에도 불구하고, 선교사들이 현지인의 '망탈리테'mentalité를 잘 이해하여 성공적인 선교 사업을 펼치기 위해서는 민속학적 배경지식이 매우 유용하다는 것을 그는 깨달았다. 한국에서 활약한 서양 선교사 중에 매우 드물게 대학(영국 옥스퍼드대학 세인트존스칼리지)에서 역사학을 전공한 허지스는 일종의 비교문화인류학·민속학의 시각으로 한국 신화와 민속을 분석하여 인류문명의 공통분모를 가늠할 수 있을 것이라 확신했다.

허지스에 따르면, 신라 왕국의 창시자 박혁거세가 '알'Egg을 깨고 탄생했다는 건국신화는 유럽과 아시아에서 발견되는 고대 신화

---

31   Hodges, "A Plea for the Investigation of Korean Myths and Folklore," pp.41~42.

32   Im Bang and Yi Ryuk, J. S. Gale (trans.), *Korean Folk Tales: imps, ghosts and fairies*, New York: J. M. Dent & Sons, 1913 참조.

와 닮은꼴이다. 전 세계적으로 알은 '잉태와 풍요의 상징물'로 공유되는데, 보르네오의 카얀Kayan족은 흉년이 들면 알을 제물로 바쳐 땅의 번식력 회복을 기원했다. 기독교에서 행하는 부활절 축제도 달걀을 새로운 삶의 상징으로 섬기는 원시 관습에서 유래했을 것이라고 짐작했다.[33] 요약하자면, 한국에 체류한 선교사–학자는 한국 청년들의 자기 전통 올바르게 알기라는 교육적 차원, 선교 사업의 번창을 위한 실용적 필요성, 시공간을 횡단하여 인류 문명의 진정한 발전 경로와 '궁극적 진리'the Ultimate Truth 탐구라는 삼중의 의무를 어깨 위에 걸머졌던 것이다.

2   존스와 헐버트, 민속 연구의 확장과 심화

미국 감리교 선교사로 1887년 조선을 찾은 조지 H. 존스는 한국 종교의 뿌리와 특정을 파고들어 연구한 대표적 인물이다. 존스는 호머 헐버트와 지적 동반자 관계를 결성하여 한국 전통문화의 고유한 성격과 독창성을 전파했다. 존스는 "한국 영웅들의 기원에 관한 이야기는 놀랍게도 중국적이지 않다non-Chinese"라고 주장했다. 신라—옛 명칭 '계림'鷄林(Hen Fores)—의 창시자 박혁거세와 고구려 건국 영웅 주몽이 알에서 태어났다는 설화는 "한국 설화의 놀라운 특징"이라고 꼽았다.[34] "한국 속담도 압도적으로 한국적"

---

33   Hodges, "A Plea for the Investigation of Korean Myths and Folklore," p.45.
34   G. H. Jones, "Korean Survivals: Discussion," *Transactions*, Vol. 1, 1900, p.48.

이라고 단언했으며 중국에서 빌려온 경우에도 그것(속담)을 '한국화'Koreanized했다고 강조했다. 위대한 영국 시인이 유럽 대륙에서 창작된 원본 작품을 자기만의 플롯과 드라마로 재창조하는 것과 마찬가지라고 비교했다. 막걸리 같은 발효음료와 고춧가루 같은 매운 양념을 좋아하는 한국인의 식생활도 중국인과는 전혀 다르므로 한국인은 "독창적 고안자"the ingenious contriver라고 존스는 추켜세웠다.[35]

존스가 1902년 「한국인의 심령 숭배」The Spirit Worship of the Koreans라는 제목으로 『트랜잭션』에 게재한 글은 한국인의 정신세계를 심도 있게 탐구한 결정판이다. "한국인들은 과연 종교를 소유한 민족인가?"라는 근원적 질문에 서양 종교학자와 문화인류학자는 부정적으로 판단한다. 이와 달리 존스는 한국인은 ① 자기보다 우월하고 초월적인 존재에 의존하고, ② 인간과 신적 존재의 상호소통을 믿으며, ③ 현실적 고통과 불행을 경감·해결해주는 신비스러운 힘을 지지한다는 세 가지 측면에서 분명히 '종교적 민족'이라고 긍정한다. 한국인들은 유교, 불교, 샤머니즘이라는 세 가지 종교를 믿고 일상적으로 이 종교의 영향력에서 벗어나지 못한다는 진단이다. 한국의 보통 사람들이 신봉하는 종교관의 특징과 고유성은 이들 각 세 가지 신앙 체계가 "나란히"side by side 공존하고, 서로 "겹치며"overlapped, "상호 침투"interpenetrated each other한다는 점이

---

35   G. H. Jones, "The Spirit Worship of the Koreans," *Transactions*, Vol. II Part I, 1902, p.48. 이상훈의 짧은 해설과 함께 실린 이 글의 번역·요약문은 이상훈 외, 『영국왕립아세아학회 잡지로 본 근대 한국 1』, 336~343쪽 참조.

다.[36] 한국 사람들은 유교, 불교, 샤머니즘이 각기 다른 성격과 의례를 갖는 별개의 종교라고 이론적으로 알고 있지만, 실질적으로 세 가지 종교 시스템을 '혼합되고 혼란스러우며 소화되지 않는 혼성된' 한 덩어리로 숭배하고 있다고 날카롭게 평가했다.

「한국인의 심령 숭배」는 22쪽이나 되는 긴 분량으로 샤머니즘에 초점을 맞춰 그 기원과 기본성격 및 다양한 심령 숭배 대상을 분류한다. 존스의 개념적 정의에 따르면, 샤머니즘 숭배의 첫째 특징은 "인간의 운명을 통제하는 수많은 정신적·지적 존재spiritual intelligences에 대한 믿음"이다. 그리고 영적 존재 대부분이 물체 또는 물신物神으로 대변되는 물신주의fetishism가 한국 샤머니즘의 중요한 특징이다.[37] 이 두 가지 핵심적 특징을 지니는 한국 샤머니즘에서 한국인들이 자기들 마음의 신전에서 섬기는 샤먼은 수천이 넘을 정도라고 존스는 헤아렸다. 그는 모래같이 많고 바람처럼 날아다니는 심령들을 총 17가지 카테고리로 나누고, 각 심령의 관할 영역과 정신세계 운행법을 설명한다.

존스의 분류에 따라, 17가지 유형의 샤먼 숭배를 상세하게 설명하는 대신에 그 이름만을 나열하면 다음과 같다. ① 오방장군God-Generals of the Five Quarter of the Sky, ② 신장神將(Spirit-Generals), ③ 산신령山神靈 또는 산신山神(Mountain Spirit), ④ 성황당城隍堂(사람들의 발음은 서낭당, 표기는 성황당, Shrine or Temple of the Site of the Fortress or City), ⑤ 토지지신土地之神(Earth Spirit), ⑥ 존신

36   G. H. Jones, "The Spirit Worship of the Koreans," p.39.
37   G. H. Jones, "The Spirit Worship of the Koreans," p.41.

尊神(Honourable Temple), ⑦ 도깨비Goblins and Bogies of Korea(망량魍魎), ⑧ 사기邪氣(사악한 귀신, Unclean Demons) 또는 음귀淫鬼(Tramp Spirit), ⑨ 용신龍神(Dragon Spirit), ⑩ 성조成造(the Ruler of the Korean's House), ⑪ 토주土主(Lord of the Site), ⑫ 업주業主(한국인의 오복인 장수, 자식, 벼슬, 부귀, 평화로운 죽음을 담당하는 심령), ⑬ 걸립乞粒(Messenger of the Gods of the House), ⑭ 문호지신門戶之神, ⑮ 역신疫神(Small-pox God), ⑯ 제용除俑(Human-shaped Straw Effigy), ⑰ 삼신三神(God of Nativity).

존스는 한국인이 섬기는 17가지 유형의 샤먼 중에서 도깨비와 용신에 대해서 가장 길고 상세하게 설명한다. 그는 도깨비를 원래부터 별도로 존재하거나 죽은 사람이 변신한 혼령이라고 파악했다. 존스는 제물포에 사는 한 소녀를 홀려 병들게 한 세 명의 도깨비—불에 타서 죽고 물에 빠져 죽은 여자 두 명과 처형된 남자 한 명—를 무당이 쫓아내 치유한 사례를 직접 조사할 만큼 적극적인 관심을 쏟았다. 도깨비는 민담의 단골 소재이고 그것과 직접 연관된 미신적 관행이 있으며 또 도깨비를 쫓아내는 의례가 따로 있을 정도로 한국 샤머니즘에서 '근본적 중요성'prime importance을 지닌다.[38]

한국에서 용은 '충성'의 상징으로 여겨지는데, 특히 새로운 왕조를 세우는 영웅의 탄생을 알리는 신화적 주인공이다. 서양에서는 앵글로색슨족이 브리튼을 침입할 때 용을 새긴 방패와 깃발을 휘날렸고, 북유럽의 셀틱 민족이 용을 왕권과 통치권의 상징물로 고귀하게 어긴 것과 한국인의 용신 숭배가 비슷하다고 존스는 비교신화

---

38   G. H. Jones, "The Spirit Worship of the Koreans," pp.49~50.

적 지식을 뽐냈다.[39] 도깨비처럼 용도 한국 설화에서 가장 선호되는 소재이며 한국 소설에 자주 등장하는 신화적 동물이다. 또 용을 특별한 재능을 소유한 아이의 출산을 알리는 전령이자 행운과 부귀영화의 상징물로 환영하는 한국 사람은 '용'龍 자를 넣어 자손의 이름을 짓는 관습이 있다.

주목할 점은 존스의 이 글이 책상머리에 앉아 참고문헌을 뒤져가며 쓴 것이 아니라 '발품을 팔아 전국을 현장 답사하면서 얻은 산지식'을 바탕으로 쓰였다는 사실이다. 「한국인의 심령 숭배」이곳저곳에서 그 '증거'를 발견할 수 있다. 몇 가지 사례를 제시하자면 다음과 같다. 존스는 산신령을 모신 가장 모범적인 신당이 있는 연안의 산성을 답사하여 잘 건축된 산신각 안에 모셔진 한국 위인들(특히 임진왜란 때 일본 침략자에 맞서 싸웠던 영웅들)의 초상화를 직접 보았다. 서낭당을 지나는 사람마다 나무 밑 돌무더기 위에 자신이 주운 돌을 올리고, 여행 중에 뱀의 원한을 피하고자 제단 앞에 침을 뱉는 것을 그는 여러 차례 보았다. 또 추운 야밤에 여행할 때 짐꾼이 잔뜩 공포에 떨다가 새벽 수탉 울음소리에 안심했는데 모든 악령과 도깨비는 수탉 울음소리와 함께 사라지므로 이제는 안전하기 때문이라고 말했다는, 본인이 직접 겪은 에피소드를 기록했다.[40] 이런 실증적 사례들이 잘 보여주듯이, 한국인의 마음 유전자에는 샤머니즘이 각인되어 있어 어린 시절부터 죽을 때까지 용과 도깨비가 부리는 미신적 물신주의의 손아귀에서 벗어나지 못한다고 결론지

39   G. H. Jones, "The Spirit Worship of the Koreans," p.54.
40   G. H. Jones, "The Spirit Worship of the Koreans," p.44, p.47, p.59.

었다.

헐버트가 한국 설화 및 민담 채집과 조사 연구에서 차지하는 무시할 수 없는 역할에 대해 2장에서 이미 살펴봤다. 그렇다면 한국 설화 및 민담에 대한 헐버트의 진지한 학문적 관심은 언제부터 시작되었을까? 이런 어렵고도 중요한 물음에 대한 답변의 실마리를 찾을 수 있는 사료가 다행히 있다. 헐버트가 1893년 시카고에서 열린 세계박람회 기간에 개최된 '컬럼비아세계박람회 국제민속학술대회'The International Folk-Lore Congress of World's Columbian Exposition에서 발표한 「한국의 설화」가 그것이다.[41] 이 발표문에서 헐버트는 한국 설화의 특징과 그 대표 유형을 '심도 있게 관찰'하기 위해 '한민족의 기원에 관한 설득력 있는 가설' 이해가 선행되어야 한다고 주장했다.[42] 한민족의 건국 신화와 영웅에 대한 배경지식이 있어야 한국 설화 또는 민담의 원류原流와 지류支流를 유형화하거나 체계적으로 분류할 수 있다는 설명이다. 그는 기원전 시작된 한민족의 이동 경로와 한반도 정착 과정을 추적하여 한국의 전설과 신화를 '북방 설화'와 '남방 설화'로 구분하고, 그 유형을 13개의 카

---

41   헐버트, 『헐버트 조선의 혼을 깨우다: 헐버트 내한 130주년 기념 '헐버트 글 모음'』, 338~345쪽. 이 책을 번역한 김동진은 "미국의 어느 대학에서 이 원고를 확보"했다고 말하지만, 상세한 정보를 제시하지 않았다. 덧붙이자면, 헐버트는 국제민속학술대회 기간에 짬을 내서 컬럼비아세계박람회에 처음 참석하여 한국관을 구경했던 것으로 짐작된다. 육영수, "Fin de Siecle Korea as Exhibited at the World's Columbian Exposition of 1893 in Chicago: Revisited," *Seoul Journal of Korean Studies* 24, 2011 참고. 이 글에서 필자는 "한국 문학을 공부한 사람"이라고 본인을 소개하고 출품 단장 전경원과 담화를 나눈 인물이 그리피스라고 추측했는데, 늦었지만 수정해야 할 오류다.

42   헐버트, 「조선의 설화」, 『헐버트 조선의 혼을 깨우다』, 339쪽.

테고리로 세분화한다. 헐버트는 고대 영웅 탄생에 대한 세 가지 설화와 다양한 유형의 민담 7편을 청중에게 들려주면서 "조선 설화에 대한 최초의 국제적 소개"를 마무리했다.[43]

이 사료에 따르면, 한국 설화와 민담에 관한 헐버트의 심중한 관심과 조사는 1893년 컬럼비아세계박람회 기념 학술대회 원고를 준비하면서 본격화되었다고 볼 수 있다. 「한국의 설화」에서는 명시적으로 드러내지 않았지만, 한국 신화·민속·풍습의 독창성을 발굴하여 국제적으로 홍보함으로써 한국 문명을 '중국 문명을 추앙하고 모방한 파생물로 오해하는 서양 독자들을 계몽하는 것'이 헐버트의 목표였다고 짐작된다. 이러한 의도로 헐버트는 그가 편집을 맡은 『코리아 리뷰』에 한국 설화와 민담을 꾸준히 소개했다. 개별 제목으로 수록된 총 41편의 설화 및 민담 중 절반이 넘는 21편의 다양한 소재와 형식의 설화 및 민담을 소개한 '숨은 필자'가 헐버트라는 사실은 이를 반영한다.[44]

시카고에서 열린 국제민속학술대회의 준비 작업과 그 후 한국 민속·민담에 관한 저술 작업의 종합적 성과물이 헐버트가 1902년 발표한 「한국의 설화」이다.[45] 1893년 국제민속학술대회 발표문과

---

43   헐버트의 발표문은 축약되어 '국제민속학술대회' 자료집에 실렸다. 1893년 자료집의 편집자는 헐버트가 발표한 7편의 설화 제목을 끝에 열거하고, 게재되지 못한 설화 원고는 "서울에서 조선 설화에 관한 책 출판을 준비하고 있는 헐버트 씨에게 돌려보냈다"라고 언급했다. 헐버트, 「조선의 설화」, 『헐버트 조선의 혼을 깨우다』, 345쪽. 본문의 직접 인용은 이 글을 옮긴 김동진의 평가다. 339쪽 각주 1 참조.

44   그 내용과 형식에 대한 상세한 정보는 이유정, 「호머 헐버트의 한국 민속 연구와 영역 설화집으로서의 『THE KOREA REVIEW』」, 표 2, 237~249쪽 참조.

45   H. B. Hulbert, "Korean Folk-Tales," *Transactions*, Vol. II Part II, 1902,

같은 제목으로『트랜잭션』에 17쪽 분량으로 실린 이 글은 '한국 설화 및 민담의 종류, 특징, 그 역사적 성격 등을 추적·분석한 최초의 종합적 비평문'이라는 의의와 중요성이 있다. 위에서 간략히 스케치했듯이, 이전에 간행된『트랜잭션』과『코리아 리뷰』에서도 매우 드물게 한국의 민속에 대한 글들이 실렸지만, 「한국의 설화」는 고대에서 현재까지 민간에서 전승되어 내려오는 갖가지 민담(설화)의 형식과 종류, 내용과 등장인물, 교훈 등을 '두껍게 묘사'한 문제작이다.

헐버트에 따르면, 학문적으로 아직 모호한 개념인 '민속'folk-lore은 민담, 민요, 미신, 전설, 속담, 수수께끼 등과 같이 그 기원이 모호하고 잡다한 성격을 지니는 신생 분야다. 문서로 서술된 역사가 실증적 방법으로 과거에 대한 체계적이며 과학적인 분석과 전망을 제공한다면, 민속은 '공식이 되지 못한 역사'which do not bear the hall-mark of history로 추방·강등된 흥미로운 인종학적 유물과 풍습이 보관된 "후미진 다락방"the back attic이다.[46] 공식 역사에 비하면 민속이 하류 취급을 받는 것은 사실이지만, 민중의 삶이 정녕 무엇인지를 알고 '느끼고' 싶은 사람이라면 응접실에서 따분한 실록이나 연대기를 읽는 대신, 가정과 가족의 일상생활 속으로 안내해주며 '민중의 가슴'으로 접근케 하는 민속의 보물창고를 찾아 감춰진 다락방을 탐색해야 한다고 헐버트는 강조했다.[47]

pp.45~79. 정경란의 짧은 해설과 함께 실린 이 글의 번역·요약문은 이상훈 외,『영국왕립아세아학회 잡지로 본 근대 한국 1』, 280~288쪽 참조.

46   Hulbert, "Korean Folk-Tales," p.46.
47   Hulbert, "Korean Folk-Tales," p.46.

민속학의 다양한 장르 중에서도 특히 '민담'folk-tales에 초점을 맞춰 조선 민중을 관통하는 '망탈리테'(집단적 정신구조)와 그 성격을 파악하려는 것이 「한국의 설화」의 목표다. 헐버트는 주제에 따라 한국의 민담을 유교적, 불교적, 샤머니즘적, 전설적, 신화적, 일반 또는 기타general or miscellaneous의 여섯 카테고리로 분류한다. 헐버트가 채집·편집하여 요약·분석한 각 범주에 등장하는 이야깃거리와 주인공에 대한 상세한 비평과 해석은 민속·민담 전문가의 몫이지만, 다양하고도 복잡한 민담에 투영된 한국인의 집단적 감정 세계와 일상생활사를 간단히 스케치해보려는 것이 다음의 내용이다.

헐버트는 한국 민담의 우선적 특징을 유교 사상에 대한 불교 사상의 '승리'로 꼽는다. 그는 민담의 서사 분석과 등장인물 해설을 통해 유교는 한국인 감정(이성) 구조의 표면에 머무르는 데 그쳤지만, 불교는 한국인들의 감성 교육에서 "한국적 삶의 여러 단계에서 결정적 역할"을 담당한다고 평가했다.[48] 헐버트는 한국의 민담을 자세히 뜯어보면 불교적 요소와 유교적 내용이 뒤섞인 이야기들―죽어가는 아버지를 구하려는 효심이 깊은 아들이 꿈속에서 불교 스님이 전해준, 인도의 사찰에 명약이 있다는 이야기를 듣고 위험한 모험 끝에 아버지를 살린다―이 많지만, 두 종교 사이의 경쟁에서 최종적 승자는 불교라고 생각했다.

헐버트가 주목한 한국 민담의 또 다른 특징은 중국이나 일본과는 상이한 한국 특유의 샤머니즘적 요소다. 불교와 유교가 전래된 낯선 정신세계인 것과 달리, 한국 민담에 나타나는 샤머니즘적 요

---

48   Hulbert, "Korean Folk-Tales," p.53, p.56.

소는 '한국인의 마음 또는 감정의 토속적이며 기본적인 요소들의 산물'이라고 파악했다.[49] 특히 귀신이나 도깨비, 산과 바위 등에 깃든 영혼을 믿는 혼령 숭배의 독창성은 고대 헬레나 사람들이 전 세계 신령들을 모셨던 판테온Pantheon 못지않다고 높이 평가했다. 자연 만물에 깃든 정령을 신성시하고 숭배하는 애니미즘과 물신주의는 오늘날까지도 한국인의 정서를 지배하는 토속적 믿음이며 미신이라고 설명했다.

헐버트는 속담과 민담에 투영된 한국인 특유의 망탈리테를 서구의 정신세계와 비교하여 다음과 같이 요약했다.

한국적 상상력은 매혹적인 그리스 신화를 탄생시킨 환상의 위대한 비상飛翔에 버금갈 만큼 크거나 경쾌하다는 것을 증명하지 못했다고 먼저 말해야 한다. 북유럽 신화의 용맹한 영웅으로 진화할 정도로 [한국적인 상상력이] 씩씩하고 본질적이지도 않았다. 그리스, 로마, 스칸디나비아의 판테온은 거대하고 장엄하게 보이는 인물들로 가득하지만, 한국의 신전은 거의 모든 슈퍼휴먼 또는 잉여인간extra-human 매개자들이 어쩐지 인간보다 못한less than man 것처럼 보이는 형태로 채워졌다. 이들은 때로 [인간보다] 더 교활하고 종종 [인간보다] 더 강하지만, [인간보다] 더 고귀하거나 더 가치가 있지는 않다. (…) 그리스 신화가 망원경적telescopic이라면, 한국 신화는 현미경적microscopic이다. (…) 서구에서는 형태가 모든 것이고 세부 사항이 이차적 요소라면, 동양에서는 세부 사항이 제일 중요하고 형태는 단지 구체적인 것을 보여주는 배경일 뿐이다.[50]

49   Hulbert, "Korean Folk-Tales," p.58.
50   Hulbert, "Korean Folk-Tales," pp.73~74.

헐버트에 따르면, 남성적이고 진취적인 유럽의 신화적 영웅과 다르게 한국 신화의 영웅과 민담의 주인공은 사소한 것에 목숨을 거는 근시안적 인물이다. 헐버트는 서양 영웅의 후예들이 장기적 안목으로 멀리 내다보면서 역사의 흐름과 진보를 주도한 반면에, 미시적이고 즉흥적으로 문제를 해결하는 샤먼과 도깨비를 숭배하는 한국인은 우물 안 개구리처럼 세계사적 변화에 눈을 감고 그 희생자가 되었다고 결론지었다. 서양 선교사들이 명시적 또는 암묵적으로 공유한 오리엔탈리즘에서 헐버트도 자유롭지 못했던 것일까.

3　한국 민속 연구 첫 물결의 알갱이와 쭉정이

지금까지 서양 선교사가 근대 한국 민속학의 여러 장르(속담, 민담, 세시풍속, 민속놀이, 무속 등)에 걸친 자료 조사와 주제별 분석비평에 이바지한 점을 구체적으로 살펴보았다. 이에 대한 국내외 선행연구가 지금까지도 양적·질적으로 매우 빈약한 상태에 머물고 있으므로 그 빈틈을 메우고 약한 고리를 땜질하여 초창기 민속 연구의 종합적 윤곽과 지배적 경향을 서술하려고 노력했다. 근대한국학의 계보학적 관점에서 이 글이 지닌 의의와 중요성 및 한계와 과제는 다음과 같다.

첫째, 서양 선교사들이 19세기 말에서 20세기 초반에 이르는 한 세대 동안 남긴 한국 민속 연구의 발자취는 생략하거나 무시해도 될 '타자의 시각'이 아니라 꼼꼼히 재발견되어야 할 한국 근대 민속학의 전사前史이며 도입부다. 이들이 한국 민속에 쏟은 관심과 연구는 이국땅에서의 호사스러운 취미생활이 아닐뿐더러 아마추어 수준을 넘어선 것이었다. 서양 고전과 당대 학술적 흐름에 대한 전문지식을 바탕으로 한국 민속의 역사적 성격과 특징을 비교문화사 및 문화인류학적 시각으로 예리하게 비평했다.

존스가 쓴 「한국인의 심령 숭배」와 헐버트가 저술한 「한국의 설화」는 오늘날 다시 읽어봐도 정서적인 '한국다움'Korea-ness을 크로키와 세밀화 기교로 분석한 걸작이다. 특히 한국 샤머니즘의 유형에 대한 존스의 분류법과 한국 민담의 종교적 색깔에 근거한 헐버트의 분류 방식은 그 옳고 그름을 따지기 이전에 한국 민속학에 도입·적용된 '최초의 유형화 작업'이었음을 과소평가할 수 없다. 그러므로 서양 선교사들이 '근대 한국 민속 연구 제1물결'을 총체적으로 견인했다고 평가해도 무리가 없다.

둘째, 서양 선교사들이 한국 민속 연구에 끼친 공헌과 별개로 이들의 채집 활동과 저술 작업에서 드러나는 서구중심주의적 편견에 눈감을 수는 없다. 19세기 후반 새로운 분과 학문으로 등장한 민속학은 근대와 전통, 문명과 야만, 중심·중앙과 지방·향토, 이성과 미신, 기록문화와 구술문화 등의 이분법적 구별 짓기를 통해 그 학문적 정체성을 구성했다. 앞의 속성으로 대변되는 근대적 서양 문명이 뒤의 특질로 묘사되는 전근대적 비서양 문명을 발굴·포섭·보존하여 후자를 인류 문명의 진화론적 먹이사슬에 꿰맞추는 것이 민속학의 존재 이유였다.

한국 민속에 대한 지식 수준의 차이와 애증의 높낮이가 있있지만 알렌, 애덤스, 존스, 헐버트 등은 서구 우월적인 민속 연구의 파이오니어pioneer이며 필드워커field-worker였다. 이들은 무속 세계를 호령하는 무당과 판수에게 복종하여 귀신과 산신령을 무서워하고, 점쟁이의 예언을 믿어 미래를 운명적으로 저당잡히고, 돌팔매 싸움 같은 폭력적 축제로 일상의 무료함에서 탈주하며, 합리적이고 이성적으로 문제를 해결하는 대신에 꾀와 속임수로 생존을 꾀하는 후진적 한국인 또는 '토착민'의 '정신 개조'를 공통적인 선교 사명으로 다짐했다.

셋째, 서양 선교사들이 앞장서 이끈 '민속 연구 제1물결'은 근대한국학 계보의 주체(들)와 갈래 및 그 상호 관계에 새로운 성찰을 요구한다. 민담을 채집해 제공한 고평익과 이정원 같은 한국인 협력자·번역자의 도움이 없었다면 서양 선교사의 민속 연구는 덜 생산적이었을 것이다. 마찬가지로 서양 선교사가 주제별·장르별로 분류·유형화한 기본 바탕이 없었다면, 식민시대 일본 관학자와 한국 지식인이 '따로 또 같이' 펼친 한국학·민속학은 더 허약하거나 미성숙했을 것이다.

다시 말하자면 서양 선교사가 한국학 '제1물결'을 밀어 올리고 나서, 이와 겹치면서도 서로 밀고 당기며 일본 관학자가 식민 담론으로 '제1.5물결'을 (재)창출하고, 이에 저항하는 몸짓으로 한국 지식인이 다시 띄운 '제2물결'이 이어졌다. 그 연속과 단절의 주름살이 만드는 한국학의 계보학을 거꾸로 거슬러 올라가 다시 탐험하기 위해서는 식민주의 대對 민족주의라는 두 바퀴에 올라타 지금도 거침없이 달리는 고장 나고 위태로운 열차를 그 궤도에서 탈선시켜야 한다. 근대한국학의 족보를 헝클어뜨리고 혼성적으로 뒤섞어 재발명해야 할 매우 도전적인 과제 해결의 실마리를 찾아 2부로 넘어가 보자.

2부

식민지 시기
조선학 연구의 계보

식민지 담론은 인종적/문화적/역사적 차이들을 인정하면서 부정하게 하는 하나의 장치이다. 그것의 주요한 전략적 기능은 감시를 수행하는 매개체이자 쾌감/불쾌감의 복합형식을 자극하는 매개체인 지식의 생산을 통해 '예속된 국민'을 위한 공간을 창조하는 것이다. (…) 식민지 담론의 목적은 정복을 정당화하고 관리와 훈육의 체계를 확립하기 위해, 피식민자를 근본적 기원의 기준에서 퇴보한 유형의 민중으로 해석하는 것이다.

— 호미 바바

일본제국이 한 세대 동안 지배했던 '식민지 조선'의 역사적 성격과 그 유산을 따지는 국내 학계의 선행연구는 양적·질적으로 풍부하고도 복잡하다. 조선총독부가 '위로부터' 지휘하는 정치적·사회경제적 식민정책의 폭력성과 약탈성을 고발하는 작업으로부터, 그 문화적 권력 효과가 식민지 조선인의 일상 세계를 어떻게 변화시켰는지를 '아래로부터' 미시적으로 관찰하려는 시도에 이르기까지 그 시각이 다양한 각도에서 교차한다. 지난 반세기 동안 두텁게 축적된 선행연구를 관통하는 공통 분모는 민족주의 담론과 식민주의 담론이라는 이분법적 해석 틀의 반복적인 논쟁이다. 이데올로기적 올바름을 견주는 이런 '정통주의 해석'은 '식민지 수탈론'과 '식민지 근대성'이라는 프레임 내부에서 흑백 싸움으로 계승된다.

식민주의와 민족주의 담론의 숨 막히는 틈바구니에서 탈주하여 제3의 길을 개척하려는 '수정주의' 해석이 조심스럽게 고개를 내밀고 있다. '회색지대'라는 개념 공간에 기대어 전통과 근대, 착취와 발전, 저항과 협력이라는 이분법으로 포획되지 않는 식민지 시대의 입체적 얼굴을 재조명하려는 시도가 주목받고 있다.[1] 또 탈식민주의·트랜스내셔널이라는 새로운 방법론으로 '제국'과 '민족'의 교차로에 서 있는 식민지 조선의 이모저모를 재성찰하려는 학문적 실험도 설득력을 얻고 있다.[2] 일부 소장 학자들은 선배 연구자들이 토해냈던 식민사관에 대한 '성급한 분노'는 진지하고 냉정한 자아비판이 동반되지 않은 '귀머거리들의 대화'로 전락할 위험이 있다고 반성한다.[3]

국내 학계에서 현재진행형으로 논쟁 중인 정통주의 해석 대對 수정주의 해석 사이에 삐딱하게 끼어들어 참견하기에는 내 전문지식이 얇고 빈약하다. 그 한계 속에서 식민지 시기 일본 관학자와 조선 지식인이 근대한국학의 ㈜창출-교류-모방-전파-소비 사이클에서 담당한 몫과 위상을 더듬어보려는 것이 2부의 목표이다. 2부 전반부를 관통하는 문제의식은 일본㈜학이 발명되는 메커니즘에 대한 이해가 선행되지 않는다면, 그 거울에 투영된 식민지 조선학 만들기의 형식과 내용을 '객관적'으로 이해할 수 없다는 신념이다. 일본 자신의 근대적 국가 정체성 만들기는 식민지성 만들기와 분리할 수 없는 한 몸통이기 때문이다. 2부 후반부에서는 조선학

---

1   윤해동, 『식민지의 회색지대』, 역사비평사, 2003와 『식민지 근대의 패러독스』, 휴머니스트, 2007 등 참조.

2   선별적 예를 들자면 한양대학교 비교역사문화연구소 기획, 『근대한국, '제국'과 '민족'의 교차로』, 책과함께, 2011; 김종준, 『식민사학과 민족사학의 관학아카데미』(동아시아한국학연구총서 12), 소명출판, 2013; 윤해동·이성시 엮음, 『식민주의 역사학과 제국 : 탈식민주의 역사학 연구를 위하여』, 책과함께, 2016; 윤해동·장신 엮음, 『제국 일본의 역사학과 '조선' : 식민주의 역사학과 제국 2』, 소명출판, 2018 등 참조.

3   정준영, 「이마니시 류의 조선사, 혹은 식민지 고대사에서 종속성 발견하기」, 윤해동·장신 엮음, 『제국 일본의 역사학과 '조선' : 식민주의 역사학과 제국 2』, 소명출판, 2018, 286~287쪽.

연구와 경성제국대학을 발판 삼아 근대적 지식인으로 다시 태어난 조선 지식인이 추동한 근대한국학 제2물결의 역사적 성격과 그 유산을 가늠해보고자 한다. 이들이 남긴 텍스트와 선택한 행위를 친일/반일의 잣대가 아니라, 역사사회학 관점에서 불완전하고도 혼종적인 지식-권력으로 재조명할 것이다.

6장

일본제국의 '앎에의 의지'와
근대한국학의 제1.5물결

일제 식민지 시기는 역사학, 고고인류학, 문헌학, 종교학, 민속·박물관학, 음악·미술사 등 한국에서 거의 모든 '근대적' 인문학과 사회과학이 태동하고 정착되는 시기와 겹친다. 일본제국이 이 분야에서 동시다발적이며 총체적으로 수행한 조선학 연구는 메이지 일본 정부가 갈망하는 '제국 클럽' 가입 조건인 식민지 경영 능력을 서구 열강에 과시하려는 노력의 산물이었다. 다시 말하자면, 서구 열강이 제국주의를 정당화하기 위해 내세운 '백인의 짐'White Man's Burden에 버금가는 '황인종의 짐'Yellow Man's Burden을 일본제국이 감당할 능력과 비전이 있음을 증명하려는 노력이 식민지 조선학 (재)창출이라는 학술적 프로젝트에 집약되었다.

1 근대 '일본제국'의 발명과 식민지 연구

지방분권적 전통이 강했던 막부幕府에서는 집단으로서의 '일본(인)'에 대한 정체성이 심각하게 제기·논의되지 못했다. 서구(미국)에 의

한 강제적 개국 이후에야 본격적으로 '타자'와 대비되는 '나'의 정체성에 관한 근본적 탐구가 시작되었다. '한국(조선)이란 무엇인가?'라는 질문이 서양 선교사들에 의해 먼저 던져졌던 것과 마찬가지로, 일본인의 기원과 문화적 특징에 대한 기초연구도 '고용 외국인'으로 불리는 서양인들에 의해 착수되었다.

특히 일본(인)과 타자를 '과학적으로' 구분 짓는 근대 학문이 학습용으로 '수입'되었다. 도쿄대학 이학부 초대 동물학 교수로 초빙된 미국인 에드워드 모스Edward S. Morse가 이에 해당한다. 그는 오모리 패총 발굴에 참여한 경험으로 1877년 "일본에서의 고대 인종의 족적"Traces of An Early Race in Japan이라는 강연을 통해 일본 민족 기원설 논쟁에 불을 붙였다. 독일 출신으로 도쿄 주재 오스트리아·헝가리 이중왕국 공사관 직원이었던 하인리히 필리프 폰 지볼트Heinrich Phillip von Siebold는 일본어로 출간된 최초의 고고학 개설서로 평가되는 저서 『고고학 개설』(1879)을 출간했다.[1] 독일 출신 의사로 도쿄의학교 교수로 초빙된 에르빈 폰 벨츠Erwin von Baelz가 저술한 『일본인의 신체 특징』(1883~1885)은 생체·체질 인류학으로 일본 인종의 계통을 분류함으로써 일본(인)의 정체성 연구를 자극했다.[2]

이런 '고용 외국인'이 놓은 주춧돌에 일본 학자들이 뼈대를 올

---

1   지볼트가 근대 일본학에 끼친 영향에 대해서는 Arlette Kouwenhoven & Matthi Forrer, trans. by Mark Poysden, *Siebold and Japan His Life and Work*, Hotei Publishing, 2000 참조.
2   모스, 지볼트, 벨츠의 약력과 그들이 초기 일본학에 이바지한 점에 대해서는 사카노 토오루, 박호원 옮김, 『제국일본과 인류학자(1884~1952)』, 민속원, 2013, 87~90쪽을 참조했다.

리고 내용을 채웠다. 모스가 강의했던(1877~1879) 도쿄제국대학 이학부理學部 대학생들이 주도하여 1884년 '인류학연구회'(1886년 '동경인류학회'로 개칭)를 결성했다. 1859년 창립된 '파리인류학회'가 '인류학'이라는 명칭을 붙인 세계 최초의 학술단체였고, 그 뒤를 이어 1863년 '런던인류학회'와 1869년 '독일인류학·민속학·선사학회'가 각각 설립되었다는 것을 감안한다면, 메이지 일본이 서구가 선도한 최신 학술단체 설립을 얼마나 빠르게 따라잡았는지 알 수 있다. 일부 일본 소장파 학자들은 졸업 후 서구 학계로 파견되어 그곳의 '앞선' 전문교육 과정을 수료한 뒤 제국대학 교원으로 되돌아와서 일본학 개척의 향도가 되었다. 1892년 도쿄제국대학 생물학과를 졸업하고 영국 유학 후 1892년 모교 교수로 부임한 쓰보이 쇼고로坪井正五郎(1863~1913)가 대표적 인물이다. 그는 도쿄제국대학 이과대학에 '인류학 교실'을 설치·운영했고, 1893년 '토속회'라는 이름의 모임을 결성하여 지방 풍속을 채집·조사했다. 쓰보이 쇼고로의 주도로 인류학은 토속학Ethnography[3]과 민속학Forklore으로 가지를 쳤다. 1912년에는 일본민속학회가 설립되었다.

그렇다면 메이지 일본 정부는 언제부터 '제국이 될 결심'을 하고 그 준비를 위한 국가 체제 정비와 학문적 담론 만들기를 진행했을까? 막부가 1854년 체결한 미일화친조약 문서에 일본은 영어 공식 명칭을 'Empire of Japan'으로 표기하고 '일본제국'이라고 번역

3   '토속'은 흔히 지방에 남아 있는 전통적 풍속과 습속을 말한다. 이 용어에는 '문명화'와 차별화되는 '야만'이라는 뉘앙스가 내포되어 있었다. 1928년 타이베이제국대학이 설립되었을 때 농정학부에 설치된 '토속인종학강좌'(영어 명칭은 Institute of Ethnology)라는 이름에 그 부정적 함의가 묻어 있다.

했다. 일본이 자신의 국가 정체성을 서양 국가와의 관계에 비추어 '대외적 자기 규정'으로 '제국'이라는 개념을 사용하기 시작했음을 보여준다.[4]

개념사의 잣대로 보자면, 1870년대 중엽부터 '제국'이라는 개념이 정부 공문서에 등장하여 본격적으로 사용되기 시작했다. 예를 들어, 일본에 병합된 류큐(옛 왕국)를 괴롭히는 타이완 해적에 대한 군사적 징벌을 정당화하는 1874년 외교문서에 메이지 일본 정부의 국가적 정체성을 '제국'으로 표현했다. 1880년대에는 '우리 (일본) 제국' 같은 표현이 신문과 잡지 등 근대적 언론매체에 실려 일상적 시사 용어로서 지식인 및 정부 관료와 교양 대중 사이에서 보편화 되었다. 1886년 '제국대학령', 1889년 대일본제국헌법이 각각 공포 되었다. 1889년 '제국박물관'이 설립되었고 이듬해 1890년 '제국의회'가 개막되었다. 이런 변화의 바람을 타고 "1899~1901년 사이에 일본에서 제국주의 담론이 무성했다."[5]

당대 일본의 지배계층은 '제국'이라는 번역어 개념을 긍정적이며 자랑스러운 언표로 사용했다는 점에 유의할 필요가 있다. 일본이 국제법(만국공법)이 지배하는 국제 질서에서 서구 열강과 어깨를 나란히 하는 수평적 파트너로 드디어 승급하여 사회진화론적 경쟁력과 문명화 사명 능력을 겸비한 국가가 되었다는 대외적 증표로서 '제국'이라는 이름표를 끄집어냈던 것이다. 청일전쟁 승리의 기세를 몰아 일본이 서구'제국'이 강요했던 치욕스러운 불평등(치외법권)

---

4   이삼성, 「'제국'개념과 19세기 근대 일본: 근대 일본에서 '제국'개념의 정립 과
         정과 그 기능」, 『국제정치논총』 51-1, 한국국제정치학회, 2011, 68쪽, 70쪽.
5   이삼성, 「'제국'개념과 19세기 근대 일본」, 87쪽.

조약을 벗어났음을 확인하고, '탈아입구'脫亞入歐의 긴 터널을 통과해 제국 열강이 모여 있는 저쪽 기슭에 도착했다는 선언이 제국으로서의 근대 일본의 탄생 또는 발명이었다. 다시 말하자면, 중화주의라는 전통적 자장에서 탈주하여 서구제국과 동등한 자주독립국이며 그들처럼 자기 팽창적 영토 정복 준비가 되었다는 이중적 의미가 '제국' 개념에 새겨졌다. 일본과 그 이웃 나라들을 '제국과 식민지'라는 새로운 관계로 재정렬하는 힘과 그 정당성을 '제국'이라는 개념적 무기가 제공했다.[6]

'(예비) 제국'으로서의 국가 정체성을 쌓기 위한 필수불가결한 조건은 '식민'에 대한 이해와 해부이다. 특기할 사항은 일본제국은 공식적으로 타이완과 조선 등을 '식민지'가 아니라 '외지'外地(가이치)라는 이름으로 불렀다는 사실이다. 서구 열강이 해외에 개척한 식민지와는 다른 성격을 가졌다는 점을 드러내기 위한 '언어적 정치학'에서 유래했다고 짐작된다. 일본 '내지'內地(나이치)의 확장을 염두에 두고 차별화와 동시에 동질화를 지향한다는 의지가 담겨 있는 용어다.[7]

'colony'와 'colonization'의 일본어 번역어인 '식민(지)'이 최초로 등장한 것은 실질적으로 식민지를 다스리기 이전인 1862년 출간된 『영일사전』英日辭典에서였다. 원래는 '신대륙의 발견' 이후 멕시코인 거주지를 지칭했던 라틴어 'colonia'에서 파생된

6   이삼성, 「'제국'개념과 19세기 근대 일본」, 93쪽.
7   메이지 일본이 류큐 왕국을 오키나와 번으로 편입시킨 1872년 무렵 '내지'라는 개념이 처음 사용되었다. 최석영, 『일제의 조선연구와 식민지적 지식 생산』, 민속원, 2012, 22~24쪽 참조.

'colony'는 1548년 '새로운 나라에서의 정착지'라는 의미로, 17세기에 이르면 '고향/조국을 떠난 사람들이 거주하는 영토'라는 의미로 사용되었다. 그리고 1711년 이후에는 '다른 장소에 거주하는 단일한 국적을 가진 사람들'을 묘사하는 단어로 통용되었다.[8] 이런 의미 변천 과정을 겪은 '식민(지)'이라는 용어는 1870년에는 일본 관료와 식자층에서 유행했다.

서양에서 수입·번역된 개념은 현실 정치의 장에서도 사용되어 1893년 '식민협회'가 결성되었다.[9] 1894년 삿포로농학교(1918년 홋카이도제국대학으로 병합·승격)에 처음 '식민론', '식민사', '식민정책' 등으로 이름 붙여진 강좌가 개설되어, '외지'(식민지)에 파견, 근무할 전문가를 교육·훈련할 임무를 제도적으로 담당했다. 청일전쟁으로 획득한 타이완과 러일전쟁으로 얻은 관동주를 두 어깨에 짊어지고 '식민지 문제'에 직면한 시기(19세기 말~20세기 초)와 일본 지배층이 식민지 통치와 경영에 각별한 관심을 가지기 시작하는 시기는 자연스럽게 겹친다. 일본제국이 국제 사회에 대한제국의 식민지화를 공식적으로 선언한 타이밍이 "오래된 형님 제국인 영국과 신생 동생 제국 일본 사이에 맺어진 신사동맹의 성격"으로 1910년 개최된 일본-영국박람회The Japan-British Exhibition of 1910 기간이었다는 점은 결코 우연이 아니다.[10] 2개의 식민지를 거느리며 일본도 서구 열강

---

8   로만 알바레즈·M. 카르멘-아프리카 비달 엮음, 윤일환 옮김, 『번역, 권력, 전복』, 동인, 2008, 33쪽.
9   최석영, 『일제의 조선연구와 식민지적 지식생산』, 22쪽 각주 2 참조.
10   육영수, 「일본제국의 국제·식민박람회 사용법: 1910년 일본-영국박람회와 1929년 조선박람회 사례를 중심으로」, 『서양사론』 146, 2020, 126~135쪽 참조.

이 독점한 '제국 클럽'에 당당히 입회했음을 국제적으로 선포한 상징적 기념행사였다.

　초기 일본의 인류학자, 고고학자, 민속학자 일부는 조선총독부의 촉탁으로 또는 새로 설립된 경성제국대학의 조선학 연구자로 다시 파견되어 식민지 통치를 위한 전문지식을 개척했다. 메이지 일본에서 발아한 식민지학의 중심인물인 니토베 이나조新渡戶稻造(1862~1933)가 그 사례이다. 도쿄외국어대학교→삿포로농학교→도쿄제국대학 등을 거쳐 미국과 독일에서 유학한 그가 귀국하여 삿포로농학교에서 1894~1895년 식민사를 강의한 것이 일본 근대 식민지 정책학의 출발점이었다. 1901년 타이완총독부 관료로 근무하기도 한 그는 1904년 교토제국대학으로 옮겨 식민지 정책학을 개설했다. 니토베 이나조는 1906년 조선통감부 촉탁이 되어 '외지'에 단기간 체류하면서 식민지 통치를 위한 지식-권력 창출을 개척했다.[11] 그는 1912년 학계로 되돌아와 도쿄제국대학에 처음 개설된 '식민지 정책학 강좌'의 초대 강좌 교수로 부임했다.[12]

　일본의 인종적·민속적·토속적 특징에 대한 이와 같은 학문적 탐구는 일반적 관심으로 확장되었다. '상상된 공동체'로서의 민족과 국가의 정체성에 대한 대중적 호기심과 인기를 반영하여 잡지 『일본인』(1888)과 신문 『일본』(1889) 등이 잇달아 창간되었다. '야마토'大和 또는 '일본 민족'이라는 용어가 이런 근대 매체에 실려 19세

11　니토베 이나조의 이력과 학문 경력에 대해서는 최석영, 『일본의 조선연구와 식민지적 지식생산』, 57~64쪽 참조.
12　정준영, 『경성제국대학 법문학부와 조선 연구: 지양으로서의 조선, 지향으로서의 동양』, 사회평론아카데미, 2022, 214쪽.

기 말~20세기 초 대중적으로 소비되기 시작했다.[13] 서구제국과 차별화되는 근대 국가로서 일본의 새로운 정체성 만들기(근대 일본의 발명)가 한편으로는 일본'제국'을 구성하는 독특한 정치문화 모색으로 나타났고, 다른 한편으로는 '외지' 통치와 타자 융합에 대한 특정한 식민정책으로 구현되었다. 이런 역사적 사명을 수행·가속화하기 위해 1904년 교토제국대학에, 1909년 도쿄제국대학 법과대학에 식민정책 강좌가 개설되었다.[14]

메이지 정권이 쏟았던 '자기'의 뿌리와 정체성에 대한 높은 관심은 '타자'와의 구별 짓기라는 방식으로 자연스럽게 표출되었다. 그러므로 일본제국이 타이완과 대한제국을 식민지로 지배하던 통감부 시기와 일본 인류학회의 출범과 활동 시기가 겹친다는 사실은 놀라운 일이 아니다. 제도적으로, 조직적으로, 학문적으로, 일본제국의 지식인들은 식민지 통치와 지배를 준비하는 데 충분하고 탄탄한 지식-권력을 생산, 축적했다. 1903년 오사카의 덴노지天王寺에서 개최된 제5회 내국권업박람회의 '학술인류관'學術人類館에 아시아 여러 민족의 인간이 전시되어 논란을 빚은 사건은 일본 인류학 및 민속학과 제국주의가 협력·교환한 지식-권력 프로젝트였다. 조선인을 포함하여 아이누인, 타이완 원주민, 말레이인 등을 남루한 민족 복장을 입혀 일본 구경꾼들의 이국적 볼거리로 삼은 여흥 거리의 기획자이자 감수자가 일본 인류학회의 창립자이며 '일본 인류학의 아버지'로 불리는 쓰보이 쇼고로였다는 사실이 이를 방증한다.

---

13   사카노 토오루, 박호원 옮김, 『제국일본과 인류학자(1884~1952)』, 민속원, 2013, 116쪽.
14   최석영, 『일제의 조선연구와 식민지적 지식생산』, 49~51쪽.

일본 인류학자들 중 가장 광범위하게 해외 현지 조사에 참여한 인물은 도쿄제국대학 인류학 교실 출신인 도리이 류조鳥居龍藏였다. 그는 청일전쟁으로 일본군이 지배한 랴오둥반도에서의 1895년 조사 경험을 디딤돌 삼아, 1896~1900년 당시 일본의 식민지였던 타이완을 여러 번 방문하여 원주민을 조사했다. 도리이 류조는 이런 경력을 밑천 삼아 1911~1918년 식민지 조선에서의 인류학·민속 조사를 이끌었다. 그는 "조선인의 체질을 인종학적으로 증명하는 것이 나의 최후의 결론"이라고 사명감을 밝혔다. 도리이 류조는 2,000~3,000명에 이르는 조선인을 형질인류학 방법으로 분석하여 "조선인은 이방인이 아니며 우리와 조상을 같이하는 동일 민족"이라는 결론에 이르렀다.[15] 그는 백정, 해녀, 무녀, 기생, 관노, 어린이 등의 신체 각 부분(정면 얼굴, 측면, 상반신 등)을 카메라 기록(유리건판)으로 남긴 '근대 최초의 조선인 신체 조사'를 주도한 인물이었다.[16] 과학적·우생학적 척도로 '야만적인' 조선(인)의 식민지화를 정당화하는 육체 담론의 기초를 도리이 류조가 닦은 것이다.

이 책의 주제의식과 관련해 특별히 주목할 점은 도리이 류조의 조선 전통 신앙에 관한 연구이다. 그의 주장에 따르면, 무당을 섬기는 조선의 민간신앙은 일본 원시 신도神道와 유사한 샤머니즘의 일종으로 두 나라의 정신적 동질성을 보여주는 증거다. 조선의 무속(토속) 신앙을 중화 문명과 관계 없는 '고유문화'로 인식하는 동시

---

15   사카노 토오루, 『제국일본과 인류학자(1884~1952)』, 284~285쪽 재인용.
      앞의 인용문 출처는 「만주로부터 북조선으로의 여행(고구려유적의 一班」
      (1913), 뒤의 인용문 출처는 「민족상으로 본 鮮, 支, 西伯利」(1920)이다.
16   최석영, 『일제의 조선연구와 식민지적 지식생산』, 263쪽.

에, 일본 고대 신앙과의 닮은꼴을 강조함으로써 도리이 류조는 일본제국이 설계한 동화정책을 후원했다. 원시 신도를 국가 신도로 발전시킨 메이지 일본과 비교하면, 조선의 무속 신앙은 미신적 악습으로 고착된 '지체된 조선'이라는 이미지를 강화해 일본제국의 '문명화 사명'을 정당화했다. 조선 문화의 전체 모습을 파악하기 위해서는 유교 같은 상층부 문화뿐만 아니라 샤머니즘 같은 조선 민중의 '고유(기층)문화'를 동시에 이중 구조로 접근해야 한다는 도리이 류조의 문제의식은 미국 선교사 호머 헐버트가 1902년 발표한 「한국의 설화」의 메아리처럼 들린다.[17]

무라야마 지준村山智順은 사대부의 엘리트 문화가 아니라 저급한 민중문화에 조선의 사회성과 집단적 심성이 더 잘 투영되었다고 도리이 류조 테제를 지지했다.[18] 무라야마 지준은 1919년 조선총독부 촉탁 신분으로 건너와 1941년까지 식민지 조선에 체류하면서 식민지 민속학의 기초를 닦은 '관방 민속학'의 대표 인물로,[19] 『조선의 귀신』(1929), 『조선의 풍수』(1931), 『조선의 무격』(1932), 『조선의 점복과 예언』(1933) 등 민속신앙 4부작을 잇달아 출간했다. 무라야마 지준에 따르면, 천시받았던 조선 무인巫人은 "조선 고유의 신앙 사상을 수많은 외래 사상으로부터 오랜 기간 지켜 오늘에 연재連載한 (…) 조선 문화상 결코 없어져서는 안 될 공로자"였다.[20]

---

17   사카노 토오루는 도리이 류조가 언더우드H. G. Underwood의 조선 무속 연구에 영향을 받았다고 추정했으나, 호미 헐비트로 수정되어야 마땅하다. 사카노 토오루, 『제국일본과 인류학자(1884~1952)』, 287쪽.

18   최석영, 『일제의 조선연구와 식민지적 지식생산』, 173쪽, 203쪽; 사카노 토오루, 『제국일본과 인류학자(1884-1952)』, 289쪽.

19   남근우, 『'조선민속학'과 식민주의』, 동국대학교출판부, 2008, 6쪽.

탈식민주의 관점에 따르면, 제국의 관변 학자들은 피식민지인들이 섬기는 "신과 정령의 시간"은 실증주의 역사학이 지향하는 "텅빈 세속적이고 동질적 시간"과 근본적으로 양립할 수 없다고 못 박았다.[21] 이성/계몽이라는 새로운 시대정신에 따라 천문학자의 시간이 마법사의 시간을 잡아먹고, 세계사의 산문이 지방사의 신화와 민담을 삼켜버렸다. 이런 시각으로 돌아보자면, 서양 선교사들과 일본 관학자들이 가졌던 조선 민속에 대한 기본 입장에는 큰 차이가 없다. 전자는 '기독교 문명'이라는 명분으로, 후자는 '식민지 근대화'라는 사명감으로 조선의 귀신과 도깨비, 무당과 판수 등을 '표본실의 청개구리'처럼 차가운 수술대 위에 발가벗겨 진보사관이라는 메스로 갈기갈기 해부했다. 서양 선교사–아마추어 문화인류학자와 일본 관학자–민속학자의 눈(푸코의 용어로는 '응시 권력')에는 조선 민속/민중신앙은 근대/문명을 향한 직각直角 행진을 방해하는 삐뚤어지고 '처치 곤란한 불량 역사'에 불과했다.

2   일본제국의 조선학 지식-권력 제작 공정에 끼어들기

1부 3장에서 설명했다시피, 초창기 한국학 담론 창출을 선도한 '프렌치 커넥션'은 썰물처럼 밀려나고 영미권 선교사–외교관들이 주류로 대체되었다. 20세기 초반에 두드러지는 한국학 연구의 세력

20   남근우, 『'조선민속학'과 식민주의』, 127쪽 재인용.
21   디페시 차크라바르티, 김택현 외 옮김, 『유럽을 지방화하기: 포스트식민 사상과 역사적 차이』, 그린비, 2014, 236쪽.

교체의 틈바구니를 뚫고 일본-친화적 인력의 서클이 형성되었다. 영국왕립아세아학회 한국지부 초대 회장 거빈스는 1871년부터 일본 주재 영국영사관에서 수습생 통역관으로 첫 업무를 시작하여 13년간 일본에서 근무했고, 은퇴 후에는 『일본의 진보』*The Progress of Japan, 1853~1871*(1911)와 『근대 일본의 형성』*The Making of Modern Japan*(1922)을 출간할 정도로 일본 전문가였다. 명예회원으로 모셔진 애스턴은 고베 주재 영국외교관 출신의 일본어문학 전문가로서 영국왕립아세아학회 일본지부에서도 활동했다.[22] 또 다른 명예회원 그리피스는 메이지 일본 정부의 초청을 받아 1870년 일본에 장기 체류했고, 『일본제국』*Micado's Empire*(1876)을 저술하여 일본 천황으로부터 훈장을 받았다.

일본 다이이치은행Dai-Ichi Ginko(第一銀行)의 대한제국 책임자를 포함한 3명의 일본인이 비서양인으로 한국지부 『트랜잭션』 2호 회원 명단에 이름을 올렸다.[23] 일본제국이 대한제국을 식민지로 삼은 1910년 이후에는 더 많은 일본인이 한국지부에 참여했다. 조선총독부 통역관 출신 관료 히시다 세이지菱田静治, 고등법원 판사로 한국 고문헌 수집에 각별한 열정을 보였던 아사미 린타로淺見倫太郎(1869~1943), 노쿄제국대학 박언학과博言學科(1898년 언어학과로 개칭)

---

22   Harold J. Noble, "The Korean Mission to the United States in 1883," *Transactions*, Vol. XVII, 1929, p.7. 애스턴은 "Hideyoshi's Invasion of Korea"라는 제목의 논문을 영어로 써서 *Royal Asiatic Society of Japan*, Vol. VI, IX, XI 연재물로 게재하기도 했다.

23   이들은 Takaki, M.(Ph. D. Dai-Ichi Ginko, Seoul), Tanaka Esq.(Seoul), Yamaguchi, H. Esq.(Kobe, Japan) 등이다. "List of members," *Transactions*, Vol. II Part II, 1902, p.47.

에서 조선어 강사를 하고 있던 가나자와 쇼사부로金沢庄三郎(1872~1976), 『서울 프레스』 주필 야마가타 이소우山縣五十雄(1869~1959) 등이 신입회원으로 합류했다.[24]

이들 중에서 가나자와 쇼사부로는 일본 문부성 파견 제1회 동양유학생으로 선발되어 1898년 10월 대한제국으로 건너와 1901년 9월까지 체류했다. 그는 귀국 후 도쿄 외국어학교 등에서 조선어를 가르쳤는데, 경성제국대학 일본인 교수 중에서 매우 예외적으로 조선어 사용이 가능했던 오구라 신페이小倉進平가 그의 제자였다. 가나자와 쇼사부로는 영어로 쓴 『일본어와 한국어의 공동 기원』*The Common Origin of the Japanese and Korean Language*(1909)과 『일·선동조론』日鮮同祖論(1929) 등을 출간했다.[25] 아사미 린타로는 조선의 법원에서 근무하면서(1906~1918) '조선고서간행회' 창립회원으로 활동했다.[26] 야마가타 이소우와 히시다 세이지는 1915~1916년 번갈아 평의원으로 뽑혀 학회 운영에 목소리를 실었다.

일본제국의 영국왕립아세아학회 한국지부 끼어들기는 일본인 세 명이 『트랜잭션』에 논문을 발표하는 것으로 구체화되었다. 첫 발표자 조선총독부 외사국장 고마쓰 미도리小松綠는 「오래된 사람들과 새로운 정부」라는 발표문에서 역사적·인종적으로 많은 것을

---

24   정준영 선생이 이 인물들의 약력을 확인해 공유해주었다.
25   요시모토 하지메吉本一, 「가나자와 쇼자부로(金沢庄三郎)의 생애와 학문」, 『관악어문연구』 41, 서울대학교 국어국문학과, 2016, 169쪽, 172쪽, 176쪽 참조.
26   백진우, 「20세기초 일본인 장서가의 필사기와 장서기 연구─마에마 쿄사쿠와 아사미 린타로의 장서를 중심으로」, 『대동한문학』 49, 대동한문학회, 2016 참조.

공유하는 조선과 일본이 합쳐진 것은 "사물의 옛 상태가 회복된 것에 불과하다"고 주장했다.[27] 두 번째 발표자 야마가타 이소우는 「16세기 임진왜란 이후의 조일관계」에서 임진왜란 때 일본 조상들이 조선에 끼친 파괴와 살상의 죄를 갚기 위해 지난 300년 동안 후손들이 노력했고 일본제국은 "한국에 삶을 되돌려주기 위해" 최선을 다하고 있다고 주장했다.[28] 일본인 신분으로 세 번째이자 마지막 발표자인 이치하라 모리히로市原盛宏는 미국 예일대 경제학 박사이며 조선은행 총재(1909~1915)를 지냈다. 그는 「옛 조선의 화폐 주조」라는 제목으로 고조선부터 대한제국까지의 화폐 역사를 개관했는데, 조선의 혼란스러운 화폐제도를 19세기 말에 '일본이 간섭하여' 근대적으로 개선했다고 홍보했다.[29]

서양 선교사와 외교관이 주역이었던 『트랜잭션』에 일본인들이 동참하거나 참견하게 된 이유는 무엇일까? 일본제국의 조선 식민지화가 선사한 일종의 학문적 전리품일까? 현지 체류 기간이 짧고 한문과 한글 해독이 어려운 서구 아마추어 연구자들은 일본제국이 19세기 말부터 조용하지만 집요하게 축적해온 조선학 연구 성과를 참조했다. 레이 회장이 1912년 1월 17일 모임에서 영국왕립아세아학회 일본지부 학술지에 발표된 글을 한국지부 학술지에 다

---

27   Midori Komatsu, "The Old People and the New Government," *Transactions*, Vol. IV Part I, 1912, p.4.

28   I. Yamagata, "Japanese-Korean Relations After the Japanese Invasion in the 16st Century," *Transactions*, Vol. IV Part II, 1913, pp.4~5.

29   M. Ichihara, "Coinage of Old Korea," *Transactions*, Vol. IV Part II, 1913, p.45, p.48. 이치하라는 일본이 대한제국의 화폐제도 근대화에 간여한 것은 원나라가 고려의 화폐제도에 간섭했던 전례의 "정책적 복사"에 불과하다고 변명했다. p.55.

시 실을 수 있는 특권을 요청한 배경이다.[30] 『트랜잭션』 출판위원회Publication Committee는 일본조류학회The Ornithological Society of Japan의 자료 제공 덕분에 한국 조류에 관한 글을 게재할 수 있었다고 감사 인사를 했고, 「한국 조류에 관한 고찰」을 발표한 커밍Cumming은 경성제국대학의 모리 박사Dr. Mori에게 조언을 받았다고 밝혔다.[31] 한국 식물에 대한 글을 발표한 윌슨은 이 주제에 관해서는 도쿄제국대학의 나카이 박사Dr. T. Nakai, 中井猛之進(1882~1952)가 "살아 있는 가장 뛰어난 권위자"라고 머리를 숙였다.[32]

클라크W. M. Clark 회장은 1937년 5월 퇴임사에서 '극동의 보물 같은 문명[조선]'을 이해하는 데 도움이 되는 일본 학자의 연구 성과에 관한 각별한 관심을 회원들에게 당부했다.[33] 다소 단정적으로 말하자면, 조선학 지식-권력의 생산, 교환, 보급에 관한 영국왕립아세아학회 한국지부와 일본제국 사이의 학문적 동맹이 선언·체결된 것이다.

조선총독부 외사국장 고마쓰 미도리는 영국왕립아세아학회 한국지부에 초청받아 강연했다. 그는 「오래된 사람들과 새로운 정부」라는 발표문을 통해 일본제국의 어깨 위에 놓인 식민지 조선을 근대화하는 과업이 세계사적 차원에서 매우 중차대하다고 역설했다. 영국의 인도 통치, 미국의 필리핀 통치, 프랑스의 튀니지 통치 등은

30   *Transactions*, Vol. IV Part II, 1913, p.82.
31   Daniel James Cumming, "Notes on Korean Birds," *Transactions*, Vol. XXII, 1933, Editorial Note 참조.
32   Ernest H. Wilson, "The Vegetation of Korea," *Transactions*, Vol. IX, 1918, p.2.
33   *Transactions*, Vol. XXVII, 1937, p.135.

문명적으로 우수한 백인 국가들이 인종적·종교적으로 전혀 다르고 열등한 민족을 대상으로 한 것이었다. 서구제국의 경우와 달리, 핏줄이 같거나 유사한 동아시아 문명권에서 교류하며 성장한 조선인을 일본제국의 일원으로 편입시키기는 것은 매우 어렵고도 도전적인 난제라고 그는 강조했다. 왜냐하면 '본토'(내지)와 똑같은 법률과 행정제도를 적용하더라도 관습과 집단적 정신세계가 다른 식민지 '지방'에서는 예상치 못한 부작용과 역효과가 발생할 수 있기 때문이다. 그러므로 조선 식민지화의 성공 여부는 "전 세계 식민지 역사에 적지 않은 영향을 끼칠 것"이라고 고마쓰 미도리는 큰소리쳤다.[34]

3　조선총독부의 조선학 골격 세우기

고마쓰 미도리가 장담한 '세계 식민지 역사에 새로운 이정표'를 세우겠다는 각오는 헛말이 아니었다. 메이지 정부로부터 권한을 위임받은 조선통감부 및 조선총독부는 조선에 대해 꼼꼼하고도 철저한 조사 작업을 일찌감치 착수했다. 1906년 부동산법조사회, 1908년 법전조사국을 각각 설치하여 식민지 통치를 위한 법률적 기초자료를 확보했다. 1910년 출간한 『조선관습조사사업 보고서』가 그 성과물이다. 대한제국 (강제) 합병 이후 조선총독부는 취조국→참사관실 ›중추원 등으로 주관 부서를 바꿔가면서 새내기 식민지의 옛

34　　Midori, "The Old People and the New Government," p.12.

제도와 관습과 일상 풍속 등에 대한 '실지(면담) 조사'와 '문헌 조사'를 지속했다. 조선총독부 중추원 이름으로 1938년 간행한『조선구관제도조사사업개요』가 그 결과물이다.[35]

조선총독부 산하 단체로 조선에 관한 사료 수집과 편찬을 목적으로 1922년 출범한 '조선사편찬위원회'는 1925년 총독부 직할인 '조선사편수회'로 대체되었다. 조선사편수회가 1932년부터 1938년까지 활동하며 방대한 사료를 담아 37권으로 엮어낸『조선사』는 그 대표적 성과물이다.『조선사』는 특히 조선학에 대한 특정 1차 사료의 (보존) 가치, 사료의 취사선택과 배제 등 일련의 작업 공정을 통해 "사료의 정전화正典化"라는 측면에서 성공적인 장기지속적 효과를 거두었다.

이런 일련의 식민지 조선에 대한 심층적이며 광범위한 지식의 축적과 그 지향점은 (비록 미완성 프로젝트로 마감되었지만)『조선반도사』의 다음과 같은 취지문에 나타나 있다.

조선인은 다른 식민지의 야만 미개한 민족과 달라서 독서와 문장에 있어 조금도 문명인에 뒤지지 않는 민족이다. 예로부터 사서史書가 많고, 새로이 저작에 착수한 것도 적지 않다. 그래서 전자는 독립시대의 저술로서 현대와의 관계를 결缺하고 있어 헛되이 독립국 시절의 옛꿈에 연연하는 폐단이 있다. 후자는 (…) '한국통사'라고 불리고 있는 재외 조선인의 저서 같은 것이 사실의 진상을 규명하지 않고

---

35   조선통감부 및 조선총독부가 1906~1938년에 걸쳐 조선의 '머리부터 발끝까지' 조사·축적한 식민지 통치를 위한 기초자료 현황과 (번역) 소개 및 해설은 왕현종 외,『일제의 조선 구관 제도 조사와 기초자료』, 혜안, 2019 참조. 그리고 연세근대한국학총서로 출간된『일제의 조선 관습조사 자료 해제』전3권도 있다.

함부로 망설을 드러내 보이고 있는 것이다. (…) 구사舊史의 금압禁壓 대신 공명 적확한 사서로서 대체하는 일이 더욱 첩경捷徑이고 또한 효과가 더욱 클 것이다. 이 점을 『조선반도사』 편찬의 주된 이유로 삼으려 한다.[36]

　　이 인용문의 요지는 조선이 야만국과는 달리 학술적 전통이 상당히 축적된 국가이고, 조선인은 '역사 없는 민족'이라기보다는 잘못된(오염된) '역사 과잉의 민족'이라는 것이다. 그러므로 식민지 지식인과 민중을 제국이 창출하려는 식민사관의 덫으로 섣불리 그리고 우격다짐으로 사로잡으려는 것은 현명하지 못한 전략이기 때문에 유의해야 한다는 주장이다. 조선 사람이 독립의 욕망에 불타서 헛되고 퇴행적이며 시대착오적인 '역사 병'에 감염되지 않도록 실증적이고 객관적인 잣대로 건강한 조선학을 다시 제공해주어야 한다고 강조하는 것이다.

　　1923년 일본 관학자들이 주도해 출범시킨 조선사학회는 "조선 역사의 연구 및 그 보급을 꾀할 것을 목적"(학회 회칙 제2조)으로 내세웠다. 총독부 학무국의 인가를 받은 이 단체에는 총독부 고위 관료와 식민지 주요 기관장, 일본 '본토'의 조선학 전문가 등이 고문으로 이름을 올려 신생 학회에 권위를 보탰다. 조선사학회는 1930년대 초반까지 존속했지만, 실질적인 활동은 매월 1회 '지상 강좌'라는 형식으로 『조선사강좌』가 정기적으로 간행된 1923년 10월 ~1924년 11월에 집중되었다. 발간사에서 밝히듯이, "조선 역사를

36　　신주백, 『한국 역사학의 기원: 근현대 역사학의 제도·주체·인식은 어떻게 탄생했는가』, 휴머니스트, 2016, 69쪽 재인용.

이해하는 것은 곧 조선 그 자체를 이해하는 것이고, 또 조선을 이해하는 것은 조선에서의 모든 사업을 성공시키는 유일한 열쇠"[37]라는 신념을 실행했다.

월간『조선사강좌』는 관공서 관료, 관공립학교 교원, 경찰과 기업체 임직원 등이 주류를 이루는 4,000여 명의 유료 구독회원들에게 공급되었다. 조선 식민지 통치에 직간접적으로 관여하는 사람들에 대한 식민사관 교육과 보급이『조선사강좌』의 일차 목표였다.[38] 즉,『조선사강좌』는 "아는 것이 힘이다"라는 프랜시스 베이컨의 명제를 현장에서 실천하도록 통속 사학의 지식 보급처 역할을 떠맡았다. 한 걸음 더 나아가, 조선사학회는『조선사강좌』내용을 편집하여 "총독부가 관변학회의 이름을 빌려 보급한 최초의 식민지 통사"로 꼽히는『조선사대계』(전5권)를 1927년 출간했다.[39] 이런 일련의 '공인된' 성과물은 나중에 조선인 학자들이 추종하면서 역사적 흐름의 '정상적' 경로와 용납되는 해석 틀을 제시하는 기본 프레임이자 학문적 권력으로 작동했다. 뒤에서 다시 설명하겠지만, 세키노 다다시가 1923년부터『조선사강좌』에 연재한 조선 미술에 대한 글을 포함한 연구 성과가 1932년『조선미술사』로 출간되어 고유섭 등에게 영향을 끼쳤다. 이 민감한 이슈에 대해서는 10장에서 살펴볼 것이다.

37   정준영,『경성제국대학 법문학부와 조선 연구』, 216쪽; 서영희,『조선총독부의 조선사 자료수집과 역사편찬』, 사회평론아카데미, 2022, 87~88쪽 재인용.
38   서영희,『조선총독부의 조선사 자료수집과 역사편찬』, 129쪽.
39   서영희,『조선총독부의 조선사 자료수집과 역사편찬』, 127쪽.

해방 이후 미국에서 한국학으로 박사학위를 취득한 1세대 연구자 유영익에 따르면, 영국왕립아세아학회 한국지부 창립과 그 학회지 『트랜잭션』 간행은 "한국학 역사에서 중요한 의미를 지니는 사건"이었다. 유영익은 "북미 프로테스탄트 선교사들의 지도력 아래 한국학에 헌신하는 전문적이거나 그에 버금가는professional and semi-professional 학자들의 협력 기구의 탄생"이라고 평가했다.[40] 민족주의적 편견에서 자유로운 제3자의 객관적이며 중립적인 시각으로 한국에 대한 실증적 사실을 채집하고 축적하는 목표를 달성했다는 것이다.

　유영익은, 한 걸음 더 나아가, 19세기 말에서 20세기 초반에 행해진 서양인들의 한국학 연구는 "질적·양적으로 당대 한국 학자들이 생산한 저작들보다 더 우수했다"고 추켜세웠다.[41] 그리고 식민지 시기에 일본 학자와 조선 지식인이 실행한 '전문적인 조선학 연구'도 영국왕립아세아학회 한국지부와 『트랜잭션』에 빚진 점이 많다고 진단했다. 1930년 일본 학자들이 조선학 전문 학술지로 출범시킨 『청구학총』靑丘學叢(Seikyu Gakuso)은 『트랜잭션』을 모방한 것이었고, '조선인에 의한 조선학 연구'를 표방하며 1934년 창간한 『진단학보』의 편집 정책도 "왕립아세아학회 한국지부의 그것과 거의

40　　Young Ick Lew, "Contributions by Western Scholars to Modern Historiography in Korea, with Emphasis on the RAS-KB," *Transactions*, Vol. 80, 2005, pp.8~9.

41　　Young Ick Lew, "Contributions by Western Scholars to Modern Historiography in Korea," p.17.

일치했다"라고 단정했다.[42]

식민지 시기에 전개된 조선학이 서구적 기원에서 유래·파생·발전되었다는 유영익의 평가를 '학문적 사대주의'라는 꼬리표를 붙여 완전히 무시할 수는 없다. 그의 주장에 동조·반대하는 것은 각자의 몫이지만, 서양 선교사들이 근대한국학 계보에 끼친 영향과 그 선구적 위상을 재조명해야 한다는 긍정적 견해로 이해할 수는 있다. 이 책의 테제에 맞춰 그의 발언을 번역하자면, 서양 선교사·일본 관학자·조선 지식인 등 세 집단이 앞서거나 뒤따르며 때로는 서로를 밀고 당기며 상승 효과를 이끌어내면서 20세기 전반기 한국학의 다양하고도 역동적인 무늬와 패턴을 만들었다. 이런 가설을 실증적으로 뒷받침하려면 관련된 특정 논문 및 저서에 대한 정밀한 상호-텍스트성inter-textuality 분석이 동반되어야 할 것이다.

언더우드가 1934년『트랜잭션』에 발표한「한국의 배와 선박」[43]이 이런 상호-텍스트성을 관찰할 수 있는 흥미로운 사례다. 그는 이 글을 쓰기 위해 일본 학자 이마무라 도모今村鞆가 저술한 '이 주제에 관한 귀중한 공헌이며 거의 유일한 현대 작품'인 *Boats of Korea*[44]와 안확이 쓴 조금은 실망스러운 "Ancient Navy of Korea"

---

42   Young Ick Lew, "Contributions by Western Scholars to Modern Historiography in Korea," p.16. 유감스럽게도 유영익은『트랜잭션』과『진단학보』의 내용과 형식이 어떤 면에서 매우 닮았는지에 대해서는 구체적으로 설명하지 않는다.

43   Horace H. Underwood, "Korean Boats and Ships," *Transactions*, Vol. XXIII Part I, 1934, pp.1~90.

44   원서는『船の朝鮮: 李朝海事法釈義』, 螺炎書屋, 1930. 이마무라 도모, 박현숙 옮김,『선의 조선: 배를 통해 조선의 해사와 관련 법제를 논하다』, 민속원, 2015 참조.

를 참조했다고 밝혔다.[45] 언더우드는 자료 조사와 집필 과정에서 도움을 준 조선 지식인들을 열거했는데, 마르크스주의자 백남운 Professor Paik Nam Woon, 『동아일보』 주간 송진우, 소설 『이순신』을 쓴 이광수 등이었다. 일본 학자가 축적한 조선학 연구를 발판으로 삼고, 한편으로는 조선 학자들의 안내를 받으며 언더우드가 마감한 「한국의 배와 선박」은 서양, 일본, 조선 연구자들의 합동 작품이었다.

식민지 시기 일본 관학자들이 창출·축적한 조선학 연구를 총칭하는 '제1.5물결'은 은유적 표현이다. 19세기 중후반부터 반세기 동안 서양 선교사가 착수한 '제1물결'에 올라타 그 학문적 형식과 규범을 모방·세련화하고 콘텐츠를 재가공하여 1920~1930년대 조선학 연구를 자극하는 원동력이 되었다는 의미가 '제1.5물결'에 내포되어 있다. 다시 말하자면, 제1물결이 제2물결로 연결되는 이행기에 일본 관학자들이 (의도적이건 아니건) 그 매개/징검다리 기능을 담당했다는 뜻이 '반쪽짜리 물결'의 호칭에 담겨 있다. 근대한국학의 창출·심화·전파라는 연쇄 사슬에서 일본 학자들이 시간적/연대기적으로 서양 선교사보다 늦거나 조선 지식인보다 빨랐다는 순서를 말하는 것이 아니라, 그 입체적 지형학topology에서 차지하는 이행기적 몫과 기능적 중요성을 산술적 기표로 차별화한 것이다.

---

45   Underwood, "Korean Boats and Ships," p.2. 언더우드는 안확이 1930년 5월 10일부터 5월 15일까지 『조선일보』에 게재한 「조선 고대의 군함」을 참조한 것으로 짐작된다. 은희녕이 이 서지사항을 검색, 공유해주었다.

7장

비교사적 시각으로 재조명한
일본제국의 식민지 통치술

1. 서구제국의 식민지 통치 모델

일찌감치 17세기 초반부터 전 세계에서 식민지를 개척·보유했던 제국주의의 '큰 형님' 영국은 각 식민지 현지 상황에 따라 즉흥적이고 임시방편적으로 식민지를 운영했다. 19세기 말에 이르기까지 엄밀하게 계획된 원주민 지배 정책이나 중앙집권적 식민 통치 체제는 없었다. 식민지 문제를 전담하는 '식민성'이 1801년 창설되었지만, 조지프 체임벌린이 식민지 장관으로 취임한 1895년 이전까지 식민성은 귀족·상류층 출신의 소수 비전문가 '신사' 공무원들의 한가로운 조직이었다. 식민성은 1849년 23명의 관리로 구성되어 있었는데, 창설된 지 1세기를 넘긴 1907년에도 125명에 불과한 작고 영향력 없는 정부기관이었다.[1]

"영국 제국주의 왕관에서 가장 찬란하게 빛나는 보석"으로 꼽

---

1   박지향, 「관료제를 통해 본 영제국 통치의 메커니즘」, 『역사학보』 162, 역사학회, 1999, 298쪽.

히는 인도 통치 방식에서도 느슨한 제국의 모습이 드러난다. 1600년 엘리자베스 1세로부터 특허장을 받은 동인도회사라는 사적 조직이 1858년까지 인도를 실질적으로 지배했다. 영국의 인도 식민지 정책 변화의 전환점이 된 1757년 플라시 전쟁에서의 승리 때까지도 일관적이고 명시적인 패권주의적 영토 팽창 정책은 없었다. 인도 통치의 전반기를 주도한 동인도회사는 가능한 한 토착민을 자극하지 않으면서, 전통적 통치 구조와 사회경제적 제도를 바꾸지 않은 채 저비용으로 고수익을 올리는 데 우선권을 두었다. 인도 힌두법과 이슬람법을 존중하면서 기독교 선교활동을 1813년까지 저지했고, 페르시아어를 행정과 사법 분야에서 공식 언어로 채택함으로써 토착민과의 친화성을 과시했다. 동인도회사가 중상주의적 시장 개척을 위해 영토를 정복하고 법률을 제정하며 세금을 징수하고 용병 군대를 소유했던 '하위 제국주의'Sub-Imperialism가 19세기 초반까지 식민지 인도를 지배한 체제였다. '회사 통치'the Company Raj는 1858년 발생한 '세포이 반란 또는 독립항쟁'으로 종식되었다. 동인도회사는 해산되었고, 식민지 인도는 영국 빅토리아 여왕의 직접 통치 체제에 편입되어 인도청 장관Secretary of State for India의 관할 식민지가 되었다.

흥미롭게도 영국제국은 식민 통치를 위한 매뉴얼 또는 표준화된 텍스트를 국가 차원에서 집필·간행하지 않았다. '회사 통치' 기간에는 상류 카스트 브라만에게 의존하여 복잡한 힌두교의 종교·문화적 전통과 사법·행정적 관습을 해석하고 판정했다. 1800년 식민지에 설립된 최초의 근대적 고등교육기관인 포트윌리엄대학Fort William College은 현지에 파견된 영국인 관리를 대상으로 인도 어학과 법률 등에 대한 기초지식을 교육하는 것이 주된 목적이었다. 식민지 인도에 관한 '기본 교재'는 공리주의자 제임스 밀이 1817년 출간한 『영국령 인도사』History of British India로 빛을 보았다. 인도 현지를 방문한 경험이 없고 "인도인을 직접 만난 적이 거의 없었던" 제임스 밀은 당대 인도에 관한 저작을 섭렵하여 10년에 걸쳐 이 책을 집필했다. 인도 전통문화의 후진성을 비판하고 자유주의 문명 전파를 정당화하는 『영국령 인도사』는 "영국 젊은이들이 인도를 지배하고, 무역하고, 기독교를 전파하기 위한 필독서"이며 "인도 행정청에서 일할 예비 직원들을 훈련시키는 교과서로 이용"되었다.[2]

인도 통치의 주도권이 동인도회사에서 인도 총독의 직접 통치로 이행하는 19세기 중반을 전후로 영국제국은 피식민지인을 '복종하고 쓸모 있는 협력자collaborator'로 만들기 위한 기본방침을 수립했다. 그 첫 단추를 끼운 사람이 인도 총독의 법률고문이며 역사학자인 매콜리T. B. Macaulay였다. 매콜리는 윌리엄 벤팅크William Bentinck(재임 1828~1835) 총독의 후원을 받아 영어를 공무원의 공식 언어로 규정하는 「인도 교육 문제에 관한 의견서Minute」를 1835년 발표했는데, "혈통과 피부색에 있어서는 인도인이지만 기호嗜好, 견해, 도덕 및 지성에 있어서는 영국인이 될 수 있는 사람들의 집단"을 양성하려는 의도라고 밝혔다.[3] 이 의견서는 인도 중상류층을 '영

---

2   마이클 에이더스, 김동광 옮김, 『기계, 인간의 척도가 되다: 과학, 기술, 그리고 서양 우위의 이데올로기』, 산처럼, 2011, 226쪽. 『영국령 인도사』가 획득한 명성과 영향력에 힘입어 제임스 밀은 동인도회사에 취업했고 영국과 인도 사이에 오고 가는 각종 공문과 서류를 취급하는 통신감독관에 올랐다. 아버지 제임스 밀은 아들 존 스튜어트 밀을 같은 직장의 공무원으로 알선, 취직시켰는데, 이들 부자의 연봉은 인도청 장관에 버금갈 정도였다.

국적으로 개조'하여 영국 정부, 인도 식민정부, 인도 하층민 사이에서 일종의 사회문화적 '통역자'interpreter 기능을 충실하게 수행하도록 고안한 최초의 근대적 식민지 고등교육 개혁이라는 세계사적 의의가 있다.

매콜리의 주장을 계승하여 찰스 우드Charles Wood가 1854년 "인도에 대한 영국 교육정책의 마그나카르타"라고 부르는 교육정책 공문서를 공표했다. 찰스 우드는 "우리가 인도에서 확대되기를 바라고 있는 교육은 그 목표로써 유럽의 진보된 학문, 과학, 철학, 문학, 곧 유럽적인 지식을 보급"하는 것에 우선권을 두어야 하며, 이를 현실적으로 실현하기 위해서 "영어를 안다는 것은 차원 높은 교육을 받기를 갈망하는 인도인에게는 필수적인 일이 될 것"이라고 선언했다.[4] 그는 인도 현지에서의 고등교육기관인 대학교 설립을 공식적으로 제안하고, 현지어가 아닌 영어가 고등교육의 유일한 언어가 되어야 한다고 분명히 말했다. 이에 따라 1857년 캘커타(현 콜카타)와 봄베이(현 뭄바이) 같은 중심도시에 '본토'의 런던대학교를 모델로 삼은 대학교를 설립했다. 이전 1800년에 총독 R. 웰즐리Lord Wellesley(재임 1798~1805)가 주도하여 캘커타에 세운 포트윌리엄대학이 영국에서 동인도회사에 파견한 직원들과 현지 영국 행정관들의 연수 및 교육을 위한 교육기관이었다는 점과 차별성을 띤다.

프랑스의 식민지 통치 정책은 영국과 무엇이 다르고 같았을

---

3 조길태, 『영국의 인도 통치 정책』, 민음사, 2004, 179쪽 재인용. '의견서'의 주요 내용과 그것이 인도 교육개혁에 끼친 영향에 대해서는 김진식, 「인도에 대한 영국의 식민교육정책」, 대학사연구회, 『전환의 시대 대학은 무엇인가』, 한길사, 2000, 243~247쪽 참조.
4 김진식, 「인도에 대한 영국의 식민교육정책」, 247쪽 재인용.

까? 프랑스는 기본적으로 식민지 원주민을 '문명화 사명'으로 개화시키려는 동화정책을 19세기 말까지 펼쳤다. 알제리와 인도차이나 사례를 통해 간략히 살펴보자. 프랑스의 식민지 프로젝트는 1830년 6월 오스만제국 영토였던 알제리를 무역분쟁 평계로 침공해 거의 반세기를 끌다가 일단락되었다. 1831년 창설된 '아랍사무국'이 그 기초작업을 담당했는데, 엘리트 고등교육기관인 그랑제콜 출신이 다수인 아랍사무국은 1837년 '알제리과학위원회'를 창설하여 식민지의 자연환경과 역사지리학, 사회경제적 구조, 종교와 관습 등에 대한 조사를 5년간 실시했다. 군인, 예술가, 엔지니어, 고고인류학자 등으로 구성된 위원들은 총 39권의 『알제리 과학탐구』(1844~1867)를 간행했다.

1848년 혁명으로 부르봉 복고 왕정이 무너지고 제2공화국-제2제정으로 이어지며 전반기에는 '칼의 통치'(원주민 저항을 폭력적으로 진압하는 무력통치)를, 후반부에는 '쟁기의 통치'(프랑스 본토인의 이주·이민을 장려하는 문화통치)를 시행했다.[5] 황제 나폴레옹 3세의 칙령으로 1857년 아랍-프랑스제국대학을 창설하고, 이듬해 1월 1일 이슬람교도 '인턴' 대학생 55명이, 유럽과 프랑스 출신 '정식' 대학생 60명이 입학했다. 우수 졸업생은 현지 식민정부는 물론 프랑스 '본토' 정부기관에 취직하기도 했다.

프랑스 제3공화국은 동남아시아에서도 식민지를 정복·개척했다. 1858년 다낭 공격을 시작으로 베트남에 첫발을 디딘 프랑스제

---

[5]   프랑스의 알제리 통치 정책의 변화에 대해서는 육영수, 『근대유럽의 설계자: 생시몽·생시몽주의자』, 소나무, 2022에서 특히 9장 「알제리의 생시몽주의자들: 이주·식민정책의 3가지 모델」, 276~309쪽 참조.

국은 한 세대가 지난 1887년 '인도차이나 연방'Union Indochinoise이라는 이름으로 오늘날의 베트남-라오스-캄보디아 지역을 식민화했다. 통상적으로 오늘날 '베트남'으로 알려진 영토에 대한 통치 방식은 직접통치(남부 코친차이나)와 간접통치(중부 안남과 북부 통킹) 등의 방식이 혼합되었다. 영국 사례와 비슷하게, 외무부 등 여러 정부 기관에 분산된 식민정책 수립과 통치 전략은 1894년 뒤늦게 설립된 식민성으로 이관되었다. 식민성은 식민정책을 독립적으로 시행하지 못했고 담당 지역도 제한받았다. 예를 들어 인도차이나, 콩고, 마다가스카르 등은 식민성 담당이었고, 알제리와 모로코는 내무부와 외무부가 공동으로 다스렸다.[6] 알제리 경우와 마찬가지로 베트남에 거주하는 프랑스인은 '본국' 하원의원으로 출마할 수 있었다.

경제적 착취와 인적·자원적 수탈을 근본적인 식민정책으로 견지했던 영국제국과 마찬가지로, 프랑스제국도 인도차이나를 '문명화 사명'의 교실이 아니라 국익 성장을 위한 보급 기지로 우선했다. 폴 두메르Paul Doumer(1857~1932) 인도차이나 총독Gouverneur-General(재임 1897~1902)은 술, 소금, 아편에 대한 조세 징수권과 국가독점권을 확립했다. 프랑스혁명이 폐지한 소금세가 100년 뒤 동남아시아 식민지에서 되살아난 꼴이다. 프랑스 식민지 관리들은 아편 무역에 직접 뛰어들어 뒷돈을 챙겼다.[7]

영국제국과 프랑스제국의 공통점은 폭력 행사를 식민지 통치

---

6   노영순, 「프랑스의 식민주의와 베트남 지배구조」, 강만길 이, 『일본과 서구의 식민통치 비교』, 선인, 2004, 162쪽.
7   피에르 브로쉐, 「인도차이나의 프랑스 식민주의」, 마르크 페로 편집, 고선일 옮김, 『식민주의 흑서 상권: 16~21세기 말살에서 참회로』, 소나무, 2008, 556~557쪽.

의 기본정책으로 삼았다는 점이다. 영국제국의 동인도회사가 '소유'한 용병-군대는 1790년 11만 5,000명에서 1805년 15만 5,000명으로 증가했다. 거의 토착민으로 구성된 이 군대는 "유럽식으로 운영·조직된 상비군 가운데 그 당시 세계에서 가장 규모가 큰 군대의 하나였다." 소수의 현지 영국인이 1억 8,000만의 인도인들을 지배할 수 있는 치명적인 무기였다.[8] 영국제국은 '세포이 반란'Sepoy Mutiny이라 부르고 인도 민족주의자들은 '제1차 독립전쟁'The First War of Independence으로 기억하는 1857년 5월~1858년 11월에 양측은 야만적인 학살을 주고받았다. 당시 인도에 거주하던 4만 명의 영국인 중에서 6,000명이 살해당했고 대략 80만 명의 인도인이 희생당했다. 영국군은 "대포에 묶고 쏴서 산산조각 내기"blown from cannon라는 잔혹한 방식으로 '반란군'을 처형했다. '반란'을 계기로 직접 통치로 전환한 영국제국은 '자치권 허용'을 미끼로 제1차 세계대전과 제2차 세계대전에서도 인도 토착민들을 병사로 동원하여 많은 인원을 제국의 싸움터에서 희생시켰다.[9]

도긴개긴, 프랑스제국도 통치에 저항하는 피식민지인을 비인도적 방식으로 진압했다. 알제리 총독을 역임한 토마-로베르 뷔조

---

8   자크 푸슈파다스, 「인도: 식민화의 첫 세기(1757~1857)」, 마르크 페로 편집, 『식민주의 흑서 상권: 16~21세기 말살에서 참회로』, 422쪽.
9   제1차 세계대전에 '자원병'volunteer 형식으로 동원된 인도 병사는 100만 명 이상이었고, 이들 중 최소한 74,187명이 사망했다. 제2차 세계대전이 끝날 무렵에는 "역사상 가장 큰 규모의 자원병"으로 기록되는 250만 명의 식민지 인도군British Indian Army이 징집(?)되어 추축국 독일, 이탈리아 군대와 싸운 것은 물론, 버마와 말레이시아 등에서 일본제국 군대와도 싸웠다. 이 중 8만 7,000명이 사망했다. 이와 관련된 국내 선행연구는 없고, Kaushik Roy ed., *The Indian Army in the Two World Wars*, Brill, 2011 참조.

Thomas-Robert Bugeaud 장군이 이끄는 '아프리카 군대'는 1840년 알제리 남부 동굴로 도피한 원주민을 불을 피워 연기로 질식사시켰다. 뷔조는 이 잔혹함을 빛나는 공로로 인정받아 알제리 총독으로 임명되었다.[10] 인도차이나 치안국, 토착민으로 구성된 위병대와 식민 주둔군, 해병대, 외인부대, 프랑스 정규군 등은 영장 없이 피식민지인을 체포하여 고문할 수 있었다. 이들은 1885년 코친차이나 후에Huê 왕궁을 공격하여 민간인을 포함해 1,500명을 살해하고 도서관을 파괴했다.[11] 그뿐만 아니라 인도차이나 사람들은 '자원자 원칙'으로 두 차례의 세계대전에 강제 노역자와 총받이로 동원되었다. 1915~1919년 42,922명의 토착인 보병과 49,180명의 노동자가 전쟁 중인 프랑스 전선에 투입되었다. 1940년 식민성 장관의 요청으로 2만 명의 노역자와 8,000명의 보병이 프랑스에 '파견'되었고, 이들 중 1만 5,000명이 수용소에서 비참한 생활을 견뎌야만 했다.[12]

2 일본제국의 서구제국 식민지 통치 방식 응용하기

노련한 선임자 영국제국과 프랑스제국의 식민지 통치 전략과 '초짜/늦깎이 일본제국'의 그것을 보편적 척도로 비교·평가할 수는 없다. 왜냐하면 두 서구제국이 운영한 식민지(특히 인도와 인도차이나)와

---

10   육영수, 『근대유럽의 설계자: 생시몽·생시몽주의자』, 308~309쪽.
11   피에르 브로쉐, 「인도차이나의 프랑스 식민주의」, 마르크 페로 편집, 『식민주의 흑서 상권: 16~21세기 말살에서 참회로』, 548쪽.
12   피에르 브로쉐, 「인도차이나의 프랑스 식민주의」, 마르크 페로 편집, 『식민주의 흑서 상권: 16~21세기 말살에서 참회로』, 559~560쪽.

일본제국이 경영한 식민지(타이완과 조선)는 그 성격이 근본적으로 다르기 때문이다. 전자와 후자의 차이를 간략하게 요약하자면, 원격지 제국주의 대對 근린 제국주의, 중심부 제국주의 대 지역 패권적 하위 제국주의, 일시 이주형 식민지 대 영구 정착형 식민지, 간접통치 식민지 대 직접통치 식민지 등으로 그 특징이 구별된다.[13] 이런 차이점으로 인해 일본제국이 식민지 조선을 운영하는 데 서구 제국 사례를 구체적으로 얼마만큼 모방·응용했는지를 실증적으로 측정하기는 어렵다. 다만 간접적·직접적 증거들을 모아 서구제국이 '약자의 제국주의' 또는 '황인종 제국주의' 등과 같이 경멸적으로 부른 일본제국의 식민지 통치술의 윤곽을 그릴 수는 있다.

무엇보다도 새내기 제국으로 발돋움하려는 일본 집권층은 서구제국이 미리 닦아놓은 식민지에 대한 지식-권력을 배우려고 큰 관심을 기울였다. 조선총독부 초대 총독 데라우치 마사타케寺內正毅는 영국 정부가 영국왕립아세아학회를 동원해 인도의 언어·종교·역사·지리를 심층 조사하여 식민정책 수립에 참조했다는 선례를 본받아야 한다고 강조했다.[14] 일본 관학자들이 영국왕립아세아학회 한국지부에서 조선 화폐의 역사 등에 관해 학술발표를 한 것은 일본제국이 그동안 축적한 식민지 후보 한국에 대한 전문지식을 과시하여 '제국 클럽'에 입회하려는 제스처였다. 서구제국의 식민지 경영술의 장단점을 파악하여 자신이 개척한 식민지에 맞춤하게 적용

---

13   박명규·김백영, 「식민 지배와 헤게모니 경쟁: 조선총독부와 미국 개신교 선교 세력 간의 관계를 중심으로」, 『사회와 역사』 82, 한국사회사학회, 2009, 14쪽.

14   서영희, 『조선총독부의 조선사 자료수집과 역사편찬』, 87쪽.

하려고 애썼다는 직접적 증거도 있다. 일본제국은 서구 열강 중 식민지 쟁탈전에 뒤늦게 뛰어들어 '생활 공간' 확보에 애썼던 통일독일(제2제국)의 사례에 특별히 주목했다.

독일제국이 자신과 역사적 배경 및 문화적 전통을 공유한 이웃 중부유럽으로 독일인을 이주, 정착시켜 '생활 공간'을 확장하려는 야심은 일본제국에게 남의 나라 일만은 아니었다. 단적인 사례로, 도쿄제국대학 사학과 출신으로 교토제국대학 사학과에서 최초로 서양사 강좌를 담당한 사카구치 다카시坂口昂(1871~1928)는 국가의 지원을 받아 독일에서 유학했다. 그는 1911년 본국 정부로부터 독일 국경지방의 교육 상황을 현지 조사하여 보고하라는 과제를 받았다. '국가 공무원-교수'인 사카구치는 프로이센 왕국령이었던 폴란드와 보불전쟁으로 쟁취한 알자스-로렌 지방을 방문, 조사했다. "독일제국 경계 지방의 교육상황"이라는 제목의 소책자를 1913년 출판하여 폴란드 지역에 대한 독일제국의 교육 및 식민정책으로부터 조선총독부가 배우거나 유의해야 할 점을 상세하게 제안했다.[15]

이와 같은 직간접 증거를 통해 메이지 일본 정부가 서구제국의 시행착오와 성공 비결을 배워 자신만의 독특한 식민정책을 조탁했음을 알 수 있다. 일본은 그때그때의 상황에 따라 임기응변으로 영국, 프랑스, 독일 사례 중 입맛에 맞는 것을 선별하여 유연하게 응용했다. 영국의 인도 통치와 프랑스의 인도차이나 통치의 공통분모인 '개발과 수탈을 위한 식민지 육성'과 프랑스 국민의 '이민·이주

---

15   이 에피소드에 관한 상세한 내용은 고야마 사토시, 「'세계사'의 일본적 전유―랑케를 중심으로」, 비판과 연대를 위한 동아시아 역사포럼, 『역사학의 세기: 20세기 한국과 일본의 역사학』, 휴머니스트, 2009, 90~98쪽 참조.

정착지'로서의 알제리 식민지 개척 모델을 효과적으로 섞어 식민지 조선을 다스렸다. 가령 일본제국은 러일전쟁의 결과 러시아로부터 양도받은 영토의 개발을 위해 1906년 남만주철도주식회사南滿洲鐵道株式會社(이하 '만철'로 약칭)를 세웠다. 당시 "일본 최대의 주식회사"였던 '만철'은 남만주 일대에 독점적으로 철도를 설치·운영한 사실적인 식민지 회사였다. 만철의 초대 총재는 타이완총독부 민정장관 출신인 고토 신페이後藤新平였다. "식민지 경영은 과학적이어야 한다"라는 신념을 가진 고토 신페이는 1907년 '조사부'(1932년 경제조사부로 이름을 바꿈)를 만들어 만주국 수립을 설계했다.[16] 서구제국이 동인도회사라는 특허회사chartered company 뒤에 숨어 제국의 발톱을 감춘 채 동남아시아 식민지를 착취한 선례를 흉내 낸 것이리라.

　　일본제국은 불과 한 세대도 되지 않는 짧은 기간에 타이완, 조선, 만주국 등 수 개의 식민지를 수립했다. 영국제국이 인도를 정복하고 통치하는 시스템을 구축하는 데 거의 한 세기가 소요되었고, 프랑스가 알제리와 인도차이나를 '문명화 사명'의 손아귀에 확보하는 데는 30~40년이 걸렸다. 따라서 "일본 식민주의의 유별난 점은 (식민) 국가 만들기 솜씨였다"라는 진술을 야유조의 과장법적 표현이라고 치부할 수는 없다.[17] 국제법(만국공법)이 지배하는 국제 질서에서 서구 열강과 어깨를 나란히 하며 그들과의 수평적 위상을 과시하기 위해 메이지 정부는 '제국'이라는 빛나는 명찰에 걸맞게 탈

16　고바야시 히데오, 임성모 옮김, 『만철: 일본제국의 싱크탱크』, 산처럼, 2004 참조. 고토 신페이는 만철 총재와 일본제국의 내무장관 및 도쿄시장을 지냈다.

17　한석정, 『만주 모던: 60년대 한국 개발체제의 기원』, 문학과지성사, 2016, 163쪽.

아입구脫亞入歐라는 국시國是를 완결했다. 아편전쟁으로 영국제국에 무릎을 꿇은 청나라를 제치고 '압축·속성 황인종 제국주의'의 매운 맛을 전 세계에 떨쳤다.

한편 일본제국의 식민지 조선 통치를 비교사적 시각으로 되짚어보는 많은 선행연구는 서구제국을 초과하는 일본제국의 조급성과 폭력성을 강조하는 경향이 강하다. 영국의 인도 (간접)통치와 프랑스의 동화정책에 견주어보면, 일본의 조선 통치는 내선융화·내선일체라는 레토릭과 달리 철저한 감시 체제에 기반을 둔 매우 중앙집권적이며 위압적인 경찰통치였다고 김동노는 비판했다.[18] 또 영국이 '자유(방임)주의 제국'이라는 원칙으로 도덕적 정당성을 확보하고 프랑스 제3공화국이 문명화 사명이라는 진보사관으로 식민지를 이끈 것과 비교하면, 일본제국의 조선 식민지 통치는 "영국식도, 프랑스식도 아닌 모호한 타협의 길"이었다고 박지향은 야박하게 평가했다.[19] 또 식민지 조선인이 일본말을 하고 일본이 성취한 근대적 일상생활을 따라 하는 '기계적 수준에서의 동화' 상태에서 멈춰, 우수한 일본인과 열등한 조선인을 가르는 '내부적 인종주의'를 극복하지 못한 불안하고도 모순적인 식민정책이었다고 꼬집었다.

그 연장선에서 이태진은 일본제국의 상표인 '천황제 국가주의'는 "구미 제국주의와는 뿌리가 다르고 행위 양상이 달랐다"라고 맞장구친다. 자유주의 및 민주주의의 확장과 전파 수단인 영국·프랑

---

18   김동노, 「일본 제국주의의 조선 지배의 독특성」, 김동노 편, 『일제 식민지 시기의 통치체제 형성』, 혜안, 2006 참조.

19   박지향, 『제국주의: 신화와 현실』, 11장 「제국과 인종: 영국과 일본의 비교」, 서울대학교출판문화원, 2000, 283쪽.

스제국의 식민지 통치 이념과 방식은 세계사적 발전을 위해서는 수용할 수밖에 없지만, 침략적인 사무라이 군국주의가 잉태한 일본제국은 시대착오적이라는 삐딱한 시각이다. "구미 바깥 세계에서 유일하게 근대화(서구화)에 성공한 나라"라는 신화와 거짓 아우라에 현혹되어 일본제국이 저지른 "엄청난 범죄적 침략행위"에 눈을 감는 (세상 물정 모르는?) 식민지 근대화론(자)을 야단치는 '애국적인' 함성처럼 들린다.[20] 식민지 시기 역사를 민족주의 담론(수탈론) 대對 반민족주의 담론(식민지 근대화론)의 흑백논리로 꽁꽁 가두려는 집요하고도 지루한 논리이다. '선의의 정상적 서구 제국주의'와 '악의의 비정상적 일본 제국주의'를 갈라치기 함으로써 결국 오리엔탈리즘의 골짜기에서 자신을 잃는 공허한 메아리이다.

비교연구의 목표와 유용성은 비교 대상을 서로 견주어 우열적으로 순위를 매기거나 비슷한 것을 짝 짓는 데 있지 않다. 비교사의 미덕은 보편성과 특수성이 교차하면서 빚어내는 '차이'를 체념적으로 수용하는 대신, 제도권 역사관이 감춘 과거의 낯선 이면에 접근하는 데 있다. 한 발짝 더 나아가, 서양/제국이 자기중심적으로 표준화한 비교의 척도 그 자체를 문제시함으로써 '불평등한 비교'의 굴레에 빠지지 않는 것이 비교사의 지혜이다.[21] 이런 관점에서 재조

20   이태진, 「'일제 식민사학 비판 총서'를 출간하면서」, 『일본제국의 '동양사' 개발과 천황제 파시즘』(일제 식민사학 비판 총서 1), 사회평론아카데미, 2022, 6쪽.
21   김택현, 『서벌턴과 역사학 비판』, 박종철출판사, 2003, 158쪽. 김택현에 따르면, "비서양의 역사는 오직 서양사만이 이론적으로 인식 가능하므로, 그저 서양(사)에서 생산된 이론의 뼈대에 살을 붙이는 경험적인 재료들에 불과한 것이 되며, 서양의 역사와 비서양의 역사의 비교는 서양의 역사의 모눈종이에 비서양의 역사를 맞추어 보는 것이 될 뿐이다." 149~150쪽.

명하자면, "일본 메이지 유신은 1500년에 시작된 세계 질서에서 제국적 차이가 변화하는 두 번째 계기가 되었다"라는 발언[22]을 무심코 흘려들을 수 없다. 서구제국과 다른 '제국적 차이'를 세계사적 차원에서 과시/증명하기 위해 일본제국이 선택한 '특수한 길'은 과연 무엇이었는가?

일본제국은 서구제국에 대한 '열등감 콤플렉스'를 완전히 극복하지 못한 상태에서 타이완 및 조선 식민지를 모범적으로 경영해야 할 '황인종의 짐'을 스스로 짊어졌다. 메이지 정부는 서양 열강이 강요한 굴욕적인 불평등조약을 무효화시키기 위한 노력 끝에 마침내 1911년에야 그 조약을 폐지했다. '태평양의 양키'Yankees of the Pacific 또는 '아시아의 앵글로–색슨족'Anglo-Saxons of the East이라고 칭송받은 일본제국 지배계층의 속마음에는 자신도 '형님' 제국에 짓밟혔던 '희생자'라는 피해의식이 똬리를 틀고 있었다.[23] 그 주홍글씨를 깨끗이 지우기 위해서는 '낡은 일본'Old Japan처럼 정체停滯되어 있는 이웃 나라를 지금과 같은 '새로운 일본'New Japan 수준으로 계몽/문명화시킬 능력이 있음을 대외적으로 증명해야 했다. 일종의 '희생자의식 민족주의'Victimhood Nationalism[24]라는 가면을 쓰고 식민지 쟁탈전에 후발주자로 뛰어드는 것이 일본제국이 선택한 '특수한 길'이었다.

22   월터 D. 미뇰로, 김은중 옮김, 『라틴아메리카, 만들어진 대륙: 식민적 상처와 탈식민적 전환』, 그린비, 2010, /쪽.

23   Peter Duus, *The Abacus and the Swords: The Japanese Penetration of Korea, 1895~1901*, Berkeley: University of California Press, 1995, p.431.

24   임지현, 『희생자의식 민족주의: 고통을 경쟁하는 지구적 기억 전쟁』, 휴머니스트, 2021 참조.

조선총독부의 조선학 길라잡이

앎[知]의 생산과 그 '진리 효과'라는 측면에서 재조명해보면 조선총독부와 관학 아카데미즘이 합작한 조선학 만들기는 성공적으로 갈무리되었다(고 나는 생각한다). 『조선반도사』 편찬 사업이 중단되었고, 조선사학회가 시나브로 해체되었으며, 조선사편찬위원회가 조선사편수회에 자리를 내어주는 등 조선총독부의 조선학 담론 다시 만들기 작업은 초보 제국주의자의 미숙함과 무계획성을 드러낸 것으로 표면적으로는 보인다. 그러나 인종적·사상적·언어적·종교적 유사성을 지닌 조선(인)을 식민지로 호령하며 자발적인 협조와 '감정적' 융합을 이끌어내기란 매우 어려운 도전이었다. 서구제국과 그 식민지 사이에서도 찾아보기 힘든 일본제국과 식민지 조선의 매우 예외적 관계가 부과하는 무게와 부담감을 견디며 일본의 파워엘리트는 세계사적으로도 찾아보기 힘든 집요함과 꼼꼼함으로 '앎/지식에의 의지'를 실천했다.

초창기 10년에 걸쳐 식민지 통치를 정당화하는 지식-권력의 기초작업을 일단락한 조선총독부는 1920년대에는 식민지 조선학의 표준 콘텐츠를 개발·보급하여 조선인의 정신을 개조하려고 애

썼다. 1919년 발생한 독립운동의 재발을 방지하기 위해 칼을 붓으로 숨긴 '문화통치'—프랑스제국이 알제리에서 실시한 '쟁기의 통치'의 복사판(?)—가 2단계 식민 전략으로 착수되었다. 그 연장선에서 조선에 대한 '앎/지식에의 의지'의 결정판이며 조선 통치를 위한 지식-권력의 길라잡이가 마침내 간행되었다. 다카하시 도루高橋亨(1878~1967)의 『조선인』朝鮮人(1921)이 그 첫물이라면, 스에마쓰 야스카즈末松保和(1904~1992)의 『조선사 길잡이』朝鮮史のしるべ(1936)가 끝물이었다. 두 책에 투영된 일본제국의 식민지 조선학의 뼈대와 핵심 콘텐츠를 살펴보자.

1) 다카하시 도루, 『조선인』

다카하시 도루는 총독부의 지원을 받아 1921년 『조선인』을 '비밀리'에 출간했다. 그가 후에 경성제국대학교 법문학부 조선어·조선문학 강좌 교수로 임명된다는 것을 상기한다면, 이 책은 식민지 통치에 참고할 '내부용' 서적이면서 동시에 경성제국대학이 지향해야 할 조선학의 방향과 콘텐츠를 예고하는 지침서였다. 일본 관학자들이 주도한 '조선학' 배후에 숨겨진 욕망과 삐뚠 관점이 『조선인』에 집약되었다.

1부 총론에서는 지리적 고찰에서 풍속·습속의 고찰에 이르는 11개 카테고리를 적용하여 조선(인)이 다른 민족(특히 일본)과 구별되는 "스스로 길러온 민족적 특성"을 추적·해부한다. 그는 조선의 역사는 "독립국가의 역사로서의 가치가 없"고, "약 2천 년을 거쳐 내홍을 겪거나 예속을 겪은 역사"의 더도 덜도 아니다. 그리고 중국으로부터 주자학을 수용한 이래 다른 학파나 학문을 이단시하고 배

조선총독부 지원을 받아 다카하시 도루가 저술한 『조선인』은 식민사관의 표준 텍스트였다.

척함으로써, "조선의 철학은 진보도 없고 발전도 없이 처음부터 화석화되었다"라고 확신했다.[1] 이런 부정적인 역사·철학(지정학적 결정론)의 유산은 "연기를 토하는 산도 없고, 불을 품는 굴도 없고, 산을 무너뜨리고 땅을 가르고 바다를 요동치게 하는 지진도 없는" 조선반도의 지질적 특정을 반영한 숙명적 산물이라고 설명한다.[2]

2부 각론에서는 조선(인)의 특징을 열 가지로 나누어 설명한다. 다카하시 도루는 '사상의 고착'을 으뜸가는 특성으로 꼽으며 "조선처럼 오랜 세월 동안 사상[유교]의 한 원리에 만족하여 다른 원리를

---

1   다카하시 도루, 구인모 옮김, 『식민지 조선인을 논하다』, 동국대학교출판부, 2010, 45쪽, 51쪽. 같은 제목으로 출간한 양장본에는 일본어로 작성된 원문이 부록으로 첨부되어 있다.
2   다카하시 도루, 『식민지 조선인을 논하다』, 68쪽.

받아들이지 않은 민족은 세계사상사에서 드물다"라고 비판한다. 그 연장선에서 조선(인)의 두 번째 특징은 "사상이 중국에 종속되어 어떤 것도 조선의 독창적 사상으로 볼 수 없는 것"이다.[3] 이 밖에 형식주의, 당파심, 문약文弱, 심미 관념의 결핍, 공사公私의 혼동, 관용과 위엄, 순종順從, 낙천성 등을 조선의 심성적 특징으로 꼽았다. 특히 조선 사람처럼 모든 일에 순종하는 민족은 세계사적으로 매우 드물다고 내려다봤다. "국가는 중국의 통제에 순종하여 복종했고, 상류 사대부들은 국왕의 권력에 복종했고, 중인과 상민은 (…) 사대부의 압제에 복종했다."[4] 복종의 먹이사슬은 아래로 전파된다. 백성은 관청의 명령에, 젊은이는 웃어른에게, 제자는 선생에게, 아내는 남편에게, 서자는 적자에게, 미혼자는 기혼자에게, 노비는 주인에게, 천민은 상민에게 복종해야 한다. 이런 일종의 노예근성을 가진 조선인을 효과적으로 다스리기 위해서는 "단호하고 위엄 있는 간단한 법령을 갖추고, 한 번 법령을 발표하면 변경하지 않는 것이 중요하다"고 다카하시 도루는 역설했다.[5]

한 걸음 더 나아가, 1919년 독립운동 이후 전개될 '문화통치/정치'의 당위성을 지지·정당화하는 논리를 제공했다. 그의 주장에 따르면, 3·1독립운동은 "조선반도 밖에서 다른 사회의 사상과 감정에 감염된 청년들"이 헛되고 공상적인 희망으로 조선 사람을 선동한 사건에 불과했다.[6] 다카하시 도루는 '외부의 불순세력'으로 "노

---

3   다카하시 도루, 『식민지 조선인을 논하다』, 61쪽, 71쪽.
4   다카하시 도루, 『식민지 조선인을 논하다』, 131~132쪽.
5   다카하시 도루, 『식민지 조선인을 논하다』, 135쪽.
6   다카하시 도루, 『식민지 조선인을 논하다』, 152쪽.

회하고 간교한 서양인 선교사들"을 지목했다. 조선인을 "야만적이
고 몽매하여 마소나 다를 바 없는 인종이라고 매우 경멸한" 그들의
속마음을 모르고, 조선의 '선각자'와 '신지식인'("반은 일본화한 조선인"
과 "반은 미국화한 조선인")은 "미국 사상에 종속되어 미국을 향해 사대
주의"를 한다고 꾸짖었다.[7] 겉과 속이 다른 서양 선교사와는 달리,
인종적·문화적·언어적 공통점이 더 많은 일본인이 조선인을 올바
른 사상과 문화로 개조해야 할 세계사적 '백 년의 대계'를 설계해
야 한다고 다카하시 도루는 공언했다. 이 책의 테제와 관련해 강조
하자면, 근대한국학 생산·전파·국제화에 앞장선 서양 선교사(제1물
결)를 제치고, 이제는 일본제국이 지휘하는 '관학 아카데미즘'(제1.5
물결)이 그 세계사적 임무를 감당하게 되었음을 선포한 것이나 다름
없었다.

　그렇다면 일본제국에 저항하며 민족자결이라는 환상에 빠진
조선인을 어떻게 '문화적으로' 교화·개조할 것인가? 다카하시 도루
는 무지몽매한 조선인을 좀 더 부드럽고 효과적으로 다스리기 위해
"지적인 계몽에 중점을 두는 대신, 감정적인 교화에 역점을 두어야
할 시대"가 도래했다고 선언했다.[8] 조선인이 일본제국이 선물하려
는 '마음 문명'을 거부하지 않고 일본인과 감정적으로 융합하여 감
히 '감정적으로도' 딴생각(독립 열망)을 품지 못하게 하는 것을 문화
통치/정치의 우선 목표로 삼아야 한다는 설명이다. 조선학 연구의
선봉으로 꼽히는 최남선이 1930년대 펼친 '심전개발'心田開發(마음의

7　　　다카하시 도루, 『식민지 조선인을 논하다』, 147쪽, 153쪽, 158쪽.
8　　　다카하시 도루, 『식민지 조선인을 논하다』, 160쪽.

밭갈이)운동은 다카하시 도루가 주창한 조선인에게 주입되어야 할 '마음 문명' 캠페인에 맞장구친 꼴이었다. 다카하시 도루가 1921년 아일랜드를 여행했을 때 남부 아일랜드 사람들이 "모두 강렬한 반反영국 정신으로 넘쳐나는" 것에 놀랐던 개인적 기억[9]이 '감정의 정치학'의 중요성을 강화했을 것이다. 다시 말하자면, 피지배자의 자발적 동의와 동참을 유도하는 '헤게모니' 권력이 문화통치/정치의 특징이다.

다카하시 도루는 일본제국이 식민지 조선에 시행해야 할 문화통치/정치의 콘텐츠와 주안점을 다음과 같이 요약했다.

일본인이 지닌 조선인에 비해 우월한 학문적 능력·도덕적 능력·예술적 능력·정치적 능력·경제적 능력으로 조선을 계몽시키고, 조선의 자연을 개척하여, 마침내 조선인의 도덕·예술·정치·경제의 능력을 일본과 평준화하고, 조선의 자연의 생산력을 내지와 같은 수준에 이르게 하는 것이다.[10]

'문화'통치/정치는 정치경제의 하위분야로 분류되는 '문화·예술' 영역을 대상으로 하는 게 아니라, 정치경제 및 자연과학적 지식과 경영을 포함하는 포괄적이며 총체적 개념으로 사용되었다. 다카하시 도루는 지식과 도덕은 물론 통치술과 자연의 개발에 이르는 전 영역에서 우월한 능력을 지닌 일본제국이 문화통치/정치를 할 준비가 되어 있고 실행력을 갖추었다고 확신했다. 교육사업은 문화

9 다카하시 도루, 『식민지 조선인을 논하다』, 205쪽.
10 다카하시 도루, 『식민지 조선인을 논하다』, 194쪽.

통치/정치의 중요한 수단이다. 조선인을 정신적으로 개조하기 위해서는 "영국식의 인격 본위의 교육"보다는 '국민화'nationalization 교육정책을 우선하는 '독일식 교화정책'을 선택해야 한다고 설명했다.[11]

다카하시 도루는 일본제국이 1920년대부터 본격적으로 실시하려는 문화통치/정치에 저항하는 일부 한국 지식인의 논리를 조목조목 반박했다. 일본 지식인들이 식민지 통치를 합법화하기 위해 조선 역사를 날조했다는 혐의에 대해서는 "조선의 역사는 종래 조선인들에게는 연구해야 할 것으로 여겨지지도 않았다"라고 직격탄을 쏘았다.[12] 한국이 식민지가 된 이후 일본 학자들의 주도적 노력 덕분에 『삼국유사』와 『삼국사기』 등과 같은 고문헌을 간행하게 되었음을 환기했다. 그리고 조선인이 고유한 문화자산으로 자랑하는 한글을 일본제국이 말살하려고 했다는 것도 터무니없는 모함이라고 항변했다. "마치 일본어 문장이나 담화가 영어, 불어, 독일어를 통해 메이지 시기 동안 대단히 진보, 발전했던 것과 같은 경로를 거쳐, 조선어도 일본어를 통해 크게 발달하게 된 것"이라고 장담했다.[13]

주목해야 할 점은 다카하시 도루가 자신의 거친 주장과 해석에 권위와 설득력을 더하기 위해 조선 지식인들의 글과 문집 등을 인용했다는 사실이다. 『조선인』 본문 이곳저곳에는 서거정徐居正의 『필원잡기』筆苑雜記(1487), 성현成俔의 『용재총화』慵齋叢話(1525), 장

---

11   다카하시 도루, 『식민지 조선인을 논하다』, 198쪽.
12   다카하시 도루, 『식민지 조선인을 논하다』, 210쪽.
13   다카하시 도루, 『식민지 조선인을 논하다』, 217쪽.

유장유維의『계곡만필』谿谷漫筆(1643), 김윤식金允植의『운양집』雲陽集 (1914) 등이 직접 인용되었다. 다카하시 도루 자신의 주장과 비평은 근거 없는 궤변이 아니라 실증적 문헌 조사에 근거를 두었고, 조선인 학자들도 인정하는 논리 구조에 바탕을 두었음을 내세우기 위한 담론 전략이다. 이런 관점에서 되짚어보면, 강제 합방 후 10년이 지난 시점에 출간된『조선인』은 "개인의 학문적 성과 차원을 넘어서, 바야흐로 조선총독부의 정책으로 또한 근대기 일본의 식민지 조선에 대한 인문학적 담론·지성 과정으로 확산되어 가는 장면"[14]이라는 평가가 틀리지 않다.

한편, 다카하시 도루의『조선인』을 관통하는 문제(주제)의식은 서구제국이 동양 문화를 규정하는 식민 담론 전략과 유사하다.『조선인』이 미국 선교사 아서 스미스Arthur H. Smith(1845~1942)가 20년간 중국 체류의 경험과 관찰을 바탕으로 1894년 출간한『중국인의 특성』Chinese Characteristics의 서사 구조를 흉내 냈다는 혐의가 있다.[15] 영어권 독자들이 중국인을 이해하는 입문서로서 인기를 끈 아서 스미스의 책은 1896년 일본어로 번역·소개되었다. 아서 스미스는 중국인의 특질을 예절과 체면 중시, 시간 개념과 그 정확성의 부족, 구습의 답습과 공공심의 결여 등 스물일곱 가지로 요약하며, '근대화'에 방해가 되는 이런 나쁜 성향과 세계관을 기독교 정신으로 고쳐야 한다고 주장했다.[16] 다카하시 도루가 이 책을 읽고 그 기

14   구인모,「조선연구의 발산과 수렴의 교차점으로서 민족성 연구─다카하시 도루(高橋亨)의『朝鮮人』과 조선연구」,『한국문학연구』38, 동국대학교 한국문학연구소, 2010, 107쪽.
15   구인모,「조선연구의 발산과 수렴의 교차점으로서 민족성 연구, 117쪽.
16   아더 핸더슨 스미스, 민경삼 옮김,『중국인의 특성: 100년 전 서양인의 눈

본 프레임을 조선(인)에 적용했을 개연성을 무시할 수 없다. 그러므로 『조선인』은 "비서구 아시아의 한 지식인이 서구 제국주의의 타자 이해의 시선과 방법을 전유하여, 다시 비서구 아시아의 다른 타자에게 적용한 텍스트"라고 재해석할 수 있다.[17] 당시 일본제국의 학자들이 서양 '선교사-지식인'이 축적한 중국과 한국에 대한 지식-권력을 유용하게 참조하거나 모방하여 식민지에 응용했다는 또 다른 증거이다.

덧붙이자면, 조선 학자들이 지정학적 위치가 민족의 문화적 특질과 사상적 색깔을 결정한다는 다카하시 도루의 문화본질주의를 복창했다는 점도 무심코 넘길 수 없다. 다카하시 도루는 자신이 뼈대를 세운 조선학 연구를 이어갈 능력을 갖춘 조선 사람은 "오로지 경성제국대학이라는 아카데미를 통해 과학적 연성鍊成을 거친 이들일 뿐"이라고 장담했다.[18] 경성제국대학에서 조선어·조선문학을 공부한 조윤제는 스승의 이런 기대를 저버리지 않았다. 해방 이후 (한)국문학의 초석을 다진 그는 한국인의 망탈리테(집단적 정신구조)를 '은근과 끈기'라고 요약함으로써 다카하시 도루가 초벌로 구운 조선인의 특질 목록을 갱신했다. 경성제국대학에서 '과학적 연성'을 단련한 조선의 수재 중 일본인 스승으로부터 배운 학문을 갈고닦아 '주체적 조선학'을 개척하려고 애쓴 사람이 조윤제뿐이었을까? 일제 관학 아카데미즘이 축적한 지식-권력의 '진리 효과'는 1920~1930년대 본격화되는 조선 학자들의 조선학 연구에 어떤 긍

에 비친 중국인의 특성』, 경향미디어, 2006 참조.

17   구인모, 「조선연구의 발산과 수렴의 교차점으로서 민족성 연구」, 118쪽.
18   다카하시 도루, 『식민지 조선인을 논하다』, 125쪽.

정적·부정적 영향을 미쳤을까? 이 궁금증에 대해서는 8장에서 좀 더 상세히 알아볼 것이다.

2) 스에마쓰 야스카즈, 『조선사 길잡이』

1936년 출간(1937년 개정)된 『조선사 길잡이』朝鮮史のしるべ는 일본인 조선학 학자들이 그동안 축적한 연구 성과를 집약한 소책자이다. 조선 식민지 통치 25주년을 기념하기 위해 조선총독부가 당대 '조선사의 최고 권위자'로 손꼽히는 스에마쓰 야스카즈에게 의뢰하여 '익명으로' 펴낸 조선사 입문서이다. 고조선부터 대한제국에 이르는 긴 연대기를 집권 세력과 왕조 교체의 흥망성쇠를 기본 얼개삼아, 종교(불교와 유교)·문화(문학과 예술)·사상(실학)을 씨줄과 날줄로 엮은 조선 문명사이다. 다시 말하자면 중국, 일본, 서양과 엉킨 관계를 다룬 정치외교사의 기본골격에 문화사와 사상사를 양념으로 넣은 성격의 책이다. 다카하시 도루가 조선총독부 주문을 받아 1921년 펴낸 『조선인』이 사대주의와 정체성停滯性이라는 민족(국민)성을 트집 잡아 일본제국의 조선 합병을 합리화했다면, 『조선사 길잡이』는 5,000년 역사가 걸어온 파란만장한 여정을 '발전'과 '계몽'에 이르기 위한 필연적 과정으로 종합하여 총정리했다.

일본인 조선학 학자들이 식민지 시기에 창출한 근대한국학 연구의 제1.5물결과 조선인 학자들이 주도한 근대한국학 연구의 제2물결의 충돌 또는 주름진 접점을 재발견하려는 이 책의 주제의식에 비추어봤을 때 충격적인 점은, 『조선사 길잡이』가 훗날 유네스코UNESCO가 새내기 해방국가 한국을 전 세계 독자에게 알리고자 하는 목적의 기본 텍스트로 부활했다는 사실이다! 일본 '동양문고'

조선 식민지 통치 25주년 기념으로 조선총독부
가 스에마쓰 야스카즈에게 출간 의뢰한 『조선사
길잡이』.

가 유네스코 계열 조직으로 1961년 만든 동아시아문화연구센터The
Center for East Asian Cultural Studies가 편찬하여 1963년 출간한『짧
은 한국사』A Short History of Korea가 바로 그것이다.[19] 『짧은 한국사』
맨 앞 일러두기NOTE에서 "조선총독부에서 출간한 익명의 저자an
anonymous author가 쓴 172쪽짜리 소책자"가 원본임을 밝히고 있다.
원저자 스에마쓰 야스카즈의 이름은 감춰졌다. 유엔 국제기구가 한

19   Compiled by The Center for East Asian Cultural Studies, *A Short History
     of Korea*, Tokyo: Kansai Publishing & Printing Press, 1963. 책 표지 이면
     지에 "동서양 문화 가치의 상호 이해라는 유네스코 핵심 프로젝트를 수행
     하기 위해 유네스코의 도움을 받아 출간"했다고 밝히고 있다. 하와이 호놀
     룰루 동-서센터출판부East-West Center Press가 책의 해외 보급을 담당했
     다. 동양문고는 독립적인 연구도서관 역할을 표방하며 1924년 설립되었
     다. 서구가 축적한 동양학 연구를 모방·반복하지 않고 일본 학계가 '독자적 종
     류의 동양 연구'를 한다는 것이 목표였다. 스테판 다나카, 박영재·함동주
     옮김, 『일본 동양학의 구조』, 문학과지성사, 2004, 339~340쪽 참조.

국전쟁으로 세계에 그 존재를 알린 대한민국에 관한 표준적/공식적 역사서를 펴내면서 하필 패전국 일본제국이 식민지 시기에 일본 관학자가 용역을 받아 쓴 책을 채택했다. '식민지 시기 저술을 원본으로 삼아, 일본 단체에 의해 편집되고, 일본에서 인쇄·보급되는' 이상야릇한 사정을 변명이라도 하듯이, "원본에서 너무 일본 중심적인 내용"some passages in the original that were heavily Japan-centered 은 삭제했다고 밝혔다.[20]

20세기 한국 사학사 관점에서 되짚어봤을 때 더욱더 충격적인 사실은 유네스코가 후원하고 추천한 『짧은 한국사』에 대해 한국인 학자와 교수들이 침묵하고 방관하거나 의도적으로 눈을 감았다는 점이다. 당시 대한민국 지식인들은 이 책에 진하게 각인된 식민주의 한국학에 대해 왜 항의하거나 반성하지 못했을까? 영어 자료에 대한 울렁증 또는 우물 안 개구리/골목대장의 해외 학술 동향에 대한 얕보기와 무지 탓일까? 이런 기막힌 상황에서 소수의 해외(미국) 학자들이 스에마쓰 야스카즈의 『조선사 길잡이』를 거칠게 짜깁기 개정·편집한 『짧은 한국사』에 대한 비판적 서평을 쓰는 데 앞장섰다.

당시 컬럼비아대학교 박사과정생으로 미국의 한국학 1세대 연구자인 게리 레드야드Gari Ledyard(1932~2021)가 포문을 열었다. 그는 "30년 전 작성된 원본 『조선사 길잡이』가 나쁜bad 책이었다면, 그 책이 낳은 이 영어판[『짧은 한국사』]은 단지 비루할 뿐simply pitiable"이라고 신랄하게 비판했다.[21] 엉터리 문법으로 이루어진 문

---

20   *A Short History of Korea*, NOTE.
21   Gari Ledyard, "Review," *Journal of the American Oriental Society* 85-3, July-Sep., 1965, p.459.

장, 스펠링 오류, 어법 위반solecisms, 표현의 오용malapropisms 등 명백한 실수로 가득한 『짧은 한국사』는 학문적 글쓰기에 대한 모독이라고 단정했다. 그뿐만 아니라 원본의 과중한 일본 중심적 편견을 삭제했다는 '일러두기'의 장담과는 전혀 다르게, 『짧은 한국사』가 제국주의적 시각을 오히려 더 드러냈다고 레드야드는 꼬집었다.[22] '민비' 살해에 관여한 일본 정부의 진짜 역할을 숨기고 '헤이그 밀사 사건'의 진실을 조작하는 등의 계산된 왜곡calculated distortion 사례를 열거했다.

　　그레고리 헨더슨Gregory Henderson(1922~1988)이 게리 레드야드의 뒤를 이었다. 그는 대한민국 초창기에 주한 미국대사관 문정관·대사 특별정치보좌관(1948~1963)을 지낸 외교관 출신이다.[23] 하버드대학교 국제문제연구센터 공동연구원(1964~1968)으로 재직할 때 쓴 서평에서 헨더슨은 "수준이 낮고 관료적인 편찬물"mediocre, bureaucratic compilation인 『조선사 길잡이』를 리바이벌한 『짧은 한국사』는 "학문적·시각적으로 시대에 뒤떨어진"outdated both in scholarship and in viewpoint 저질이라고 혹평했다.[24] 사실 오류가 많고 편향된 해석이 많은 책이기 때문이다. 헨더슨은 『짧은 한국사』

22　　　Gari Ledyard, "Review," pp.457~458.
23　　　헨더슨은 분단국가 대한민국에서 미국 외교관으로 근무한 현장 경험과 한국 지역학 전문가로서의 식견을 녹여 *Korea: The Politics of the Vortex*, Cambridge, Mass.: Harvard University Press, 1968를 출간했다. 이 책은 그레고리 헨더슨, 이종삼·박행웅 옮김, 『소용돌이의 한국정치』, 한울아카데미, 2013로 번역되었다. 헨더슨의 생애에 투영된 한미 외교관계를 더 알고 싶은 사람은 김정기, 『그레고리 헨더슨 평전: 대한민국 현대사 목격 증인의 생생한 이야기』, 한울아카데미, 2023를 참조하라.
24　　　Gregory Henderson, "Review," *Pacific Affairs* 38-3/4, Autumn. 1965~Winter. 1965-1966, p.393.

가 한국 고유의 가장 오래된 종교인 샤머니즘이 보통 사람들에게 인기 있는 것에 대해 조선 사대부가 숭배하는 주자학의 결점 탓이라고 엉터리로 해석했다고 꼬집었다. 그리고 한국 문명을 중화주의와 일본 근대화의 산물로 고착시키기 위해 독창성이 드러나는 한국 예술과 문학에 대해서는 거의 무시하고, 『삼국사기』와 『삼국유사』는 언급조차 하지 않았다고 지적했다.[25]

이 책의 글쓴이인 나의 견해를 보태자면, 『짧은 한국사』에는 사회·경제사가 철저하게 생략되었다. 한국 문명을 국제외교·정치사·문화사상사의 삼각형 격자에 가두고 경제 활동과 사회 구조 및 사회계층에 대해서는 전혀 서술하지 않았다. 조선/대한민국을 '외부적' 조건에 숙명적으로 휘둘리고, '내부적' 움직임과 변화가 없는 '고여 썩어가는 고립된 웅덩이'라는 이미지로 고착하려는 편집 전략이었으리라. 아무튼, ① "이전의 식민권력에 그가 지배한 피식민지의 역사[쓰기]를 맡긴 유네스코[의 무지함]" ② "일본 학계의 최고 업적을 대표하지 못하는 그런 통탄할 만한 연구를 기꺼이 떠맡은 동양문고와 연관된 [동아시아문화연구]센터[의 무능력] ③ "역사학뿐 아니라 영어 실력마저도 엄청나게 모자라는 그런 책을 승인하고 보급하기로 한 [하와이대학] 동-서센터와 이에 소속된 한국학 전공 상임 학자들resident scholars on Korea[의 무책임성]. 『짧은 한국사』가 던지는 이런 삼중의 "가장 놀라운" 충격을 의문형으로 열거하며 헨더슨은 서평을 마무리한다.[26]

25   Gregory Henderson, "Review," p.394.
26   Gregory Henderson, "Review," p.394.

A SHORT HISTORY
OF KOREA

Compiled by
THE CENTRE FOR EAST ASIAN
CULTURAL STUDIES

THE CENTRE FOR EAST ASIAN CULTURAL STUDIES
TOKYO
EAST WEST CENTER PRESS
HONOLULU

조선총독부가 기획 출간했던 책을 유네스코가 영어로 옮겨 세계 독자에게 소개한 것은 20세기 한국 학술사에서 가장 치욕적인 사건이다.

게리 레드야드와 그레고리 헨더슨과 같은 미국의 젊고 용감한 학자들만 『짧은 한국사』에 배태된 사실 오류와 제국주의적 변명을 매섭게 꾸짖은 것은 아니었다. 한국전쟁 직후 미국 유학생으로 건너가 시카고대학교 박사과정을 수료한 강위조도 1965년 게리 레드야드와 유사한 내용의 비판적 서평을 주류 학술지 『아시아학 저널』에 게재했다.[27] 태평양 건너 멀리 바깥세상에서 바라보면, 갓 해방된 조국의 부끄러운 모습과 선후배 지식인들의 비겁함과 옹졸함이

---

[27]   Wi Jo Kang, "Review," *The Journal of Asian Studies* 25-1, Nov. 1965, p.147. 강위조는 1954년 미국에 유학하여 신학교를 졸업하고 시카고대학에서 석·박사 학위를 취득했다. 모교인 컨코디아신학대학Concordia Seminary에서 종교학 교수(1968~1980)로 근무했다. 강위조 약력은 온라인 세계인명사전 https://prabook.com/web/wi_jo_kang/283623 참조(검색일자: 2024년 3월 1일).

더 잘 보이는 것이리라.

국내 학계에서는 전해종이 (내가 아는 한) 유일하게 『짧은 한국사』를 비판했다. 그는 일본 도쿄제국대학교 정치학과 졸업생으로 해방 이후 서울대학교 사학과에 편입해 졸업하고 박사과정에 재학 중이었다. 전해종은 서평 앞머리에서 "원서[『조선사 길잡이』]가 일본의 식민사학이 한국사를 왜곡한 여러 작품 중에서 졸렬한 작품 중의 하나이기 때문에 본서[『짧은 한국사』]의 학문적 가치는 하나도 없다"라고 단도직입적으로 쏘아붙였다.[28] 일본어 원서와 영어 편역본은 모두 '역사서'라기보다는 한민족과 한반도를 제국주의적 시각으로 입맛에 맞춰 해석한 '정책서'에 불과하다고 보았다. 그리고 전해종은 원서를 수정 보완한다는 명분으로 "일본의 통치와 해방"Japanese Rule and Liberation이라는 소제목으로 새로 첨부한 마지막 장(25장)이 새롭기는커녕 사대주의와 저항적인 주체성 부재를 조선 문명의 특질로 강조한 원본의 기본정신을 더 악의적으로 확대했다고 분노했다. 그리고 1945년 해방 또는 광복을 책의 연대적 종점으로 설정했다는 '일러두기'와는 달리, 1948년 남북한 단독정부 수립과 분단시대로 책을 종결함으로써 내부(지방, 양반 계층) 분열과 강대국에의 종속을 다시 한번 야비하게 강조했다고 지적했다.[29]

식민지 시기에 일본 관학자가 저술한 조선 역사에 대한 대중 계몽 서적이 유엔 산하기관에서 신생 독립국 대한민국을 전 세계

---

28   전해종, 「서평: A Short History of Korea 編者 Center for East Asian Cultural Studies (Tokyo, 1964) pp.84+xxviii, 海外配付 擔當 East-West Center Press, Honolulu, 日語版原著 「朝鮮史のしるべ」(朝鮮總督府, 1936年刊, 執筆者 末松保和)」, 『역사학보』 33, 역사학회, 1967, 134쪽.

29   전해종, 「서평」, 140쪽.

에 소개하는 책자로 선택된 것은 "20세기 한국 학문의 역사에서 가
장 치욕적인 사건"이다(라고 이 책을 쓰는 나는 생각한다).『조선사 길잡
이』朝鮮史のしるべ가『짧은 한국사』A Short History of Korea로 탈바꿈하
도록 수동적 또는 능동적으로 묵인默認한 식민지 시기 조선 지식인
과 광복 이후 초창기 대한민국 지식인은, 매우 불행하게도, 겹친다!
이들은 한 몸뚱이가 되어 비싼 학사모에 담아 확보한 학문 권력을
연장·보존하려고 물불을 가리지 않았다. 그러므로 기회주의적으로
살아남은 이들을『짧은 한국사』의 (숨은) 공동 저자라고 지목해도
크게 틀리지 않는다. 냉소적으로 말하자면, 경성제국대학에서 조선
학을 가르치고 연구했던 일단의 일본인 교수들은 그들이 육성育成
한 한국인 제자들이 1945년 이후 '해방 공간'에서도 주류(친일?) 지
식인/역사가로 탈 없이 행세할 수 있도록 '조종操縦/후원'하는 데
성공했다.

　　이 책의 주제의식을 대입하여 다시 말하자면, 경성제국대학 조
선학 전공 일본인 교수들이 호령한 한국학 제1.5물결은 순풍에 돛
단 듯 저항 없이 항해하여 조선인 제자들이 기획하는 제2물결에 흡
수, 연장되었다. 일본제국이 지향한 '앎에의 의지'는 '조선학'으로
총칭되는 지식-권력의 위계적 생산 시스템을 창출했다. 일본인 총
독부 관료-지식인이 기획·지휘하고, 조선인 도제徒弟(또는 스피박이
'토착 정보원'native informant이라 부르는 '외지' 협력자)가 부과된 업무를
수행했다. 다소 거칠게 표현하자면, 식민지 시기에 만들어진 조선
학은 일종의 지식 분배·하청 시스템이 잉태한 합작품이었다.

　　일본제국-조선총독부가 1910~1920년대에 집중적으로 기초
를 (다시) 닦고 콘텐츠를 쌓아 올려 만든 '한국학 연구의 제1.5물결'

은 실패, 좌절, 미완성으로 마감되지 않았다. 오히려 그 반대다. 적과 동지, 서양 선교사와 식민지 관료, 제국대학 교수와 그 조교, 민속학자와 역사학자, 대중매체와 그 독자, 교사와 학생 등이 각자의 위치에서 자기 몫을 담당하면서 때로는 부딪치고 때로는 협상하면서 식민지 한국학 담론의 씨줄과 날줄을 성공적으로 엮어나갔다.

『조선사 길잡이』朝鮮史のしるべ가 거의 30년 만에『짧은 한국사』 *A Short History of Korea*로 살아남을 만큼 1945년 이후에도 '현대한국학'의 탈식민화는 이루어지지 못했다. 불량품인『짧은 한국사』를 미국 대학의 동아시아학에 대한 늘어나는 관심에 의해 만들어진 커리큘럼으로 환영한다는 서평[30]이야말로 제2차 세계대전에서 적으로 싸운 미국과 일본이 냉전시대를 통과하면서 한국학을 매개로 동지가 되어 악수하는 장면이라고 해석한다면 단순한 억지 주장일까.

30   Richard T. Chang, "Review," *Monumenta Nipponica* 21-1/2, 1966, p.240. 서평자는 일본 근대사 전공자이며 다음이 저서를 출간했다. Richard T. Chang, *From Prejudice to Tolerance: A Study of the Japanese Image of the West, 1826-1864*, Tokyo: Sophia University. 1970; *The Justice of the Western Consular Courts in Nineteenth-Century Japan*, Westwood, Connecticut: Praeger, 1984 등.

—— 8장

조선학 연구 1세대와
한국 근대 지식인의 탄생

일본제국이 조선총독부를 통해 총체적으로 구성했던 식민지 조선
학 만들기 공정에서 조선 지식인은 어떤 몫을 감당 또는 담당했을
까? 이완용과 박영효 등 친일파 인사가 조선사학회 고문 명단의
한 귀퉁이를 차지했다. 조선인 출신으로는 유일하게 이능화가 조
선사학회 평의원으로 이름을 올렸고, 1925년 조선사편수회 위원이
되었다. 와세다대학 졸업생 이병도는 2년 가까이(1925년 8월~1927
년 5월) 조선사편수회 수사관보로 근무했다. 최남선은 그보다 늦은
1928년 조선사편수회 위원으로 부름을 받았다. 조선총독부는『조
선반도사』사료 조사,『조선어사전』편찬 업무,『조선인명휘고』인
물 선정 등과 같은 중요한 학문적 프로젝트에 조선 학자들을 참가
시켰다. 자기 나라 언어·역사에 밝고 중국 고전문헌에 대한 지식이
뛰어난 '토박이' 전문가를 활용한다는 실제적 유용성 외에 그를 '식
민주의 한국학'의 하위 파트너로 삼아 그 권위와 정통성을 담보하
려는 의도였다.[1]

1   서영희,『조선총독부의 조선사 자료수집과 역사편찬』, 53쪽.

1916년 최남선이 처음으로 사용한 '조선학'이라는 용어는 1930년대 들어 지식인들 사이에서 통용될 정도로 "조선학이란 학술장이 식민지 조선에 형성"되었다.[2] 류시현에 따르면, 일제 식민지 시기 조선 지식인이 전개한 조선학의 기본목표는 "중국적인 요소를 배제하고 일본학의 학문적 자장 안에서 거리 두기를 시도하면서 이루어졌다."[3] 오랫동안 큰집의 우산 속에서 키웠던 중화주의와 아시아의 장자 노릇을 하며 훌쩍 성장한 자포니즘이란 신식 문패를 단 작은집의 사이 공간에서 조선 지식인은 서성거렸다. 한편으로 중화 문명권으로부터 이탈하여 조선의 고유성을 재발견하고, 다른 한편으로는 일본 학자들이 설치해놓은 '식민지 한국학'colonial Korean Studies의 굴레를 벗어나야 한다는 이중적 딜레마에 시달렸다. 이런 난제를 어떻게 슬기롭게 또는 막무가내로 풀어나갔는지 조선학 연구의 1세대인 이능화, 최남선, 안확 등을 세 가지 다른 유형의 '이념형'으로 삼아 추적해보자.

2　　신주백, 『한국 역사학의 기원: 근현대 역사학의 제도·주체·인식은 어떻게 탄생했는가』, 182쪽, 192쪽. 이 이슈에 관해서는 김인식, 「1920년대와 1930년대 초 '조선학' 개념의 형성과성 ─최남신·정인보·문일평·김태준·신남철의 예」, 『숭실사학』 33, 숭실사학회, 2014; 윤해동, 「'조선학의 장'과 식민지 고등교육」, 『사회와 역사』 136, 한국사회사학회, 2022 등 참조.

3　　류시현, 「1910년대 조선불교사 연구와 '조선학'의 토대 형성」, 『한국학연구』 44, 고려대학교 한국학연구소, 2013, 110쪽, 130쪽.

1 　　조선학 연구 1세대

: 이능화, 최남선, 안확

1) 이능화: 조선학 삼각파도의 꼭짓점에 선 혼종적 주체?

이능화(1869~1943)가 근대한국학 계보에서 차지하는 학문적 위상은
매우 독특하다. 당대 지식인 중에서도 매우 드물게 영어, 중국어,
일본어, 프랑스어 등에 두루 능통했던 그는 서양 선교사가 시작한
근대한국학의 제1물결, 일본 관학자가 이끈 제1.5물결, 조선 학자
가 다시 가공한 제2물결이 합류하는 삼각 지대에 서 있던 경계인이
었다. 영어학당(1889~1891), 한성한어漢語학교(1892~1894), 관립법어
학교(1895~?), 일어야학사日語夜學舍(1905~1906) 등에서 갈고닦은 어
학 실력으로 "한국인 최초"로 한성외국어학교 정식 강사가 되었고
1908년에는 관립법어학교 교장 자리에 올랐다.[4] 1921년 총독부 학
무국 편수관으로 임용되고, 1923년 이마니시 류와 다카하시 도루
등과 함께 조선인으로는 유일하게 총독부 산하 조선사학회 평의원
에 뽑히는 등 화려한 경력의 소유자였다.

　　이능화는 『조선불교통사』(1918), 「조선무속고」(1927), 『조선유
교급유교사상사』(1927), 『조선기독교급외교사』(1928) 등 제목에 '조
선'이라는 고유명사를 접두어처럼 앞세운 일련의 글과 저서를 발표
했다. 이능화가 일본 관학자와 밀접한 관계를 유지하며 '식민지 한
국학' 기초자료 조사·편집 작업에 동참하면서 축적한 지식과 전문
성이 10년이라는 짧은 기간에 많은 저작을 한꺼번에 쏟아낼 수 있

4　　이기동, 「이능화」, 『한국사 시민강좌』 45, 일조각, 2009, 198쪽.

는 밑천이었다. 이것은 그의 저술이 본격적 연구서라기보다는 자료 모음집에 가깝다는 비판을 받는 빌미가 되기도 했다. 『조선사강좌』에서 불교사 꼭지를 집필하고, 『조선사』 편찬 사업에서 왕조실록을 뒤져 불교를 포함한 종교에 관한 사료를 수집하는 보조업무를 담당했는데, 이 경험이 『조선불교통사』에 집약되었다. 외국어 능력이 남달랐던 이능화는 중국 및 일본 학자는 물론 서양인이 남긴 선행연구도 공부했다. 예를 들어 『조선기독교급외교사』를 쓰기 위해 프랑스 선교사 달레의 『한국천주교회사』(1874)를 참조했고,[5] 『조선불교통사』에서는 도리이 류조鳥居龍藏, 다카하시 도루高橋亨, 세키노 다다시關野貞 등 일본 학자들의 연구 성과를 인용했다.[6] 한마디로 말해, 한국학 분야에서 이능화가 종횡무진하며 남긴 성과물은 "표절과 모방 사이를 맴도는" 일종의 '혼성적 텍스트'[7]였다.

이능화의 「조선무속고」에 초점을 맞춰 표절과 독창성 사이의 아슬아슬한 간격을 눈대중해보자. 이 글은 1918년 설립된 문화단체 계몽구락부의 기관지 『계명』에 순한문으로 작성해 1927년 발표한 것이다.[8] 무라야마 지준이 지방 행정기관과 경찰서 등의 협조를 얻어 진행한 현지 조사와 무당 면접조사 질문 항목 만들기에 조수로 참여했던 경험이 글을 작성하는 데 도움이 되었을 것이다. 이능

5   이기동, 「이능화」, 218쪽.
6   류시현, 「1910년대 조선불교사 연구와 '조선학'의 토대 형성」, 120쪽; 조남호, 「다카하시 토오루(高橋亨)의 조선불교 연구」, 『한국사상과 문화』 20, 한국사상문화학회, 2003 참조.
7   피터 버크, 강상우 옮김, 『문화 혼종성: 뒤섞이고 유동하는 문화를 이해하기 위한 가이드』, 이음, 2012, 34쪽.
8   이능화, 서영대 해제, 『조선무속고』, 창비, 2008, 39쪽.

화가 책 말미에 첨부한 참고자료 총 124종 중 조선 문헌이 89종, 중국 문헌이 32종, 일본 문헌 1종, 출처 미상이 2종이다.[9] 일본 학계의 최신 연구 성과보다는 중국 고전문헌에 더 의존했지만, 전체 참고자료의 70퍼센트 이상이 조선 문헌이었다. 이런 문헌학적 기준으로 측정하자면, 「조선무속고」는 '우리' 자료를 포괄적이고 자세히 고증하여 서술한 독자적 성과처럼 보인다. 본문 중간중간 "이능화가 살펴보건대…"라는 표현을 삽입한 것도 이런 효과를 노린 것이리라.

「조선무속고」가 '한국 무속을 체계적이고 역사적인 관점에서 이해하고자 하는 최초의 본격적 연구 성과'라는 평가에는 학계에서 이견이 거의 없다.[10] 이능화는 동아시아 한자문화권에서 '무속'이라는 용어를 처음 사용한 인물로 기록되기도 한다.[11] 그의 연구 업적이 선구적이라고 할지언정 서양 선교사가 앞서 수행한 연구 성과에 빚지고 있다는 점을 무시할 수는 없다. 1부 5장에서 살펴보았듯이, 존스는 「한국인의 심령 숭배」(1902)에서 조선인이 섬기는 샤먼 숭배 유형을 17가지로 분류했는데, 이능화는 「조선무속고」 제16장 "무당이 행하는 신사神事의 명칭"에서 16가지 유형을 소개한다. 어떤 이유로 무엇이 겹치고 삽입되고 삭제되었는지 따져볼 필요가 있다. 어쨌든 이능화 무속 연구의 본질은 오랫동안 천시되고 배척된 무속의 근원을 고조선 단군으로 거슬러 올라가 그 원류를 탐험하고, 조선의 정신을 지배한 불교와 유교 같은 '외래 종교'의 불순물

9   이능화, 『조선무속고』, 36~37쪽.
10   서영대, 「이능화의 〈조선무속고〉에 대하여」, 『종교연구』 9, 한국종교학회, 1993, 25쪽, 28쪽: 김정경, 「이능화의 『조선무속고』연구」, 『서강인문논총』 23, 서강대학교 인문과학연구소, 2008, 231쪽 등 참조.
11   이능화, 『조선무속고』, 58쪽.

을 채로 걸러 민족주의의 순수한 샘물을 길어 올리는 것이었다.

한편, 이능화의 「조선무속고」가 당대 일본 학계에 팽배한 사회진화론적 시각과 비교종교학의 패러다임을 '차용'했을 가능성에 눈감을 수 없다. 도리이 류조가 1913년 발표한 「조선의 무에 대하여」朝鮮の巫に就いて와 1924년 간행된 『일본 주변 민족의 원시종교』에서 묘사한 여자무당과 남자무당의 차이점에 대한 설명을 이능화가 되풀이했는지 대조 검토할 필요가 있다. 또 「조선무속고」의 목차와 무라야마 지준이 쓴 『조선의 무격』의 목차가 비슷하다는 지적도 있다.[12] 좀 더 엄밀하고 실증적인 비교 검증이 요구되지만, 도리이 류조에서 무라야마 지준으로 이어지는 식민지 민속학의 자장 안에서 이능화의 선구적인 조선 민속학이 구상되고 집필되었을 개연성이 있다. 「조선무속고」가 비교민속학의 시각으로 고대 조선-만주-일본 샤머니즘이 공유하는 공통점을 강조함으로써 '일조동화정책'日朝同化政策에 맞장구쳤다는 비판[13]도 흘려보낼 수 없다. 인종, 언어, 종교의 닮은 성격을 과장함으로써 일본제국에 대한 저항의식을 약화하고 협력 체제의 구축을 권유·정당화하는 데 이능화의 「조선무속고」가 사용되었다는 혐의이다.

한국 민속학 분야에서 얽혀 있는 제1.5물결과 제2물결의 겹쳐진 뭉치nod를 깔끔하게 정리 정돈하는 것은 내 능력 밖에 있다. 다만 문외한의 무지한 눈을 찌르는 흥미로운 사실을 한두 개 공유하

---

12   최석영, 『일제의 조선연구와 식민지적 지식생산』, 198쪽; 김현철, 「20세기 초기 무속조사의 의의와 한계 연구: 鮎具房之進, 鳥居龍藏, 李能和를 중심으로」, 『한국민속학』 42, 한국민속학회, 2005 참조.

13   서영대, 「이능화의 〈조선무속고〉에 대하여」, 43쪽; 김정경, 「이능화의 『조선무속고』연구」, 245~246쪽.

고 싶다. 한국 인류학 분야 권위자인 전경수는『한국인류학 백년』에서 "고의준이라는 한국인이 인류학에 관하여 최초의 논의를 했다는 상징적인 의미가 돋보이기 때문에, 필자는 한국 인류학의 시작을 1896년으로 삼고자 한다"라고 밝혔다.[14] 그런데 한국 인류학의 첫 논문으로 기념되는 일본 유학생 고의준高義駿의 글(「萬物變遷の研究に對する人類學的方法」)은 일본 학자(杼井正五郎)가 1895년 같은 제목으로 발표한 논문의 "거의 충실한 번역"이었다.[15] 전경수의 말꼬리를 잡고 트집을 부리려는 것이 아니라, 표절작인 고의준의 글에서 한국 인류학의 '맹아의 징후'를 발견[16]해야 할 만큼 한국학의 계보는 결코 '순결'하지 않고 뒤죽박죽이라는 사실을 강조하려는 의도이다. 좀 더 직설적으로 말하자면, '토착적인' 한국 인류학의 첫머리는 일본 학자의 작품으로 오염되었고, 일본 정부로부터 훈장을 받은 친일파 고의준의 사례는 한국학 제1.5물결과 제2물결 사이에 걸쳐 있는 지울 수 없는 흉터이다.

또 다른 사례는 한국 속담 채집 및 풀이 자료와 연관된 에피소드이다. 최근 연구 결과에 따르면, 경성제국대학 교수 다카하시 도루가 펴낸『조선 속담집 부록 민담』의 (일부) 내용을 그의 한국인 제자들이 뒤에 간행한『속담대사전』(조광사, 1940)에서 스승의 오역까지 그대로 복사해 실었다. 다카하시 도루 책의 오류는 해방 후 이기문의 이름으로 간행된『속담사전』(일조각, 1962)에서도 그대로 반복

---

14   전경수,『한국인류학 백년』, 일지사, 1999, 36쪽.
15   사카노 토오루, 박호원 옮김,『제국일본과 인류학자(1884~1592)』, 민속원, 2013, 298쪽 각주 34 참조.
16   전경수,『한국인류학 백년』, 43쪽.

되었다.[17] 한국학 제1.5물결과 제2물결의 연결고리에서 표절과 모방으로 땜질된 곳이 얼마나 더 있는지를 확정하기 위해서는 더 많은 실증적 사례가 필요할 것이다. 다만 증거는 많고 적음으로 가늠하는 것이 아니라 그 무게를 달아봐야 한다는 학문 세계의 규칙 아닌 규칙에 귀를 기울여야 한다.

2) 최남선: 조선학 개념의 창시자 또는 변절자?

최남선(1890~1957)은 "한국학이 포괄하는 거의 전 분야를 근대학문 방법론으로 개척한 거의 첫 번째 인물"로 꼽힌다.[18] 실제로 그는 중국과 일본 같은 이웃 나라뿐 아니라 세계를 호령하는 서양의 영향권에서도 벗어나 "특별히 자기를 호지護持하는 정신, 자기를 발휘하는 사상, 자기를 구명究明하는" 주체적 조선학을 목표로 한다고 선언했다.[19] 1919년 독립선언서를 작성했던 최남선은 조선의 외교적·영토적 독립에서 한 걸음 더 나아가 조선 정신과 조선 역사의 독립선언을 호소하기도 했다.

최남선이 1920년대에 선도한 조선학 연구의 특징과 한계가 압축적으로 드러나는 작품이 『불함문화론』不咸文化論(1928)이다. 최남선은 단군을 허구적 신화의 주인공으로 깎아내리려는 일본 연구자에 맞서 실존했던 조선 민족의 시조로 승격시킴으로써 반일 민족주의의 구심점으로 삼았다. 일본 신도에 버금가는 '조선 신도'朝鮮

17   박미경, 「다카하시 도루(高橋亨)의 소선속담연구 고찰」, 『일본문화학보』
      28, 한국일본문화학회, 2006, 466~468쪽.
18   이태훈, 「1920년대 최남선의 조선학연구와 실천적 한계」, 『사학연구』131,
      한국사학회, 2018, 288쪽.
19   최남선, 「朝鮮歷史通俗講話 開題(4)」, 『동명』 6호, 1922, 11쪽.

神道를 재발견함으로써 고조선을 일본에서 발칸반도에 이르는 '불함'(태양 숭배) 문명권의 원류이자 중심이라고 주장했다.[20] 불함 문명은 물질주의와 이기주의로 대변되는 서구 문명과 다를 뿐만 아니라, 고조선은 일본제국이 기획하는 '열등한 타자로서의 동양'과는 다른 새로운 동양 모델의 출발점이 되어야 마땅하다고 역설했다. 중국 및 일본과 다른 조선의 고유한 고대적 뿌리 찾기라는 '전통의 재발명'을 통해 조선학 연구의 새로운 좌표를 제시하고 민족적 힘을 모으려고 노력했다.

초창기 조선학 연구의 핵심적이고 상징적인 인물이었던 최남선은 출판(문화)사업의 실패와 당대 민족주의 및 사회주의 계열과의 갈등으로 인해 '변신'을 감행하고 일본제국의 관학 아카데미즘의 울타리 안으로 '전향'했다. 조선총독부가 1930년대에 기획한 '심전개발운동'心田開發運動을 지지하고 선전하는 나팔수가 되어 조선인의 마음과 정신 개조를 주창했다. 이런 변신에 보상이라도 받듯이, 1939년 최남선은 일본제국이 꼭두각시로 세운 만주국 만주대학이 표방하는 오족五族(만주인, 조선인, 일본인, 몽골인, 중국인)의 '공존공영'共存共榮을 위해 애쓰는 '정책 교수'로 초빙되었다.[21]

최남선이 선택한 조선학 연구의 성격과 그 한계를 친일 또는 항일이라는 이분법으로 단정 짓는 것은 이 글의 주제에서 비켜나 있다. 다만 일본 학자들이 깔아놓은 '한국학 연구의 제1.5물결'의

20   전성곤, 「최남선의 「불함문화론」 다시 읽기」, 『역사문제연구』 16, 역사문제연구소, 2006 참조.
21   정준영, 「육당 최남선의 만주행과 만주국 '건국대학'의 실험」, 한양대학교 비교역사문화연구소, 『경성제국대학과 동양학 연구』, 선인, 2018.

거친 여울목을 지나서야 1920~1930년대의 조선학 연구가 숙성했다는 가설을 입증하는 사례로 최남선의 '불함문화론'의 명암을 재검토할 필요가 있다. 최남선은 시라토리 구라키치白鳥庫吉의 비교언어학적 분석을 응용하여 우랄 알타이 어족이 사용한 특정 개념의 유사성에 주목하는 한편, 동북아시아 고대 국가가 샤머니즘을 매개로 하는 제정일치 사회였다는 도리이 류조의 민속학 연구 성과에 기대어 특유의 '불함문화론' 콘텐츠를 구성했다. '단군=샤먼 및 제사장=조선의 시조=우랄 알타이 어족 공통 문화=동북아시아 문명의 원류'라는 논리 비약적 공식이 그 결과다. 최남선은 일본 지식인의 시각과 해석을 나름대로 전유하거나 짜깁기하여 "식민지 지배를 받는 피식민지 입장에서" 고조선의 민속학적 기원에 내포된 세계사적 의의를 밝히는 내러티브를 창출했다.[22]

일본제국으로부터 정신적·사상적·학술적으로 독립하기 위하여 "조선인의 손으로 조선학을 세울 것"을 다짐한 최남선의 꿈은 성공적으로 성취되었을까?[23] 이능화를 포함하여 초창기 조선학 연구자들의 궁극적 목표였던 자율적이고 주체적인 조선학 기초 세우기 작업은 근대 서양과 메이지 일본이라는 타자에 대한 반작용으로서의 '조선다움'을 발굴하고 창출하였다는 특징과 한계를 동시에 지닌다. 박정심의 표현을 빌리자면, "그[최남선]가 완성하고자 했던 조선학이 서양과 일본이라는 보편타자와의 차이를 발견하고 동시에

22   전성곤, 「최남선의 「불함문화론」 다시 읽기」, 82쪽, 87~88쪽.
23   최남선을 조선학 연구의 '예외'가 아니라, 하나의 '예'로 접근하여 그의 공과를 종합적으로 성찰한 최근의 연구 성과는 육당연구학회, 『최남선 다시 읽기: 최남선으로 바라본 근대한국학의 탄생』, 현실문화, 2009 참조.

문명 부재의 결핍을 충족시킬 대체물이었다는 점에서 여전히 식민지적 한계를 벗어나지 못했다."[24] 다시 말하자면 진보사상과 과학 및 기술 우선주의라는 두 바퀴로 직진하는 서구의 문명화 사명을 압축적으로 따라잡는 데 몰두한 일본제국을 또다시 숭배하고 모방한 '허위적 주체'가 초창기 조선학 연구의 참모습(또는 가면 뒤 맨얼굴)이었다.

3) 안확: 조선학 지식혁명의 전환점에 선 또 다른 선구자?

1910년 직후 전개된 초창기 조선학 연구의 물꼬를 튼 또 다른 주인공은 안확(1886~1946)이다. 그는 「조선의 문학」(1915), 「조선의 미술」(1915), 「조선철학사상개관」(1922) 등 '조선'을 앞장세운 글들을 잇달아 발표했다. 현채의 『동국사략』東國史略(1906)에 투영된 중국 경학의 뉘앙스를 풍기는 '동국'이라는 불명예스러운 딱지를 떼고 '조선'으로 당당히 대체했음을 가볍게 볼 수 없다. 특히 안확이 1922년 『신천지』新天地에 발표한 「조선철학사상개관」은 "조선의 학술과 사상을 '조선철학'으로 명명하고 통사적으로 서술한 첫 번째 시도"로 꼽는다.[25] 이러한 학술사적 중요성에도 불구하고, 민족주의·사회주의 진영에 속하지 않고 제3의 길을 선택했다는 이유로 양쪽 모두에서 배척당했다. 또한 한국근현대철학사의 한 귀퉁이에도 이름을 올리지 못하는 잊힌 인물로 푸대접받고 있다.[26]

---

24   박정심, 『한국근대사상사: 서양의 근대, 동아시아 근대, 한국의 근대를 어떻게 보아야 하는가』, 천년의상상, 2016, 360쪽.
25   이행훈, 『학문의 고고학: 한국 전통 지식의 굴절과 근대 학문의 기원』, 4장 「안확의 '조선' 인식과 '조선철학'의 탄생」, 소명출판, 2016, 232~233쪽.
26   예를 들어 다음과 같은 원로 및 소장학자가 저술한 통사에서도 안확의 이

안확은 '뒤늦게 재발견된' 조선학 지식혁명의 선구자이다. 조선의 전통을 부정하고 서구 문명 담론에 압도당한 당대 '서구주의자'와 다른 지적 태도가 안확의 자산이었다.[27] 중인 출신으로 전통학문과 신학문을 융합하여 지적으로 자수성가하면서 자신만의 독특한 세계관을 벼렸다. '동도서기론'을 버리지 못하는 사대부 출신 개화파는 물론 해외 유학생과도 구별되는 독특한 학문적 정체성을 단련했다. 안확은 갑오경장 이후 신학문을 좇아 선진국으로 떠난 조선 유학생들이 "조선 사정은 모르고 서양 지식만으로 책상 위에서 잘못 계산하는" 어리석음을 비판했다. "러시아에 의존하거나, 일본을 믿거나, 미국을 숭배하는" 유학생들끼리 서로 잘잘못을 따져 비난함으로써 조선에 이익이 되기는커녕 손해만 끼쳤다고 진단했다.[28] 안확은 이들이 "소위 망명객의 허영심"을 밑천 삼아 "해외로 돌아다니면서 객기를 부리다가" 결국은 "졸업증명서로써 임관계任官界 입장권"을 교환했다고 비꼬았다.[29]

　서양 선교사-학자와 일본 공무원-지식인이 앞서거나 뒤따르며 심어놓은 부정적 편견에 휘둘리지 않는 주체적 조선학을 수립해야 한다는 안확의 주장을 그의 예술관에 초점을 맞춰 간략히 알아보자. 그가 1915년 『학지광』에 발표한 「조선의 미술」이 그 첫 출

　름을 찾을 수 없다. 이규성, 『한국현대철학사론: 세계상실과 자유의 이념』, 이화여자대학교출판부, 2012; 한국철학사상연구회, 『처음 읽는 한국현대철학: 동학에서 함석헌까지, 우리 철학의 정체성 찾기』, 동녘, 2015 참조.

27　류시현, 「1910~1920년대 전반기 안확의 '개소론'과 조신문화 연구」, 『역사문제연구』 13-1, 역사문제연구소, 2009, 55쪽.

28　안확, 「二千年來留學의 缺點과 今日의 覺悟」, 『학지광』 5호; 전집 4권 (1919), 8~9쪽.

29　안확, 「今日 留學生은 如何」, 『학지광』 4호; 전집 4권(1919), 5쪽.

사표였다. 대략 6쪽 분량의 글은 조선 미술 오천 년의 역사를 시대 구분하고, 분야별로 뛰어난 작품과 작가론을 짧지만 굵게 스케치한 미술평론이다. 이 글을 관통하는 기본신념은 '미술은 인류 문명의 정신적 자산이자 지표이며, 특정 시대 특정 국가에서의 미술의 흥망성쇠는 당대의 정치적 통치력과 시대정신에 정비례한다'로 요약된다.[30] 그러므로 안확은 조선 미술사의 특징과 장단점을 객관적으로 파악하기 위해서는 다른 문명 및 국가의 미술사에 비춰보는 비교사적 관점이 필요하다고 생각했다.

안확이 곧추세운 조선 미술사의 으뜸가는 특징은 미학의 고유성과 주체성이다. 그는 조선 미술을 중국이나 인도의 아류 또는 모방품으로 낮춰보는 일본 학자들의 부당하고 무지한 주장을 정면으로 반박했다.[31] "불국사 대종[성덕대왕신종]은 당식唐式도 아니고 인도식도 아니며 순연한 한식韓式이며 첨성대 석등 대동불 등은 동양 미술사의 자료로 매우 중요한 표본이라고 함은 서양 미술가가 칭찬해서 이르는 말(稱道)"이라고 구체적 사례를 제시했다.[32] 안확은 찬란한 고대 문명을 자랑하는 인도와 중국과 다른 조선의 독창적 미학의 뿌리를 강조하기 위해 단군시대까지 멀리 거슬러 올라가는 수고를 마다치 않았다. 조선의 대선배 예술가들은 이미 5천 년 전에 단군 숭배 제사를 잘 모시기 위해 "보통 생활 상태를 벗어나서 이론

30   안확, 「朝鮮의 美術」, 『학지광』 5호, 1915, 125쪽.
31   "최근에 [조선을] 방문한 일본공학문학工學文學의 전문가 되는 대강大岡과 율산栗山 등이 조선 각지 미술품을 조사한 결과 조선 미술은 그 연원이 중국이나 인도(支那及印度)에서 수입하여 모방하였다고 말했지만, 내가 연구한 바에 따르면 그렇지 않다(不然)." 안확, 「조선의 미술」, 128쪽.
32   안확, 「조선의 미술」, 128쪽.

상의 감격을 발휘하여 (…) 보기에는 이상할 만한 형식이나 채색을 사용함으로써 서서히 미술 동기美術動機가 생겨서 독립적으로 큰 발달을 드러내 보였다(로).ʺ³³ 단군의 제단을 특별한 모양과 색깔로 단장하려는 욕망에서 조선 미술의 독창적 '모티프'가 생겨났고, 그것을 후대 예술가들이 계승하여 키워나갔다는 설명이다.

안확에 따르면 "오천 년 전에 심미 사상이 발달"하였던 조선에서 미술이 퇴락한 것은 중국에서 수입된 유교 탓이었다. "유교가 발흥된 이후로 세상 사람은 미술을 오락적 놀잇거리玩弄物로 여기고 천대賤待"했기 때문에 예술 발전을 해치는 "조선인의 대재앙"이 되었다고 비난했다.³⁴ 그는 일본 학자들에게 점령당한 조선 미술 연구에 관한 관심과 도전을 촉구하며 「조선의 미술」을 마무리한다. "조선 미술에 관한 연구는 도리어 외인外人이 각지를 짓밟고 다니며 옛 무덤을 발굴한다, 유물을 조사한다고 하여 세키노關野·야쓰이谷井 같은 이는 조선 내지에 축도蹴蹈치 않은 곳이 없으며, (…) [일본 학자들이] 기타 여러 잡지에 조선 미술에 대한 조사 평론이 자주 노출하니 조선의 주인옹主人翁된 사람이 어찌 부끄럽지 않으며 어찌 안타깝지 않으며 어찌 애석하지 않으리오."³⁵ 조선 팔도강산을 천방지축 나다니며 우리 문화유산을 헤집어서 편견에 가득 찬 저술과 보고서를 독점적으로 써 갈기는 일본 학자들의 무례를 꾸짖고 자주적 미술사를 새롭게 쓰려는 조선 학자들을 "큰소리로 긴급하게"大聲疾呼 초대했다.

---

33   안확, 「조선의 미술」, 128쪽.
34   안확, 「조선의 미술」, 129쪽.
35   안확, 「조선의 미술」, 130쪽.

콕 짚어 이름을 말하지는 않았지만, 다카하시 도루도 안확의 비판 대상이었다. 다카하시 도루는 『조선인』에서 조선(인)을 규정하는 열 가지 특징 중 하나로 '심미 관념審美觀念의 결핍'을 꼽았다. 그는 조선이 창작한 예술품은 양적·질적으로 매우 빈약하고 열등하여, "조선 전체를 통틀어도 [예술작품이] 일본의 가장 큰 현縣이 소장한 것만도 못"하다고 하며, "나는 조선처럼 예술품을 보존하는 능력이 부족한 나라를 아직 들어본 적이 없다"라고 한탄했다.[36] 다카하시 도루는 조선인들이 예술품의 가치에 무지하고 미적 감각이 무딘 것은 불교문화가 쇠퇴하고, 검소함을 미덕으로 여기는 유교가 이용후생에 아무런 도움이 되지 못하는 예술 행위를 배척했기 때문이라고 그 원인을 설명했다. 이런 견해에 정면으로 맞서 안확은 고구려 담징의 유적이 오늘날까지 일본 법륭사 금당에 보존돼 있는 사례를 들었다. 일본이 고대부터 오히려 "우리의 문화를 받아들였으므로" 일본 미술은 비교사 대상으로 삼을 가치조차 없다고 무시했다.[37]

안확이 1921년 '비밀스럽게' 출간된 다카하시 도루의 『조선인』을 읽었는지는 알 수 없다. 분명한 것은, 그가 일본 관료-지식인들이 교묘하게 설치한 '조선 민족의 정신적 후진성=일본제국의 문명화·식민화의 당위성'이라는 도식이 틀렸음을 증명하려고 노력했다는 점이다. 안확은 1922년 펴낸 『조선문학사』 부록으로 「조선인의 민족성」을 첨부했다. 이 글에서 조상 숭배, 조직적 정신, 예절, 순후淳厚와 다정多情, 평화와 낙천, 실제주의實際主義, 인도정의人道正義

---

36   다카하시 도루, 『식민지 조선인을 논한다』, 101~102쪽.
37   안확, 「조선의 미술」, 125쪽, 127쪽.

일곱 가지를 조선 민족성의 긍정적 장점으로 열거했다.[38] 그 연장선에서 1930년 저술한 「조선민족사」에서 식민지 시기를 '새로운 자각과 웅비의 시대'로 삼아 천 년의 꿈에서 깨어나 세계 속으로 전진하는 미래상을 희구했다.

2   '식민지 계몽주의'를 넘어서

막스 베버가 주창한 '이념형'은 과학기술학과 달리 신념과 같은 주관적 요소가 개입되는 문화과학을 해부·이해하기 위한 일종의 가설적 표상hypothetical representation이다. 사변적 개념 틀과 역사 데이터를 조합하여 만들어지는 이념형은 특정 제도·사건·인물을 단순한 대표 유형으로 분류하여 그 유형에 내재돼 있는 복잡성을 '가능한 과학적으로' 이해하기 위한 학문적 도구이다. 이런 '이념형'을 적용하자면, 이능화는 서양·일본·조선이 때로는 동시다발적으로 때로는 시간적 간격을 두고 뿜어낸 조선학 연구의 삼각파도에 위태롭게 선 혼종적 주체이며, 그의 저술은 혼종적 텍스트이다. 최남선은 조선학 연구의 선구자라는 학문 권력의 뒤편에 숨어 그 이념적인 동력을 시나브로 변절시켜 일본제국의 품에 안긴 기회주의적 인간형이다.

그러므로 "한국학의 근대를 준비한 두 거성"[39]인 이능화와 최

---

38   상세한 내용은 안자산, 「조선인의 민족성」, 이선이 외 엮음, 『근대한국인의 탄생: 근대 한·중·일 조선민족성 담론의 실제』, 소명출판, 2011, 170~203쪽 참조.

남선에게 붙여진 우파 민족주의, 개량적 민족주의, 문화적 민족주의, 타협적 민족주의 등의 이름표는 틀렸다(고 나는 생각한다). 두 사람은 과거로 거슬러 올라가 '우리 근대'의 뿌리(조상)와 씨앗(맹아) 찾기―프랑스 계몽주의와 조선 실학운동 짝 짓기, 프랑스 고대 골 민족 시조 찾기와 단군 아버지 연결하기 등―에 열중한 '식민지 계몽주의자'로 보는 것이 '더 객관적인' 평가이다. '근대'의 존재 이유의 반쪽을 차지하는 '식민'의 경계에 위태롭게 거주하면서 '국가 없는 민족주의'라는 허구적 목표를 모래성 위에 쌓았기 때문이다. 이런 관점에서 다시 보자면, 이능화와 최남선은 서양 근대 문명을 일본제국의 식민지 이데올로기라는 필터를 통과시켜 식민지 조선(인)의 입맛에 맞춰 변주·재해석한 닮은꼴이었다.

　이 두 사람에 견주어보면, 안확은 한국학의 형식과 지향점이 바뀌는 지식혁명의 전환점 위에 섰던 인물이다. 내부적으로는 해외 유학생 및 제국대학 졸업생이라는 간판에 휘둘리지 않았고, 외부적으로는 일본 관학자가 흙탕물로 휘저어 놓은 한국학을 주체적으로 바로잡으려고 한 '홀로 검객'이었다. 만약 '조선학'이라는 개념이 단군 이래 상고시대부터 현재에 이르는 조선 사람의 "집단적 경험을 포괄하는 용어로 다시 발명"되어 "국가와 민족의 과거로부터 미래를 향한 실천적 지표로 작동"하는 의지적 표현이라면,[40] 안확은 그 지식혁명에 불씨를 지핀 1세대의 지조 있는 마지막 인물이었다. 이능화·최남선과 달리 조선총독부와 공적·사적으로 연결되는 튼튼

39　　　김열규, 「조선무속고 해제」, 일연 외, 김열규 외 옮김, 『한국의 민속·종교사상』, 삼성출판사, 1977.
40　　　이행훈, 『학문의 고고학』, 230쪽.

한 동아줄이 없었던 것은 안확의 약점이자 역설적으로 장점이기도 했다. 외풍의 간섭을 받지 않고, 학문 권력의 주변을 기웃거리지 않으며, '자기만의 조선학' 수립에 열중할 수 있었기 때문이다.

안확이 서양 선교사와 일본 관학자가 소홀히 한 조선 음악 연구에 남긴 발자취에 이런 정신 자세가 묻어 있다. '원래 음악에는 문외한'이었던 그는 조선 음악을 제대로 공부하기 위해 '자청自請하여' 면접을 거쳐 1926~1930년 이왕직 아악부 음악사편찬사무音樂史編纂事務 촉탁 신분으로 근무했다.[41] 조선 학자들이 자기 음악을 천대하는 것과는 대조적으로, 안확은 1893년 시카고 세계박람회에서 조선의 궁중악단이 일종의 해외 데뷔 공연을 하여 그 우수성에 대해 좋은 평가를 받았다는 사실을 잘 알고 있었다.[42] 그는 짧은 재직 기간에 음악이론, 악기, 노래, 무용, 악보 등 다양한 분야에 걸쳐

---

41   안확이 이왕직 아악부의 문을 두드린 동기와 채용 과정에 대해서는 김수현, 「자산 안확의 음악론에 관한 고찰」, 『온지논총』 9, 온지학회, 2003, 297쪽; 이정희, 「안확의 조선음악사 서술 범주와 특징」, 『한국음악사학보』 70, 한국음악사학회, 2023, 176~177쪽 참조.

42   "조선의 아악은 동양에 유명한 것이라 세계 각국에서 일부러 보러오는(來觀) 사람이 많은데 (…) 오직 조선 사람만은 아직까지 물으러 오는(來問) 사람이 없어서 섭섭히 여겼습니다." 안확, 「세계인이 환호하는 조선의 아악」, 『별건곤』 12~13호, 1928. 5; 〔조선의 궁중 악사 십수 명이 미국美國 박람회에서 보여준 공연 때문에〕"조선악朝鮮樂은 동양적 고악古樂의 가치가 있다는 칭송이 사면에 퍼졌고(…)" 안확, 「천 년 전의 조선 군악」, 권오성·이태진·최원식 엮음, 『자산안확국학논저집 5: 제2부 논문, 논설, 시문류』, 여강출판사, 1994, 187쪽. 「천 년 전의 조선 군악」은 일본어로 작성된 것의 번역문이다. 원래 출처는 안확, 「千年前 の朝鮮軍樂」, 『朝鮮』 77, 朝鮮總督府, 1930. 2. 고종이 시카고 세계박람회를 위해 특별 파견한 조선국악단의 활약과 미국 언론의 평가에 대해서는 육영수, "Fin de Siècle Korea as Exhibited at the World's Columbian Exposition of 1893 in Chicago: Revisited," *Seoul Journal of Korean Studies* 24, 2011, pp.7~8 참조.

약 3,000매 분량의 원고와 5,000여 건 이상의 기록을 작성했다. 집필 원고 대부분이 상실되었지만, 잡지와 신문에 발표된 조선 음악 관련 글은 다행히 남아 있다.[43]

안확이 조선 음악 자료 조사와 집필에 쏟은 열정의 대가는 파면으로 돌아왔다. 이왕직 아악부의 일부 힘센 악사들의 텃세와 '동양 악서도 아니고 서양 악서도 아닌 괴악서怪樂書'를 무진장 쏟아내는 그가 무능하다는 옹색한 구실이 합작한 불행한 결과였다.[44] '동양 악서도 아니고 서양 악서도 아닌 조선 악서'의 고유성을 발굴·보존하고, 동시에 그 '세계화'를 위해 아무도 가지 않은 새 길을 헤쳐 나아가려는 안확의 선의와 창의력이 무지한 패거리 권력에 의해 짓밟힌 것이다. 얄궂게도 안확이 그만둔 빈자리를 비집고 1938년 이능화가 이왕직 아악부에 임시 채용되었다. 이능화는 일본 '기원절紀元節 2600년(1940) 기념행사에 헌정하는 〈황화만년지곡〉의 가사를 지어 일본 천황과 조선총독부의 은혜에 보답했다.[45]

한편으로 조선학 연구의 서로 다른 성격을 대변하는 이능화·최남선·안확 세 사람을 함께 묶는 공통점을 간과할 수 없다. 이들 '올드보이 삼총사' 모두 근본적으로 '구체제'와 완전히 단절하지 못하고 병들고 늙은 조선을 회생시키려는 희망을 포기하지 않은 애

---

43   신문과 잡지에 수록된 조선 음악에 관한 안확의 글 목록은 김수현, 「자산 안확의 음악론에 관한 고찰」, 302~303쪽 참조.

44   안확의 파면을 둘러싼 상세한 내막은 김수현, 「자산 안확의 음악론에 관한 고찰」, 299~301쪽 참조.

45   〈황화만년지곡〉에 대한 상세한 설명은 이수정, 「〈황화만년지곡〉 연구」, 『온지논총』 46, 온지학회, 2016 참조. 대동아공영권을 찬양하는 이능화의 한시와 그 가사 풀이는 이 글의 259~260쪽에 있다.

국-계몽 개혁가였다. 그리고 경성제국대학 설립을 전후로 등장한 조선학 스페셜리스트의 학맥과 인맥으로부터 배제되는 아마추어 제너럴리스트라는 딱지가 세 사람을 함께 묶는다. 장강의 뒷물이 앞물을 밀어내듯이, 이능화·최남선·안확은 '제국대학' 신분증을 내세운 특정 분야 지식 전문가에게 떠밀려 한국학 제2물결의 주도권을 물려주어야 했다. 경성제국대학이 배출한 조선학 연구 2세대의 특징과 그 활동에 대해서는 9장에서 좀 더 상세히 살펴보자.

3   한국 근대 지식인의 탄생과 조선학 연구의 세대 교체

한국 근대 지식인의 탄생과 그 계보를 설명할 적절한 자리가 아니지만, 그 세대 교체가 한국학 연구에 끼친 영향을 이해하는 수준에서 간략히 언급하지 않을 수 없다. '유식계급', '인텔리겐치아', '지식계급' 등을 제목에 넣은 글들이 1920~1930년대에 등장했다. 안확은 1920년 "유식계급과 사회사실 사이에는 아무 관계가 없지는 않지만, 유식계급이 사회사실을 지도한다는 자부에는 반대"한다는 태도를 밝혀 지식인 논쟁에 불씨를 던졌다.[46] 1925년 필명으로 발표한 「인텔리겐치아, 사회운동과 지식계급」은 19세기 말~20세기 초 러시아에 초점을 맞춰, 흔히 '지식계급'으로 번역되는 '인텔리겐치아'가 독립된 계급이라기보다는 "지식이나 전문기술에 의해서 생활자료를 삼는 집단"이라고 규정한다.[47] 이 글의 필자는 이 십단의

---

46   안확, 「유식계급(有識階級)에 대하여」, 『공제』 2호, 1920, 18쪽.

경제적 지위와 계급의식에 따라 '비판적 지식계급' 대對 '반동적 지식계급', '뿔으쪼아적 지식계급' 대 '무산계급적 지식계급' 등 일곱 가지 유형으로 분류한다.

박영희가 1935년 발표한 「조선지식계급의 고민과 기 방향」은 앞선 지식인 논쟁을 식민지 현장에 대입하여 좀 더 실존적으로 사색하는 글이다. 그의 분석에 따르면, 당대 조선 지식계급은 "소년기에 있으면서 실제로는 어떤 면에서는 벌써 장년기에 이른 느낌"이 들 만큼 '기형적' 상태이다.[48] 박영희는 중간 단계의 성장기가 아주 짧은 비정상적 조선 지식계급이 형성된 배경과 원인을 두 가지 들었다.

첫째, '문화적 기초가 박약'한 조선 지식 생태계에 외래 지식이 '대량적으로 수입'되어 자체 문화가 생성할 틈도 없이 국제 수준을 추종한 어리석음 탓이다. "계절과 자연을 초월하여 온실에서 급속히 개화된 화초와 같이, 독자적으로 외계外界에 나오면 인구력忍久力이 결핍하여 사멸死滅하거나 조락凋落하는 것 같이 기본적 축적이 부족한 것이다."[49] 쉽게 설명하자면, 맹자와 공자를 읽던 조선 사대부 지식인이 졸지에 소크라테스와 루소를 읽어야 할 지경에 던져졌다. 지식인들에게 익숙한 유교 및 주자학의 고전학문 세계가 급진적으로 파괴되었지만 우물쭈물하면서 "현대의 의복을 입었으나 그 생각하는 것이 봉건적 영역을 나가지 못한" 우스꽝스러운 처지가

---

47   부지암不知菴, 「인텔리켄치아, 사회운동과 지식계급」, 『개벽』 59호, 1925, 5쪽.

48   박영희, 「朝鮮知識階級의 苦憫과 其 方向」, 『개벽』 신간 3호, 1935, 2쪽.

49   박영희, 「조선지식계급의 고민과 기 방향」, 2쪽.

된 것이다.

둘째, 조선의 지식 생태계를 황폐하게 만든 또 다른 요인은 지식산업의 미성숙으로 인한 일상생활의 어려움이다. 유럽에서는 18세기 계몽시대 이후 '지식 공화국'이 정착되어 저술 활동만으로도 살아갈 수 있었으므로 "사상적으로 고민하는 지식계급은 그 진리에서 방황은 할지언정 생활에는 그다지 궁핍하지 않았다." 그러나 식민지 시기에 들어서도 출판업계가 걸음마 단계이며 교양 독자의 구매력이 낮아서 "노동할 수 없는 그들[조선의 지식계급], 저작으로 살수 없는 그들"의 가난함이 "조선적 특수성"의 둘째 조건이었다.[50] 박영희는 이중적으로 불리한 시대적 여건에 던져진 지식계급이 자기앞에 무거운 짐이 준비되어 있음을 역설적으로 환영해야 한다고 주장했다. "한 개의 원리 한 구句의 이론일지라도 오직 이것에 충실해서 학문을 성취하고 완성하여 (…) 모방 없고 공식이 아닌, 조선문화의 거대한 건축을 시작하기 위해서 한 개의 '벽돌' 한 줌의 '흙'이 우리들의 힘인 점에서 귀중히 여기게 될 것"이다. 그러므로 조선의 지식계급은 "거대한 데서 위축하지 말고 적은 듯한 데서 큰 것을 만들어 봄도 또한 나아갈 길"이라는 당부로 박영희는 글을 맺었다.[51]

박영희가 주창한 '조선지식계급론'을 대입하면, 이능화·최남선·안확 등 조선학 연구 1세대는 급박하게 변화하는 세계 사상의 태풍에 맞서 균형을 잡기에는 축적된 서양 학문의 밑천이 얕은 '일반 지식인'gens de lettres이었다. 식민지 시기 조선 지식인이 환호한

50   박영희, 「조선지식계급의 고민과 기 방향」, 5쪽.
51   박영희, 「조선지식계급의 고민과 기 방향」, 6쪽.

최고 인기스타 마르크스와 『자본론』에 관한 풍월은 들어보았지만, "지도적 지위에 있었던 지식계급"마저도 밀J. S. Mill이나 애덤 스미스Adam Smith를 건너뛰고 마르크스주의를 제대로 이해하지 못하는 한계에 부딪혔다. 이능화·최남선·안확 등이 대변하는 1세대와 달리, 조선학 연구 2세대는 경성제국대학에서 서구 유학파 일본 교수로부터 유럽의 최신 사상 조류를 기초부터 족보 있게 학습했다. 거의 모든 분야의 지식을 두루 섭렵할 만큼 왕성한 지적 호기심과 탐구력으로 자수성가한 선배 지식인과 자신을 구별 짓기 위해 2세대는 '객관적·실증적 전문지식의 달인'이라는 상표를 창안했다.

이와 같은 차이점에도 불구하고, 조선학 연구 1세대와 2세대는 일상적으로는 쌀과 직업을 구걸해야 하는 '백수 지식인'이었다는 공통점이 있다. 그를 고용할 '식민정부'는 있지만 그가 헌신할 '국민국가'가 없는 특수한 시대 상황에서 조선 지식인은 동시대 서구 지식인과는 달리, 출신·계급·국가로부터 "자유롭게 떠다니는 지식인"free floating intellectuals[52]이 될 수 없는 운명이었다. 지식노동을 원고료와 교환할 수 있는 학술지·대중매체 투고를 두고 1세대와 2세대는 서로 경쟁했고, 매우 제한된 공무원-지식인 자리를 확보하고자 조선총독부가 주문하는 학술적 하청작업의 촉탁 또는 정규직에 눈독을 들였다. 긴 이야기를 짧게 하자면, 경성제국대학과 일본 대학에서 딴 졸업장이라는 '지식 자본'을 무기 삼아 2세대가 1세대를 대체하면서 조선학 연구의 주도권을 쥐었다. 부르디외의 점잖은

---

52 헝가리 출신으로 지식사회학을 개척한 카를 만하임의 널리 알려진 표현이다. 카를 만하임, 『이데올로기와 유토피아』, 청아, 1991 참조. 원서는 1929년 출간.

용어를 빌리자면, '학력 자격'titre scolaire을 소유한 지식인이 그것을 지렛대로 활용하여 '사회(관계) 자본'capital de relation social마저 독식하거나 끼리끼리 지식 권력을 나눠 먹는 일종의 '문화귀족'[53]으로서의 조선학 연구 2세대가 탄생했다.

지식 세계가 지각 변동을 일으키는 이행기를 건너야 했던 당대 조선 지식인계급의 자화상을 엿보기 위해 유진오가 1935년 발표한 단편소설 「김 강사와 T교수」를 다시 읽어보자. 도쿄제국대학을 졸업한 수재 청년 김만필이 1년 반 동안의 '룸펜 생활' 끝에 자신이 "속으로 멸시하고 있던" 모교 N교수에게 청탁을 넣어 조선인 출신으로는 처음 어렵게 S전문대학 강사로 임시 취직했지만, 대학 시절 사회주의적 동아리 활동이 발각되어 쫓겨난다는 것이 줄거리이다. 경성제국대학 법문학부 졸업생 유진오의 개인 경험과 고뇌가 투영된 일종의 자전적 픽션이다. "두 가지 연락 없는 풍경[더럽고 가난하며 남 탓만 하는 조선과 대비되는 풍요롭고 질서와 위엄을 갖춘 일본]의 중간에서 기적과 같이 연락을 붙여 놓고 있는" 자기 자신이 감당해야 할 "더러운 노릇"에 대한 자기비판이 담겼다.[54] 나치 독일의 진보적 지식인 탄압을 비판했던 정의로운 '고운 기억'을 부정하는 "비열한 인간"이 될 것인가, 아니면 "힘없는 양심의 최후의 문지기"로 남을 것인가. 이런 실존적 선택의 무게에 눌려 "강박관념에 시달리는 신경쇠약 환자"가 된 김 강사는 괴상한 치유법을 고안했다. "지식계급이

---

53   삐에르 부르디외, 최종철 옮김, 『구별짓기: 문화와 취향의 사회학 上』, 새물결, 1995, 14쪽, 40쪽 참조.

54   유진오, 「김강사와 T교수」, 윤대석 엮음, 『한국현대문학전집 15』, 현대문학, 2011, 296쪽.

라는 것은 이 사회에서는 이중 삼중 아니 칠중 팔중 구중의 중첩된 인격을 갖도록 강제되고 있는 것"이라는 궤변 또는 자기변명이 그것이다.[55]

유진오 또는 김만필로 대변되는 조선의 새로운 근대 지식인의 존재 이유와 사회적 유용성은 "모순의 감정 없이는 한꺼번에 생각할 수 없는 것"이었다. 조선이 일본에 잡아먹혔다는 소식을 듣고 비장한 절명시를 남기고 스스로 목숨을 끊은 선비적 지식인과는 달리, '비싸고 빛나는 일류 대학 졸업장'을 거머쥔 식민지 시기 조선 지식인은 계속해서 살아가야 한다는 저주에 걸린 사람들이었다. 그들은 "이론과는 다른 현실 세상"과 타협하며 '진짜 자기'를 숨기며 비겁하게 살아가거나, 수십 개의 거짓 가면을 상황에 맞춰 바꿔쓰다가 결국은 자기 자신을 잃어버리고 마는 갈림길에 섰다.[56]

당대 러시아 '인텔리겐치아' 레닌이 제기한 질문처럼, 봉건적 차르 체제에 빌붙어 '생계형 지식인'으로 살 것인가? 아니면 위로부터의 혁명을 일으키기 위해 지금 여기서 "무엇을 할 것인가?" 이능화·최남선·안확 등 1세대가 극복하지 못한 약점과 한계를 2세대 조선학 연구자는 어떻게 계승, 극복 또는 폭파했을까? 이런 정답 없는 질문 그 자체를 발가벗겨 1930년대 조선학 연구의 맨얼굴을 한 걸음이라도 더 가깝게 관찰하기 위해 경성제국대학이 아카데미 조선학의 제도화와 전문화에 끼친 영향과 그 학문적 유산을 다음 9장에서 알아보도록 하자.

---

55   유진오, 「김강사와 T교수」, 297~298쪽, 316쪽.
56   유진오, 「김강사와 T교수」, 323쪽.

9장

아카데미 조선학의 제도화와 구별 짓기
: 경성제국대학

1 개교 100주년을 돌아보기

최근 연구에 따르면, 식민지 시기 부흥한 조선학 연구는 조선 학자들에 의해 스스로 이루어졌다기보다는 일본제국이 창출한 식민지 조선학이 그 시발점이었다. '내선일체'라는 이데올로기의 도구로서 조선에 관한 탐구가 본격적으로 착수되었기 때문에 "'조선적인 것'에 대한 욕망의 발신자는 근원적으로 식민제국 일본"이라는 역설이 성립한다.[1] 이런 시각으로 되짚어보면, 1930년대를 전후로 우후죽순 고개를 내민 각종 조선 관련 학술단체들—조선어문학회(1931), 진단학회(1934), 조선민속학회(1932) 등—은 일종의 태생적 한계를 지닌다고 볼 수 있다. 조선인 연구자들이 민족주의와 반일 저항의식을 고양하기 위해 발굴·재발견·숭배한 '조선 얼', '조선소' 朝鮮素, '조선색'朝鮮色 등은 "식민지 지배자의 논리에 포섭된 일본

---

[1]   김병구,「고전부흥의 기획과 '조선적인 것'의 형성」, 민족문학사연구소 기초학문연구단,『'조선적인 것'의 형성과 근대문화담론』, 소명출판, 2007, 16쪽.

제국주의 파생 담론"일 수도 있기 때문이다.[2] 다시 말하자면, 식민지 시기 한국학의 제2물결은 제1.5물결의 연장선에서 '일본(제국)적인 것'과의 짝 맞추기 또는 구별 짓기를 위해 주입·발명·호명·재발견된 것들이었다.

최근 탈식민주의 관점에 따르면, 영국제국의 "인도 식민화의 가장 중요한 결과 가운데 하나"는 인도 문명의 본질을 원시적·초시간적·정태적·비생산적·비도덕적인 것으로 규정함으로써 '전근대적' 문명의 표본으로 만들었다는 점이다. 한 걸음 더 나아가, 영국제국은 인도의 전통적 지식인과 중상류층을 제국 통치의 가장 신뢰할 만한 협력자로 양성하기 위해 "인도 사회에 [가장 차별적이고 경직된] 브라만식 사회질서가 보편화·공식화되는 경향"을 용인했다.[3]

이 명제를 비틀어 이 책의 테제에 응용하자면, 일본제국이 남긴 가장 중요한 유산 중 하나는 자신의 충직한 대리자로서 식민지에서 육성한 조선인 지식 엘리트가 수행한 모순적 역할이다. 1920년대 중반 이후 본격적으로 출현하는 이 새로운 사회집단은 일본제국이 주입한 실증주의 및 과학기술만능주의에 배가 터지고 계몽적 민족주의에의 헌신이라는 강박관념에 시달렸다. 이 장의 궁극적 목표는 당대 '유식계급', '지식계급', '인텔리겐치아' 등으로 불린 이들이 근대한국학의 창출·보급·부흥에 끼친 긍정적·부정적 영향력을 경성제국대학에 초점을 맞춰 알아보려는 것이다.

경성제국대학 연구의 사학사적 경향을 시시콜콜 설명할 자리

---

2   김병구, 「고전부흥의 기획과 '조선적인 것'의 형성」, 25쪽.
3   자크 푸슈파다스, 「인도: 식민화의 첫 세기(1757–1857)」, 446~447쪽.

는 아니지만 지난 한 세대에 진행된 선행연구를 간략히 따라가면서 이 장의 문제의식을 버리고자 한다. 대학 설립 반세기가 지난 1980년에야 그 역사 기록이 첫선을 보였다는 것은 경성제국대학 문제가 침묵으로 익힌 '뜨거운 감자'였음을 방증한다. 저널리스트 출신 이충우는 주간지에 연재한 글을 모아『경성제국대학』이라는 책을 1980년 최초로 출간했다. 실증적 학술서라기보다는 당시 생존해 있던 졸업생들의 증언과 회고록 등을 중심으로 구성한 이야기책에 가깝다. 이 책은 뒤에 전 서울대 법대 교수 최종고와 이충우 공저 형식으로 수정 보완되어『다시 보는 경성제국대학』(푸른사상, 2013)으로 재출간되었다.

경성제국대학을 주인공으로 한 박사학위논문이 1990년대 국내외에서 각각 1편씩 발표되었다. 정규영이 1995년 일본 도쿄대학교에 제출한 박사학위논문(『京城帝國大學に見る戰前日本の高等教育と國家』)을 본격적 학술서로 꼽을 수 있다. 한국에서는 1998년 정선이가 연세대학교 박사학위논문으로『경성제국대학의 성격 연구』를 제출하며 후속 연구의 봇물을 터뜨렸다.[4] 정규영이 경성제국대학을 일본 제국대학 이념과 제도의 확장판으로 접근했다면, 정선이는 한국의 근대 엘리트 고등교육의 모델이라는 교육제도사 관점에서 대학사적 특징과 역사적 유산을 추적했다.

새천년이 출범하면서 경성제국대학 연구에 새로운 바람이 불었다. 일단의 사회학자들이 '지식(역사)사회학'의 관점에서 경성제

---

4   박사학위논문을 수정 보완한 정선이,『경성제국대학 연구』, 문음사, 2002 참조.

국대학을 식민지 지식 생산과 보급의 독점적·헤게모니적 국가기관으로 재인식하는 성과물을 선보였다. 그 앞자리에 정준영의 서울대 박사학위논문『경성제국대학과 식민지 헤게모니』(2009)와『경성제국대학 법문학부와 조선 연구』(사회평론아카데미, 2022)가 있다. 정근식·박명규·정진성·정준영·조정우·김미정 등의 공동연구 결과물인『식민권력과 근대지식: 경성제국대학 연구』(서울대학교출판문화원, 2011)도 출간되었다. 한양대학교 비교역사문화연구소가 기획하여 펴낸『경성제국대학과 동양학 연구』(선인, 2018)는 일본제국이 설계·육성한 총체적인 지식-권력 나무의 분류 체계에서 경성제국대학에 할당된 지식노동의 특수한 위상을 가늠한다. 최근에는 일단의 서양사 전문가들이 경성제국대학 도서관 장서 목록을 뒤져 당대 일본제국과 서구제국이 주고받은 오리엔탈리즘과 옥시덴탈리즘에 새겨진 트랜스내셔널 성격을 분석하는 흥미로운 논문을 발표했다.[5]

이 책의 주제의식에 비춰보면, 일본 제국대학 졸업생의 식민지 시기 행적과 해방 이후 남북한에서 그들이 어떻게 파워엘리트로 변신(?)할 수 있었는지에 관한 꼼꼼한 기록도 빼놓을 수 없다.[6] 이렇게 축적된 선행연구에 기대어 경성제국대학 일본 교수와 그 조선인 제자가 주고받으며 만든 한국학 물결의 '꼬인 족보'를 파헤쳐보는 것

---

5   권윤경,「프랑스 오리엔탈리즘과 '극동'(Extrême-Orient)의 탄생: 경성제국대학 프랑스어 도서들 속에 얽힌 제국 시대 지성사의 네트워크」,『아시아리뷰』7-2, 서울대학교 아시아연구소, 2018; 문수현,「독일 역사주의의 긴 그림자: 경성제국대학 도서관의 독일어 장서 구성 분석」,『아시아리뷰』7-2, 2018; 윤영휘,「영국 및 일본 동양학의 특징과 경성제국대학 부속도서관 내 영문 동양학 장서」,『아시아리뷰』7-2, 2018 등 참조.
6   정종현,『제국대학의 조센징: 대한민국 엘리트의 기원, 그들은 돌아와서 무엇을 하였나?』, 휴머니스트, 2019 참조.

이 이 장의 목표다. 대학 설립 100주년을 통과하는 지금 탈식민주의적 관점에서 경성제국대학이 식민지 지식-권력의 생산·보급과 한국 근대 지식인 출현에 끼친 단기·장기적인 영향력과 그 복잡한 역사적 유산을 다시 따져볼 필요가 있기 때문이다.

2   '제국'대학의 설립과 일본인 '공무원-지식인'의 등장

메이지 정부는 서양 근대화 (빨리) 따라잡기의 한 축으로 서구 대학을 모델로 삼아 일련의 '제국'대학교를 설립했다. 새로운 지식의 확장은 제국 팽창의 선결 조건이자 결과라는 신념의 실천이었다. 1877년 발족한 '도쿄대학'에 '제국'이라는 명칭이 들어간 것은 1886년이었다. 이후 1939년 나고야제국대학에 이르기까지 9개의 제국대학이 설립되었다.[7] 일본제국은 식민지에도 '제국'이라는 꼬리표를 붙인 대학교를 설립했다. 옛 대한제국 한양의 한복판에 1924년 출현한 경성제국대학(예과/법문학부와 의학부는 1926년 설립)과 함께 1928년 모습을 드러낸 타이베이제국대학이 그것이다. 이 2개의 제국대학은 그 설립 목표와 교과목의 차이에도 불구하고, 제국 통치를 정당화·공고화하는 관립 아카데미즘 제도를 뿌리내리는 전초 기지였다는 점에서 공통적이다.

　유럽제국이 '제국'imperial이라는 접두어를 붙인 대학을 설립한

7　　일본제국이 '본토'에 설립한 7개 제국대학의 탄생, 교수진과 강좌제, 입학과 졸업, 학생 생활 등에 대해서는 아마노 이쿠오, 박광현 외 옮김, 『제국대학: 근대 일본의 엘리트 육성 장치』, 산처럼, 2017 참조.

것은 아주 예외적인 경우였다. 제2제정 황제 나폴레옹 3세는 칙령으로 식민지 알제리에 아랍-프랑스제국대학Collège Impérial Arabe-Français을 1857년 설립했지만 짧은 기간 만에 폐지되었다. '오랫동안 이미' 제국이었던 영국에서는 "과학적 지식과 제국의 최고 영광과 보호"Scientia imperii decuset tutamen라는 모토와 함께 1907년 과학기술임페리얼칼리지Imperial College of Science and Technology가 출현했다. 1845년 창립된 왕립화학대학Royal College of Chemistry을 모태로 삼았는데, '왕립'이 '제국'이라는 단어로 대체되는 데는 반세기 이상 걸렸다. 1916년 영국은 런던대학에 소속된 SOAS(School of Oriental and African Studies)를 세워 중동, 아시아, 아프리카 지역의 식민지 지배와 유지에 필요한 전문인력 공급에 뒤늦게 나섰다.

프랑스제국의 경우는 또 어떠했을까? 제3공화국 초반에 공교육부장관 쥘 페리Jules François Camille Ferry(1832~1893)가 초등학교 의무교육을 시행하여 '교육 공화국'République enseignante을 선언했지만, 이 교육 개혁의 바람은 식민지까지 미치지는 못했다. 인도차이나 지배 반세기가 지난 1920년대에 알베르 사로Albert Sarrault 총독이 프랑스어가 아닌 지역 언어로 대중 교양교육을 실시한다는 공교육법을 발표했다. 그러나 피식민지인들이 고등교육기관의 혜택을 받기는 매우 어려웠다. 이들은 '모국' 프랑스로 유학을 떠날 수밖에 없었고, 그랑제콜을 졸업하고 귀국한 인재들은 식민지 정부의 하급 관리로 일해야 했다.[8] 나중에 베트남 독립운동의 아버지가 되

---

8   이재원, 「제3공화국 식민화 정책과 인도차이나에서의 식민주의 교육」, 한국프랑스사학회, 『교육과 정치로 본 프랑스사』, 서해문집, 2014 참조.

는 호치민도 프랑스 유학생 출신의 디아스포라 지식인이었다.

대학 이념을 기준으로 보자면, 일본제국의 제국대학 설립은 영국·프랑스가 아니라 독일과 닮은꼴이었는데, 1810년 프로이센에서 문을 연 '베를린 프리드리히 빌헬름 왕립대학'(이하 '베를린대학'으로 약칭)을 기본모델로 삼았다.[9] 오랜 앙숙인 프랑스 나폴레옹 1세와의 전쟁에서 패배한 프리드리히 빌헬름 3세는 국가 개혁의 발판을 고등교육기관 창설에서 찾았다. 베를린대학 창설에 핵심적 역할을한 훔볼트Karl Wilhelm Von Humboldt(1767~1835)는 이상적 근대 대학은 자유롭게 진리를 탐구하는 '상아탑'이 아니라, 국가 발전과 사회 통합에 헌신하는 기관이라고 역설했다. 이런 시대정신에 입각해 베를린대학은 "일반 국법의 규정에 따른 국가 시설"이었으며 교수는 "왕의 관리"로 규정되었다.[10] 대학 교육의 우선 목표는 국민국가를 바로 세우는 역사적 사명을 다하는 것이며, 국가 공무원 신분인 교수는 교육과 연구를 통해 근대 국민국가 건설의 일꾼이 되어야 했다.

일본 대학령 제1조는 베를린대학을 모방하여 "제국대학은 국가의 수요에 부응하여 학술 기예를 교수敎授"해야 한다고 못 박았다.[11] 베를린대학이 프로이센을 중심으로 한 독일 통일 이념을 단련하고 이를 실행하는 국가-지식인을 양성했다면, 일본 제국대학

---

9 베를린대학의 간략한 역사에 관해서는 이광주, 『대학사: 이념·제도·구조』, 민음사, 1997 15장과 임상우, 「베를린훔볼트내학: 근대 대학의 어머니」, 통합유럽연구회, 『유럽을 만든 대학들: 볼로냐대학부터 유럽대학원대학까지, 명문 대학으로 읽는 유럽지성사』, 책과 함께, 2015 등 참조.

10 이광주, 『대학사: 이념·제도·구조』, 402쪽 재인용.

11 아마노 이쿠오, 『제국대학: 근대 일본의 엘리트 육성 장치』, 10쪽 재인용.

은 국민국가 지상주의를 뒷받침할 공무원-지식인을 속성으로 교육했다. 초창기 일본 제국대학 졸업생들이 국가 장학생으로 독일에서 많이 유학하고, 아카데미 '고용 외국인'으로 독일 출신 학자가 초빙된 배경이다. 1887년 도쿄제국대학에 부임한 루트비히 리스Ludwig Riess(1861~1928)가 대표적이다. 베를린대학 역사학과 초대 학과장 랑케Leopold von Ranke의 제자였던 리스는 실증사학을 동아시아에 전파했다. 그리하여 리스의 일본인 제자들이 경성제국대학으로 건너와 조선 지식인들과 근대한국학을 '랑케 신화'의 포로로 꽁꽁 묶었다.

설립 순서상 일본제국의 여섯 번째 제국대학으로 출범한 경성제국대학에 부여된 역사적 사명은 첫째, 식민지 조선학의 제도화를 완성하고 둘째, 식민지에서 일본제국을 대리·대변하는 지식인 협력자를 양성하는 것이었다. 경성제국대학에 고용된 일본인 교수들은 이런 의무를 완수하고 실천하기 위해 어떻게 연구·교육했을까? 이들이 키운 조선인 제자들은 스승이 가르쳐준 조선학을 수동적으로 계승했는가, 아니면 그에 맞서 능동적으로 저항했는가? 이런 질문에 대한 대답의 실마리를 찾기 위해 이 장에서는 두 개의 이슈에 초점을 맞춘다. 먼저 경성제국대학이 수행한 조선학 연구가 일본제국이 설계한 식민지식의 분배 체제에서 차지하는 위상을 살펴보고, 일본인 공무원-지식인들이 실행한 '아카데미 제국주의'academic imperialism의 주요 내용과 특징을 복기해볼 것이다. 그 연장선에서 파생된 한국학 연구 제2물결의 연결고리를 관찰하기 위해 경성제국대학 조선인 졸업생 중심으로 만든 동인지『신흥』을 통해 착수한 조선학 연구의 특징과 한계를 들여다볼 것이다.

위에서 간략히 살펴보았듯이, 일본제국이 식민지 조선에 설립한 경성제국대학은 서구제국이 식민지에서 실시한 대학 설립 및 운영과 차이점이 있다. 서구제국 대부분은 '고등교육 본국주의'를 표방하며 식민지 엘리트를 위한 로컬 대학 설립을 지양했던 것과 달리, 일본제국은 '본토연장주의' 원칙으로 내지와 외지 거주민이 평등한 고등교육 혜택을 누릴 기회를 제공했다. 한 일본 교육정책 관료는 일본제국 교육정책의 공정함과 무차별주의의 실존하는 증거인 경성제국대학의 출범은 "실로 세계의 교육사상에 신기원을 보여주는 것으로 정말 유쾌하지 않을 수 없는 일이다(愉快에 不權하는 바이로다)"라고 자화자찬했다."[12] 그런데 정녕 경성제국대학이 일본제국이 피식민지인에게 내리는 공평한 교육적 선물이었는지 따져보자.

1) '동양학' 하위분야로서의 조선학 생산 공장

중국 경학經學의 본체는 문文·사史·철哲로 구성되었다. 경학은 19세기 말에서 20세기 초 사이에 점진적으로 집합적 뭉치 개념에서 해체되어 분과학문 단위로 재구성되었다. 중국은 전통적으로 오경五經·육경六經 같은 고전을 우선시하고 '사'史는 그다음으로 취급했다. 이와 달리 메이지 일본은 밀려오는 서양 문명의 특이성과 보편성을 시공간적 맥락에 대입해 살펴보는 역사중심주의 사고방식 경

---

12 정선이, 『경성제국대학 연구』, 45쪽 재인용. 원문의 한자어를 내가 한글 표현으로 바꿨다.

향이 강했다. 이런 의미에서 당대 일본인들이 "세계에서 가장 역사적 감각이 예리했다"라는 평가[13]는 과장되었지만 틀렸다고 볼 수 없다.

영어 'history'의 번역어로 중국풍의 '사'史를 제치고 '역사'歷史라는 일본식 개념이 일상 용어로 사용된 것은 1910년을 전후한 시기였다. 도쿄제국대학에서 '국사학과'가 1889년 처음으로 설치되었다. 1904년 따로 독립한 '사학과'에는 '서양 사학'과 '지나 사학'이라는 두 세부 전공이 개설되었다. 후자는 중국과 그 외 광범위한 동양의 여러 지역을 공부하는 '지나 사학과'로 1905년 독립했다. 1910년 '지나 사학과'가 '동양사학과'로 이름을 바꾸었다. 일본제국이 재구성한 동양사의 범위는 청국과 조선에서 출발하여 포르투갈 식민지 마카오와 영국 식민지 홍콩과 인도, 독일령 산동반도, 러시아령 투르키스탄과 시베리아, 프랑스 식민지 통킹과 코친차이나, 미국 식민지 필리핀, 네덜란드 식민지 자바와 수마트라, 독립국가인 샴(태국), 페르시아, 아프가니스탄 등을 모두 아우르는 광범위한 영역이었다.[14]

학과 명칭의 연속적 변경에는 일본제국의 식민지 기획 의도가 담겨 있다. '지나'支那는 20세기 전반기에 일본인들이 '중국'을 지칭하는 데 가장 많이 사용한 명칭이었다. 이미 근대화하여 동아시아의 강국으로 변신한 일본과 달리 "과거에 빠져 어려움을 겪고 있

---

13   마루야마 마사오·가토 슈이치, 임성모 옮김, 『번역과 일본의 근대』, 이산, 2000, 69~71쪽.
14   신주백, 『한국 역사학의 기원: 근현대 역사학의 제도·주체·인식은 어떻게 탄생했는가』, 21~22쪽.

는 중국"을 낮추어 부르는 이름이었다. 그리고 '동양'은 단순한 지리·영토 범주가 아니라 "특정 지역에 대한 권리 주장을 위한 개념적 장"으로 창안된 또 다른 제국적 정치 언어였다.[15] 중화주의라는 질서를 떨치고 나온 일본이 청일전쟁과 러일전쟁의 전리품으로 획득한 만주 지역을 자기 입맛대로 재설계하려는 야심이 '지나'와 '동양'이라는 두 단어에 투영되어 있다. "일본 발전의 출발점이 된 문화적 과거"이며 동시에 "일본이 보호하고 지도해야 할 지리적, 문화적 지역"으로서 "일본 특유의 시각에 권위를 부여"하기 위한 학문적 도구가 '동양학/동양사'였다.[16] 서구제국의 먹잇감이었던 아시아를 부흥시키려는 일본제국의 과업 달성을 위해 1910년 전후로 동양협회, 아세아학회, 『동양학보』 등이 연달아 창립/창간되었다.

경성제국대학 법문학부는 '동양 문화'라는 큰 틀의 하위분야로 '조선'을 연구·교육하는 학부였다. 이런 명분으로 조선 어학/지나 어학, 조선 문학/지나 문학 등이 개설되었다. 동양학은 역사 과목뿐 아니라 외교, 문학, 미술, 철학 등 다양한 주제를 다루었다. 조선학의 중심이며 동시에 대륙(지나)으로 진출하는 '동양학의 하위 체제'라는 위상과 학문적 사명이 경성제국대학 법문학부에 부여되었다. 동양사 전공자들은 '국사'와 '서양사' 전공자들보다 수적으로 더 많았는데, 초반기에는 조선인과 일본인 비율이 비슷했다. '국사'를 선

---

15   스테판 다나카, 『일본 동양학의 구조』, 18쪽, 20쪽.

16   스테판 다나카, 『일본 동양학의 구조』, 30~51쪽, 379쪽. '동양사'라는 분과 학문에 얽힌 일본의 제국적 혐의에 대한 좀 더 상세한 토론은 정준영, 『경성제국대학 법문학부와 조선 연구』 3장과 이태진, 『일본제국의 '동양사' 개발과 천황제 파시즘』(일제 식민사학 비판 총서 1), 사회평론아카데미, 2022, 1장 등 참조.

택한 조선인 학생들은 없었다. 특기할 사항은 조선 역사와 조선 어문학은 정규 커리큘럼으로 구성되었지만, 조선 철학은 독립된 학문 분야로 인정받지 못했다는 사실이다. 일본제국의 시각으로 보면, 조선 철학의 주류인 유교는 조선의 고유한 사상 체제라기보다는 중국 주자학의 아류이므로 '지나 철학'으로 분류되었다.

경성제국대학 초대 총장으로 동양 철학자 핫토리 우노키치服部宇之吉가 임명된 것은 우연이 아니었다. 그는 "도쿄제국대학 안에서 서양 철학에 대한 대항으로 개설된 동양 철학을 전문학과로 양성시킨 장본인"이었다. 식민지 '외지'인 경성에 동양학 연구를 위한 '특종'特種 대학을 육성하여 조선학을 일본제국사의 하부 영역으로 종속시키고, 동양학을 서양에 대항하는 국가주의의 학문적 무기로 단련하려는 이중 목표를 달성하는 것이 핫토리 우노키치의 야심이었다.[17] 그는 경성이야말로 "지나 문화와 조선 문화가 일본 문화에 미치는 영향을 연구하기에 최적의 땅"이므로 그 심장부에 있는 경성제국대학이 "여러 방면에 걸쳐 조선 연구를 행하여 동양 문화 연구의 권위"가 되어줄 것을 당부했다.[18] "내지의 문화에 관한 문제로 그 해결에는 조선 연구가 빛을 부여할 일이 적지 않고 조선 문화에 관한 문제는 지나 연구에 의해 규명될 수 있다"[19]라고 하며 경성제국대학이 아카데미 제국주의 연쇄 사슬에서 차지하는 위상과 그 쓸모

---

17   박광현, 「식민지 조선에서 동양사학은 어떻게 형성되었는가? ─ 경성제국대학 안의 '동양사학'」, 비판과 연대를 위한 동아시아 역사포럼, 『역사학의 세기: 20세기 한국과 일본의 역사학』, 218~219쪽.

18   신주백, 『한국 역사학의 기원: 근현대 역사학의 제도·주체·인식은 어떻게 탄생했는가』, 130~131쪽 재인용.

19   정선이, 『경성제국대학 연구』, 112쪽 재인용.

를 강조했다.

문부성 차관 출신으로 제2대 총장으로 취임한 마쓰우라 시게지로松浦鎮次郎(1872~1945)도 핫토리 우노키치의 주장을 지지했다. 그는 1929년 3월 제1회 졸업식 기념 연설에서 경성제국대학은 "반도 정신계의 중추"로서 "특히 동양 문화의 사명, 기타 조선에 특수한 사회상, 경제상 등의 여러 문제와 관련되는 학술적 연구에 십분 그 힘을 쏟아 조선 대학으로서의 특색을 발휘하는 데 노력"해 줄 것을 촉구했다. 그 연장선에서 제4대 총장을 역임하고 패전 후 일본 학사원 원장(재임 1948~1958)을 지낸 야마다 사부로山田三良(1869~1965)는 1932년 개학식 연설에서 입학생들은 "조선반도의 문화를 개발할뿐더러 일동日東(일본) 문화를 아세아대륙에 보급해야 할 중대 사명"을 잊지 말 것을 당부했다.[20]

경성제국대학 사학과에서 1931~1941년 사이에 개설된 총 102개의 전체 강의 중에서 동양사가 36개(35.3퍼센트), 조선사 강의는 28개(27.4퍼센트), 일본사 강의는 20개, 고고학 강의는 10개, 서양사 강의는 6개가 각각 개설되었다.[21] 동양사와 비교해 서양사가 홀대받은 것은 아일랜드 독립운동 등과 같은 '불경한' 주제에 조선 학생들이 빠지지 않도록 단속하려는 의도가 반영되었다.[22] 개설 과목과

20   정근식 외, 『식민권력과 근대지식: 경성제국대학 연구』, 서울대학교출판문화원, 2011, 91~92쪽, 104쪽 재인용.

21   장신, 「경성제국대학 사학과의 자장(磁場)」, 『역사문제연구』 15-2, 역사문제연구소, 2011 참조. 신주백, 『한국 근현대 인문학의 제도화 1910-1959』, 혜안, 2014, 145쪽.

22   사학과 조교수 스에마쓰 야스카즈의 증언; 신주백, 『한국 근현대 인문학의 제도화 1910-1959』, 145쪽 재인용. 이런 열악한 환경에서 서양사를 전공하려는 학생들은 일본 '본토'로 유학 갈 수밖에 없었는데, 해방 후 한국의

전공자 수는 동양사와 그 세부 전공인 조선사가 많았다. 뒤에서 다시 설명하겠지만, 전공 분야와 관계없이 역사 교육의 뿌리에는 독일의 랑케 사학이 똬리를 틀고 있었다. 경성제국대학이 육성·배출한 근대 조선 지식인의 유전자와 근육의 9할은 '객관적·과학적 진리 탐구'라는 방법론으로 구성되었다.

조선 학생은 '국사'(일본사)를 아무도 전공하지 않았고, 조선사와 동양사 전공자 비율은 비슷했다. 일본에서 건너온 재학생이나 조선 체류 일본 학생들은 일본제국의 식민지 개척과 팽창을 위한 '파이오니어 정신'으로 경성제국대학 입학을 결심했다고 회고했다.[23] 일본제국이 경성제국대학을 조선학 연구와 교육을 위한 특별한 고등교육기관으로 육성한다는 점에 매료를 느껴 제국 일부로 편입된 식민지 역사의 '개척자'가 되려는 욕망의 표현이었다. 실제 전공자 비율로 보면 국사 25퍼센트, 조선사 34퍼센트, 동양사 41퍼센트로 경성제국대학의 설립 취지와 거의 일치했다.[24] 국가/민족별로 나눠보면, 1943년까지 사학과 졸업자는 일본인 61명과 조선인 34명이었다. 산술적으로만 보면, 식민지 '외지'로 이주·체류한 일본인이 더 많은 혜택을 받아 평등한 고등교육 제공이라는 애초의 설립 의도에는 미달되었다.

랑케의 제자 루트비히 리스는 1887년 도쿄제국대학 사학과가 창설될 때 일본으로 건너왔다. 그는 1902년까지 사학과에 재직하

서양사 연구와 교육이 일본 학계의 자료와 해석에 의존적이었던 이유이다. 교토제국대학 출신으로 서울대학교에서 서양사를 개척하고 국내 학계에 프랑스혁명사를 소개한 민석홍이 그 대표적 인물 중 한 명이다.
23   정선이, 『경성제국대학 연구』, 31~32쪽.
24   장신, 「경성제국대학 사학과의 자장」, 64쪽.

면서 일본 학계에 아카데미즘 실증주의 역사학을 전파했다. 도쿄제국대학 사학과 학생들은 1903년 랑케 출생 108년을 축하하는 "랑케 기념제"를 개최할 만큼 랑케를 일본 근대 역사학의 시조로 숭배했다.[25] 당대 일본 역사가들은 랑케 사학을 ① 사료에 입각한 과학적·실증적 과거 연구라는 방법론과 ② 한 시대의 삶을 지배·구속하는 '창조적 힘'과 '도덕적 에너지'를 세계사의 원동력으로 이해하는 역사철학이라는 두 가지의 이질적 합성물로 전유했다. 일단의 (극)우파 역사가들은 후자에 밑줄을 그어 ③ 랑케가 미완성으로 남긴 '세계사'를 일본제국이 완결함으로써 서구가 만든 '불안한 근대성'을 초극할 수 있다고 확신했다. 조선 합병을 징검다리 삼아 일본제국이 창출하려는 새로운 세계사/근대화를 정당화하는 방향으로 변주된 '랑케 신화'가 수립되었다.[26]

요약하자면, 경성제국대학에 설치된 조선학의 학문적 존재 이유는 그 자체로서의 진리 발견에 있다기보다는 중국 및 일본 문화와의 비교(사)적 관점에서만 유용성을 지닌다. 한편으로는 일본제국이 식민지 통치에 성공하여 보편적인 세계 문명국 일원으로 편입되고, 또 다른 한편으로는 동아시아에서 서구적 근대화와는 다른 경로를 개척한 본보기가 되어야 했다. 비유적으로 말하자면, 서유

25　고야마 사토시, 「'세계사'의 일본적 전유―랑케를 중심으로」, 비판과 연대를 위한 동아시아 역사포럼, 『역사학의 세기: 20세기 한국과 일본의 역사학』, 66~67쪽.

26　이진일, 「서구의 민족사 서술과 동아시아 전이: 랑케(Ranke)의 역사학의 수용을 중심으로」, 『한국사학사학보』 29, 한국사학사학회, 2014, 351~352쪽; 최호근, 「한국에서 랑케 역사학의 수용: 일제 강점기에서 현재까지」, 『한국사학사학보』 44, 2021, 242쪽.

럽이 신대륙/라틴아메리카라는 공간을 발명함으로써 오른쪽으로 이슬람-아시아 문명을 두고 왼쪽으로 신대륙을 배치하여 세계사의 배꼽/중심부에 우뚝 서려는 지정학적 프로젝트와 닮은꼴이었다.[27] 한국과 중국, 기타 동양권 국가들을 들러리 삼아 동양의 심장부에 우뚝 서려는 일본제국의 지식-권력 국책사업이 경성제국대학 재직 일본인 교수를 통해 어떻게 실행되었는지를 다음에서 간략히 살펴 보자.

2) 경성제국대학 일본인 교수의 조선학 연구와 전파

경성제국대학에 임용되어 조선학의 제도화와 '아카데미 제국주의'에 앞장선 일본인 교수는 그 배경과 성향에 따라 크게 두 부류로 나눌 수 있다.[28] 첫째, 소위 '공무원-지식인' 유형으로 오다 쇼고小田省吾(1871~1953)가 대표 인물이다. 그는 1899년 도쿄제국대학 사학과를 졸업하고, 1908년 대한제국 학부 서기관으로 건너와 보통학교 교과서 편찬을 주도했다. 총독부 학무국 편집과장과 고적조사과장을 역임한 그가 1923년 주도적으로 출범시킨 '조선사학회'는 조선사 연구에 관심을 가진 일본인들이 '학회'라는 이름으로 모인 첫 사례였다.[29] 오다 쇼고는 경성제국대학 조선학 연구의 중심이 되는 법문학부의 초창기 교수진 구성과 교과목 편성 등에 가장 큰 영향력

---

27   월터 D. 미뇰로, 『라틴아메리카, 만들어진 대륙』, 83쪽.
28   '제국의 국가 지식인'으로서 일본인 교수들이 개인적으로 수행한 조선학 연구 경향과 그 내용을 조목조목 비판하는 사례 연구를 엮은 책은 윤해동·이성시 엮음, 『식민주의 역사학과 제국: 탈식민주의 역사학을 위해』(2016); 윤해동·장신 엮음, 『제국 일본의 역사학과 '조선'』(2018) 등 참조.
29   정준영, 『경성제국대학 법문학부와 조선 연구』, 43쪽.

을 발휘했고 그 자신도 56세가 되는 1926년 경성제국대학 조선 사학 제2강좌 주임으로 부임했다.[30]

고위 관료에서 상아탑 내부로 진출한 오다 쇼고는 자신이 착수한 '위로부터' 식민지 조선학 만들기 프로젝트를 지속적으로 밀고 나갔다. 그가 지휘한 『고종순종실록』(1935)은 "식민사학의 총결로서 병합의 당위성을 사료로써 증명하는 최종 귀착점"이었다. 그리고 상고시대부터 최근세에 이르는 1만 3,000여 명 조선 명사들을 2,460쪽의 두꺼운 분량으로 집대성한 『조선인명휘고』 편찬 사업(1916~1937)도 그의 후원으로 결실을 맺었다.[31] 그러므로 오다 쇼고가 경성제국대학이 "식민지 아카데미즘의 한 축"을 담당하도록 적극적으로 간여한 식민사학 창출의 핵심 인물이며, 궁극적으로는 "'조선사학'이라는 분야를 제도적 차원에서 만들어낸 창조자"였다는 평가는 과장이 아니다.[32]

경성제국대학 조선학 연구의 또 다른 주류 집단은 관료 집단에서 한 발짝 떨어진 '아카데미-전문가'였다. 법문학부 조선사 제1강좌 교수로 1926년 채용된 이마니시 류今西龍(1907~1943)가 이 유형에 해당하는 대표 인물이다. 도쿄제국대학 사학과 출신으로 '인류학 교실' 멤버였던 그는 '단군 신화'를 연구 주제 삼아 "일본에서 조

---

30   오다 쇼고의 학문적 배경, 행정관료로서의 주요 업무, 조선학 관련 활동 등에 대해서는 정준영, 『경성제국대학 법문학부와 조선 연구』, 1장 「제도화되는 식민주의 역사학: 오다 쇼고의 조선사학회와 경성제국대학」 참조.

31   이에 대해서는 서영희, 『조선총독부의 조선사 자료수집과 역사편찬』, 59쪽, 그리고 8장 특히 237쪽 참조.

32   정준영, 『경성제국대학 법문학부와 조선 연구』, 40쪽, 89쪽; 서영희, 『조선총독부의 조선사 자료수집과 역사편찬』, 223쪽.

선사로 박사학위를 받은 최초의 역사가"로 꼽힌다.[33] 이마니시 류는 조선사 전공자로 교토제국대학교 조교수로 아카데미 경력을 시작했고, 1916년 조선총독부가 기획하는 『조선반도사』 편찬 사업에 촉탁으로 임명되어 식민지 조선으로 옮겨 왔다. 그 후 조선사편찬위원회/조선사편수회에 합류해 "조선 (식민) 사학의 개척자"로 발돋움한다.

이마니시 류는 일본제국이 후원하는 해외 장학생으로 선발되어 1922~1923년 2년 동안 영국과 프랑스에서 유학했다. 그는 연대기적 시간의 직선적 흐름에 당대의 중요한 외교 조약, 정치·경제적 사건과 제도 및 문화·사상의 흐름과 주요 인물 등을 대입하여 역사를 전체적으로 파악하는 '통사'를 근대 역사학의 모범으로 배웠다. 이런 방법론은 식민지 조선의 역사 서술에도 적용되었다. 일본제국에 병합되기에 이르는 조선의 불행한 과거를 거슬러 올라가면서 그 장기지속적 인과관계를 '과학적으로' 분류·분석하여 '식민지 현재'를 정당화했다. 심희찬에 따르면, 조선학의 형식과 내용은 이마니시 류와 그의 동료 및 후배들이 설계·설치한 '편년체로 실증주의적 통사를 서술'하는 근대 역사학의 격자에 가둬졌다. 그리하여 경성제국대학에서 훈련받은 많은 조선 지식인은 스승이 설치해놓은 '객

---

33   심희찬, 「근대 역사학과 식민주의 역사학의 거리: 이마니시 류(今西龍)와 조선의 '역사'」, 윤해동·이성시 엮음, 『식민주의 역사학과 제국: 탈식민주의 역사학을 위해』, 231쪽, 236쪽. 이마니시 류에 앞서 '한국학' 분야에서 최초로 박사학위를 받은 일본인은 1904년 "한국정쟁지"韓國政爭誌라는 제목으로 도쿄제국대학에서 문학박사학위를 획득한 시데하라 다이라幣原坦이다. 도쿄고등사범학교 교수였던 그는 1900년 관립중학교 교사로 초빙되어 대한제국의 학부 고문으로 일했다가 통감부 학부(교육부)의 최고 책임자에 올랐다. 이만열, 『한국 근현대 역사학의 흐름』, 푸른역사, 2007, 486쪽.

관적이고 합리적 실증사학'의 사슬로 스스로를 결박하여 그 수렁에서 빠져나오지 못했다.[34]

스에마쓰 야스카즈末松保和(1904~1992)는 경성제국대학 조선학 교육·연구의 또 다른 중심인물이었다. 그는 일본 고대사 권위자 구로이타 가쓰미黑板勝美(1874~1946)를 스승으로 모시고 도쿄제국대학 '국사학과'를 졸업했다. 스에마쓰 야스카즈는 조선사편수회 (부)수사관 신분으로 식민지 조선에 체류하는 동안 이마니시 류를 보좌하며 『조선사』 집필에도 참여했다. 조선 고·중세시대를 전공한 "매우 촉망받는 신진 연구자"로 능력을 인정받았고 1935년 경성제국대학 조교수로 임용되었다. 1938년 조선 사학 제2강좌 담임 교수로 승진하여 "제국 내에서 조선의 역사와 문화를 연구하는 최고의 대학에서 조선사를 책임지는 지위"에 올랐다.[35] 스에마쓰 야스카즈는 이마니시 류와 함께 식민주의 역사학의 최전선을 지키면서, 실증사학이 식민지 '아카데미 조선학'의 뼛속까지 단단히 뿌리내리도록 단속했다.

경성제국대학에 재직한 일본인 교수/관학자들은 캠퍼스 강의실 안팎에서 조선학 흐름을 주도했다. 1929년 창립된 경성제국대학 법문학회는 식민지 조선에 관한 최신 연구 결과를 『법학회논집』, 『법학부제이부논집』, 『문학회논찬』 등의 학술지에 엮어 일본인 교수들에게 발표 및 토론 공간을 제공했다. 이들은 총독부 관방 문서과에서 간행한 기관 잡지인 『조선』과 식민지의 가장 오래된 일본어 잡지 『조선급만주』朝鮮及滿洲 등에 투고하여 대중 교육을 수행

---

34   심희찬, 「근대 역사학과 식민주의 역사학의 거리」, 234~238쪽 참조.
35   신주백, 「末松保和(1904~1992)의 學術史와 식민주의 역사학」, 『동방학지』 183, 연세대학교 국학연구원, 2018, 201쪽 참조.

했다. 다시 말하자면, 일본인 공무원-지식인이 가장 권위 있는 제국대학 정기 학술간행물에서부터 교양 잡지를 무대 삼아 조선학을 주름잡았다. 덧붙이자면 경성제국대학 일본인 교수들은 본토 제국학사원의 재정적 후원을 받아 조선학 연구를 진행하기도 했다. 일본제국이 발주·요청하는 연구 테마를 일본인 공무원-지식인이 수주하여 공급하는, 학문 권력을 매개로 한 지식동맹이 체결되었다.

학술지에 게재된 경성제국대학 일본인 교수들의 논문 목록[36]을 통해 1920년대 중반~1930년대 후반 이들의 조선학 연구 경향의 변화를 투박하게나마 감지할 수 있다. 이전에는 정치외교사와 사회경제적 관심이 주류를 이루었지만, 식민지 통치 후반부에는 한국문학, 신화, 전설, 무속, 민요, 박물관 등 일상적 문화 전통의 속살을 들여다보는 글들이 등장했다. 앞서 1부 4장과 5장에서 살펴보았듯이, 서양 선교사들이 19세기 말부터 20세기 초까지 이 주제에 관한 기초적 조사 연구를 진행했음을 상기해보면, 일본인 교수들이 서양 선교사들의 연구를 좇아 이제는 마침내 그 수준을 추월했다고도 볼 수 있다.

이런 해석이 과장이 아님을 뒷받침하는 흥미로운 에피소드를 소개하고자 한다. 1930년대 중반 영국왕립아세아학회 한국지부 회장을 맡은 헌트는 아직 아무도 손대지 않은 연구 주제인 '한국의 의복'Corean costume에 도전해볼 것을 동료 선교사들에게 권유했지만, 그 누구도 호응하지 않았다. 헌트의 희망사항은 일본 관학자 무라

---

36   상세한 목록은 정선이, 『경성제국대학 연구』, '부록 II' 경성제국대학 출판물 논문 목록과 '부록 III' 학술연구비 보조에 의한 조선 관련 연구물, 193~201쪽 참조.

야마 지준이 1927년 출간한 『조선의 복장』朝鮮の服裝[37]으로 인해 이미 성취된 '지나간 미래'였다.

4   경성제국대학 조선인 졸업생과 조선학 연구

정근식에 따르면, "경성제국대학의 탄생이라는 사건은 근대지식의 생산과 배분을 둘러싼 경합에서 식민권력이 제도적으로 '근대지식'을 지식지배의 중요한 지적인 자원으로 활용하게 되었다는 것을 의미"한다. 그러므로 "경성제국대학을 연구한다는 것은 결국 식민권력이 지식과 권력의 결합을 통해서 어떻게 식민지에 문화적 헤게모니를 확보하려 했는지를 밝히는 것"이다.[38] 그의 진술은 일본 교수를 장인匠人으로 모시고 그 아래 조선인 졸업생이 스승이 발주하는 작업 지시를 직인職人처럼 수행하는 지식 시스템이 정착되는 데 경성제국대학이 결정적 역할을 했다는 뜻으로 거칠게 해석할 수 있다. 그렇다면 '문화적 헤게모니'는 일본 교수의 배타적 독점물이었을까, 경성제국대학 조선인 졸업생과의 공동 자산이었을까? 당대 조선의 청년 지식인은 일본제국과 조선총독부가 '위로부터' 구축한 지식의 서열에 저항하며 '동양학'의 하위분야로서 변경의 학문으로 취급받던 '조선학'의 토대를 고쳐 세워 '지의 분배' 구조를 흔들고 파열시켰을까?

37   무라야마 지준, 최은수·김일권·이에나가 유코 옮김, 『조선의 복장』, 민속원, 2017.
38   정근식 외, 『식민권력과 근대지식』, 8쪽.

경성제국대학 교수 다카하시 도루는 이 질문에 대한 대답의 (반쪽짜리) 실마리를 제공한다. 그는 자신이 골격을 세운 조선학 연구를 이어갈 능력을 갖춘 조선 사람은 "오로지 경성제국대학이라는 아카데미를 통해 과학적 연성鍊成을 거친 이들일 뿐"이라고 장담했다.[39] 다카하시 도루의 부름과 기대에 부응했는지와는 관계없이 경성제국대학에서 '과학적 연성'을 단련하여 1930년대 '국학 운동'에 합류한 대표 인물을 꼽아보자면, 신석호(조선 사학 1회), 김창균(조선 사학 1회), 조윤제(조선 문학 1회), 이희승(조선 문학 2회), 고유섭(철학 2회), 신남철(철학 3회), 유진오(법학 1회), 이숭녕(조선 문학 4회) 등이다. 개별적인 학문적 배경과 이데올로기적인 차이점에도 불구하고, 이들은 전근대적 '신분 제도'가 서구 대학을 본뜬 근대적 '학력 자본'으로 대체되는 전환기를 살면서 근대적 지식인으로서의 특권과 책임감을 어깨에 짊어졌다는 공통점을 지닌다.

경성제국대학 일부 조선인 졸업생들은 일본인 공무원-지식인 스승에 맞서 일종의 학문투쟁을 선언했다. 법문학부 재학생과 졸업생이 중심이 되어 1929년 창간하여 1937년까지 비정기적으로 9호까지 발간한 『신흥』新興이 그 주요 포럼이었다. 『신흥』이라는 명칭은 일본 좌파 철학자 미키 기요시三木清가 1927년 창간한 『신흥과학의 깃발 아래에서』新興科學の旗のもとに에서 따온 것으로 보이는데, 당시 유일하게 빛나는 학사 자격증을 소유한 경성제국대학 조선인이 새로운 학문의 아방가르드가 되겠다는 각오가 그 명칭에 새겨졌다.[40] 과연 『신흥』은 "식민지 최고의 교육기관인 경성제국대학이라

---

39   다카하시 도루, 『식민지 조선인을 논하다』, 125쪽.

경성제국대학 조선 학생들이 조선학 연구 포럼으로 간행한 학술지 『신흥』.

는 제도 안에 몸을 담고 있던 식민지 지식인의 담론의 장"이라는 후대의 평가[41]에 부끄럽지 않은 성과를 추수했을까? 식민지 시대 조선학의 원청·하청 시스템의 틈바구니에 파고들어 그 견고한 바위를 깨는 쐐기가 되었을까?

이런 물음에 답이라도 하듯이 『신흥』 창간호는 '사회과학'과 '철학'이라는 항목과 별도로 '조선 연구' 항목을 선보였다. 김창균의 「연오랑 세오녀 전설의 유래」, 신석호의 「신라시대의 골품제도」, 조

---

40   『신흥』의 성격에 대해서 두 가지 다른 견해가 있다. 박광현, 「경성제대와 『신흥(新興)』」, 『한국문학연구』 26, 동국대학교 한국문학연구소, 2003과 윤내식, 「『신흥』과 경성제대의 학지」, 『국제어문』 73, 국제어문학회, 2017 참조. 박광현은 『신흥』을 당대 조선 지식인이 결성한 상징적 담론장으로 평가하지만, 윤대석은 학술적 잡지 성격이 가미된 동창회보로서 교양주의에 바탕을 둔 '우정의 공동체' 지면이라고 규정한다. 『신흥』 명칭이 일본 잡지 제목을 차용한 것이라는 짐작은 윤대석, 「『신흥』과 경성제대의 학지」, 165쪽.

41   박광현, 「경성제대와 『신흥』」, 250쪽.

윤제의 「삼국시대의 가무희」 등 3편이 '조선 연구' 소제목 밑에 게재되었다. 한 걸음 더 나아가, 4호에 '조선 연구 특집호'를 기획하여 5편의 글을 실었다. 고유섭의 「금동미륵반사상의 고찰」, 윤용균(사학 2회)의 「다산의 정전고井田考 2」, 이희승의 「조선어 '때'의 조동사에 대한 관견」 등이 그것이다. 그리고 '조선 문제 특집호'로 인쇄된 8호는 고유섭의 「고려의 불사 건축」, 김(태)준의 「대원군의 서원 훼철령毁撤令의 의의」, 박(문)규의 「조선농촌기구의 통계적 해설」, 신기석(법학 4회)의 「조선통상교섭사의 일절」, 이숭녕의 「모음 'ㆍ'의 음가치」 등을 소개했다. 이들의 조선 연구는 대체로 좁고 작은 특정 이슈에 대한 실증적·통계적·심층분석적 경향을 보인다. 조선 전통과 풍습에 관한 글들도 눈에 띈다.[42] 10년도 안 되는 짧은 활동 기간에 창간호 특별 항목 신설 외에도 두 차례에 걸쳐 '조선학' 기획 특집을 시도했다는 측면에서 보면, 『신흥』이 일본 스승들의 입김과 간섭에서 벗어나 조선 지식인 '자기들만의 학문적 정원'을 가꾸려고 고심했음을 엿볼 수 있다.

그렇다면 『신흥』은 경성제국대학 조선인 출신들이 자신들의 학문적 잠재력을 마음껏 발휘하고 숙성시킨 개방적인 '학문적 운동장'이었는가? 양적으로 매우 빈약한 국내 선행연구는 이런 의문을 직설적으로 제기하지 않았다.[43] 『신흥』에 게재된 총 96편 논문들

---

42   이재욱(문학 3회)의 「조선의 백의 속고俗考」(5호), 김재철(문학 3회)의 「조선민요만담」(5호), 유홍렬(사학 6회)의 「조선의 산토신숭배에 대한 소고」(9호) 등 참조.

43   263쪽 각주 40에서 인용한 2편 외에 하재연, 「잡지 『신흥』과 문예란의 성격과 의의」, 『한국학연구』 29, 고려대학교 한국학연구소, 2008 등 총 3편의 선행연구가 있을 뿐이다.

의 주제별·분야별 통계 분류를 통해 이 의문을 해결하는 데 한 걸음 다가가보자.[44] 논문 제목으로 판단하여 나누자면, 서양학 관련 글이 45편으로 46.9퍼센트, 한국학이 33편으로 34.4퍼센트, 동양학이 8편으로 8.3퍼센트, 기타가 10편으로 10.4퍼센트이다.[45] 세분하여 '철학' 분야를 살펴보면, 서양 철학이 19편, 동양 철학(번역물)은 2편[46]이며, 조선 철학 주제의 글은 단 한 편도 없다. '조선 철학'은 '지나 철학'을 모방한 아류이므로 독자적으로 존재하지 못한다는 일본제국의 다그침을 경성제국대학 조선인 수재들이 명심했음을 보여주는 통계라고 한다면 너무 비약적인 해석일까.[47] 『신흥』에 가장 많은 논문을 실은 필자를 순서대로 명기하자면, 고유섭(6편), 유진오(5편), 신남철(4편) 등이다.

한편 경성제국대학에서 서양 역사를 찬밥 취급한 것과 대조적

---

44   이하 통계 분류는 박광현의 논문 「경성제대와 『신흥』」에 첨부된 '참고문헌' 목록에 전적으로 기반한 결과이다. 시간적 한계로 해당 목록을 원 사료와 대조하면서 하나하나 검증하지 못했다.

45   내가 게으른 탓으로 텍스트를 꼼꼼히 확인하지 못해 애매모호한 내용은 기타로 분류했다. 「타산적 결혼」(2호)과 「제삼국가와 식량공황」(9호) 등이 이런 경우이다.

46   『신흥』 7호에 실린 최창규(문학 1회)의 「역전중(易傳中)의 변증법적 관념의 전개」(곽말약의 원문 번역)과 8호에 게재된 김강수(전공, 학년 불명)의 번역물 「호적(胡適)의 공자론 비판」이 그것이다.

47   당시 일본제국대학의 관학 아카데미즘 체제에서 '철학'은 별다른 수식어 없이는 당연히 '서양 철학'이었고, '일본 철학' 분야도 사실상 제도화되지 않았거나 주변적 주제였다는 사실에 주의할 필요가 있다는 자문 의견을 정준영이 나에게 전달했다. 1945년 패전까지 도쿄제국대학에는 '일본 철학' 강좌가 없었고, '일본 사상'이라는 명칭의 강좌가 유일하게 노호구세국대학에 설치되었다고 그는 설명했다. 중요하고 흥미로운 지적이지만, 이 책 8장에서 살펴보았듯이 정규대학 졸업생이 아닌 안확이 경성제국대학 개교 이전인 1922년 「조선철학사상개관」이라는 글을 발표했다는 사실은 여전히 남는다.

으로, 조선 지식인은 서양(사회) 철학을 과잉 소비했다. 당대 일본 지식인은 서구에 유학하여 선진 지식을 습득하고 돌아와 일본의 학문 세계에 응용하려 애썼고, 자연스럽게 조선인 제자도 일본인 교수의 강의와 교재를 통해 서양(사회) 철학에 많이 노출되었을 것이다. 헤겔 사망 100주년을 기리는 수 편의 글과 헤겔 좌파 포이어바흐의 유물사관 등이 집중적으로 게재된 것은 『신흥』의 사회주의적 경향을 반영한다고 하더라도, 독일 심리학 연구 경향까지 포함하여 독일(사회) 철학이 주류를 이룬 것은 일본 지식인의 독일 배우기를 조선 지식인이 그대로 따라 한 결과라고 보아야 할 것이다. 그리고 경성제국대학 조선 지식인들이 서양 '원서'와 직접 대면한 결과인지, 일본 교수가 먼저 씹어서 먹여주는 '이중 번역'의 배설물인지 분간할 필요가 있다. 다음 10장의 고유섭 사례에서 보겠지만, 한국학 제2물결의 원천을 찾고 그 실개울의 혼혈적 족보를 따지는 데 의미 있는 작업이기 때문이다.

요약하자면, 경성제국대학은 엘리트 조선 지식인을 키운 온실이었고 동시에 그의 세계관을 통제하던 오염된 상아탑이었다. 무엇보다 경성제국대학은 일본제국이 추진·실행한 '앎/지식에의 의지' 프로젝트의 성공 사례 중 하나였다. 경성제국대학의 일본 지식인-공무원들은 한국학 연구의 제1.5물결이 옆길로 새지 않고 흐르도록 넓고 탄탄한 신작로를 건설했고, 그들의 도제인 조선 지식인은 '동양학'의 하위분야로 설정된 조선학 연구의 울타리에서 벗어나지 않으려고 스스로 단속했다. 제국의 언어가 아니라 한글로 작성된 조선학을 널리 알리는 파수꾼이 되겠다는 『신흥』의 의지는 흐지부지 묻어졌다. 능력과 노력이 모자랐다기보다는 스승이 물려준 '과학적 연성'이라는 삽으로 전공 분야만 깊게 파는 데 열중하여 정작 그 자신을 잃어버렸기 때문이다.

제도권 내부에 있는 조선 지식인은 '과학'을 "문명의 시대를 이끌어갈 보편적인 신학문"으로 환영하며 '관학 아카데미즘' 그 자체와 동일시했다. 랑케(실증) 사학이 '국가주의'라는 깃대 없이는 설 수 없는 것과 다르게, '국가가 없는' 식민지 시기 조선의 고급 지식인은 '과학'을 독립과 반식민주의 결사를 위한 암호暗號가 아니라 오히려 일본제국의 식민사관을 지탱해주는 신성한 단어로 숭배했다.[48] 다시 말하자면, 일본인 스승이 닦달하는 '닥치고 과학적 학문 탐구!'라는 가르침을 방패/평계 삼아, 주관적이며 감정적 산물로서의 '앙가주망/현실 참여'를 죄의식 없이 회피할 수 있었다. '객관적 사실과 가치중립적 진리 탐구'라는 동력으로 돌진하는 '한국학 제1.5물결'의 급물살에 많은 조선 지식인이 자발적으로 뛰어든 이유이다.

한편, 경성제국대학 일본인 교수와 조선인 졸업생이 1930년대 중반 이후 전개되는 조선학 연구의 경로와 성격 변화에 끼친 영향력을 과소평가할 수 없다. 대표적인 '조선학 학술장'으로 1930년 출범한 청구학회를 주도한 평의원 30명 중에서 반수가 넘는 16명이 경성제국대학 일본인 교수였다. 학회 전체 임원 44명 중에서 34명(77퍼센트)이 대학 졸업자였고 그중 27명(62퍼센트)이 도쿄제국대학 출신이었다.[49]

---

48   이런 논지는 김종준, 「일제시기 '역사의 과학화' 논쟁과 역사학계 '관학 아카데미즘'의 문제」, 『한국사학보』 49, 고려사학회, 2012 참조. 직접 인용은 310쪽.

진단학회는 일본 관학자와 경쟁하여 조선학 연구의 주도권을 쥐려는 목적으로 1934년 창립되었다. 어문학, 경제학, 민속학 등을 아우르는 '조선학 종합학회' 성격을 띤 이 신생 학회의 발기인 24명 중에서 14명(58퍼센트)이 일본대학 조선인 유학생이었고, 경성제국대학 한국인 졸업생은 7명(29퍼센트)이었다. "조선학을 민족주의 운동으로 변형시킨 조선학 운동"의 중심적 학술장인 진단학회[50]는 8장에서 살펴본 것처럼 '지식·학력 자본'으로 무장한 조선인 '문화귀족'들의 연대였다. 청구학회 평의원이었던 이능화와 최남선이 진단학회 발기인 명단에 끼지 못한 것도 눈여겨볼 지점이다.

삐딱한 관점에서 돌이켜보자면, "경성제대 사학과는 도쿄제대 사학과의 출장소 또는 식민지에 다름 아니었다"라는 비판[51]은 옹졸한 '자학사관'自虐史觀의 산물이 아니다. 경성제국대학 사학과에 재직한 일본인 교수들 대부분이 도쿄제국대학 출신이었다는 통계적 사실을 과격하게 표현한 이 문장에 숨어 있는 '그 이상의 의미'를 찾아봐야 한다.

다소 뜬금없는 사례를 들자면, 도쿄제국대학 사학과에 설치한 국사-동양사-서양사라는 3분법 체계가 경성제국대학을 넘어 국립서울대학교에 이르기까지 100년 동안 지속되었다. 그 낡은 지식-권력으로서의 학과 나누기는 (우연히 이 책이 출간되는) 2024년에야 폐지되었다. 한 대학의 학과 통폐합이라는 가벼운 문제에 너무 무거

49   윤해동, 「'조선학의 장'과 식민지 고등교육」, 『사회와 역사』 136, 한국사회
        사학회, 2022, 116쪽.
50   윤해동, 「'조선학의 장'과 식민지 고등교육」, 129쪽.
51   장신, 「경성제국대학 사학과의 자장」, 68쪽.

운 의미를 부여한다고 핀잔할 수도 있겠지만, 식민지 시기에 이식된 세계관과 사고방식이 이렇게 하찮은 방식으로 살아남아 탈-식민시대에도 '나쁜' 영향력을 행사했다는 점을 강조하고 싶을 뿐이다. 학술적 분류 시스템은 그것을 만든 제작자의 권력적 실천이라는 무서운 사실을 우리는 너무 쉽게 잊어버린다.

다음 10장에서는 경성제국대학 조선인 졸업생이 1930년대에 전개되는 조선학 연구의 형식과 내용에 어떤 변화를 가져왔는지 고유섭의 사례에 초점을 맞춰 다시 생각해보려고 한다.

10장

조선 미술사 연구의 제2물결
: 고유섭 찾아가기

한국 근대 미술사의 탯줄은 일본 근대 미술사의 탄생·성립과 끊을 수 없도록 엉켜 있다. '서양 따라잡기'라는 시대적 구호에 맞춰 일본 근대 미술의 제도와 교육이 정비되었고, 중국·조선의 후진적 문화예술 전통과의 구별 짓기를 통해 일본 근대적 미학 담론의 기본 얼개가 짜여졌다. 도쿄제국대학에 초빙된 미국인 어니스트 페놀로사Ernest F. Fenollosa(1853~1908)가 일본의 서양 미학 및 미술사 수용을 인도했다면, 일본 관학자 세키노 다다시關野貞(1867~1935)는 조선 미술사 연구의 첫 단추를 끼웠다.

이 장에서는 20세기 초반 한국 미술사 영역에서 다시 만나는 일본인 연구자(야나기 무네요시), 서양 선교사(안드레아스 에카르트), 조선미술 전문가(고유섭)를 연결하기 또는 다시 뒤섞기를 통해 근대한국학 제1물결, 제1.5물결, 제2물결 사이 공간의 주름살과 용트림을 종합적으로 눈어림해보고자 한다.

1 일본 미술사의 거울에 비친 한국 미술사

'일본화'日本畵라는 용어는 '서양화'에 대비되며 1890년 무렵 만들어졌다. '일본 미술'이라는 말도 비슷한 시기에 성립되었다. '국화' 國畵라는 말이 1910년대 전후 주로 국내용으로 사용되었다면, '일본화'와 '일본 미술'이라는 두 개념은 애초 "서양을 향한 발신"을 염두에 두고 만들어진 일종의 외교 전략·국제 문화 전략의 산물이었다.[1] 1860년대부터 세기말까지 유럽인들을 사로잡은 자포니즘 Japonism의 물결에 편승하여 일본 공예품을 세계박람회에서 선전·수출하려는 식산흥업殖産興業의 의도였다. '국화'와 '일본 미술'이라는 두 용어에는 1889년 일본제국 헌법 공포를 신호탄 삼아 탈아입구脫亞入歐를 완수한 동아시아 우등국가로 국제적 공인을 받으려는 의지(요즘 말로 하자면 '인정 투쟁')가 각인되어 있다. 이런 배경에서 민족-국가적 차원의 예술 고등교육기관인 도쿄미술학교(현 도쿄예술대학 미술학부)가 1899년 문을 열었다.

일본 미학/미술사의 탄생도 국외 발신을 위한 문화 전략의 차원에서 기획되었다. 'aesthetica'는 '심미학'으로 번역되었고, 도쿄제국대학에서 1881년 미학·예술비평 강의가 개설되었다.[2] 미국의 동양미술사가이며 철학자인 어니스트 페놀로사는 신생 도쿄제국대학에 초빙되어 '서구적' 미술사를 가르쳤다. 페놀로사는 서

---

1   사토 도신, 「'일본미술'이라는 제도」, 나리타 류이치, 연구공간 '수유+너머' 일본 근대와 젠더세미나팀 엮음, 『근대 지(知)의 성립』, 소명출판, 2011, 82쪽, 104쪽.
2   김영나, 「한국미술사의 태두 고유섭: 그의 역할과 위치」, 『미술사연구』 16, 미술사연구회, 2002, 505쪽.

양 선교사에게 배운 영어 실력으로 눈에 띈 오카쿠라 덴신岡倉天心(1863~1913)과 함께 도쿄미술학교 창립을 주도했다. 오카쿠라 덴신은 도쿄미술학교에서 일본 미술사를 처음 강의했다.[3] 그는 최초의 관제 일본 미술사 소개 서적으로 평가받는『일본미술사』*Histoire de l'art du Japon*를 출간했다. 이 책이 프랑스어로 출간되어 1900년 파리박람회에서 먼저 선보였다는 사실이야말로『일본미술사』가 "서양에 내보이기 위해 편찬"되었음을 증명한다.[4] 이 책은 이듬해인 1901년에야『고본일본제국미술약사』稿本日本帝國美術略史라는 제목으로 일본 독자들에게 선보였다.

　"최초로 조선 미술사를 다룬 논문"의 필자는 도쿄제국대학 건축학과(조가학(과)造家學(科)) 출신 세키노 다다시였다. 그는 1893년 시카고 컬럼비아세계박람회에 전시된 일본 파빌리온(봉황전鳳凰殿)에 대한 졸업논문을 제출하면서 "국제 사회를 향한 일본 고유문화의 연출이라는 문화 전략"을 일찍이 수행한 젊은 공학도였다.[5] 세키노 다다시는 모교 공과대학장으로부터 조선 건축에 대한 조사를 의뢰받고 1902년 대한제국으로 건너와 경주 등지에서 "최초의 유적조사"를 수행했다. 전국 유적 조사 성과물로 1904년 6월『일본미술』에 게재한 세키노 다다시의「한국의 예술적 유물」은 조선 미술사 최초의 논문으로 꼽힌다.[6] 1910년 식민지 조선을 다시 찾은 세

3　　김용철,「오카쿠라 덴신(岡倉天心)과 일본미술사의 성립」,『일본사상』7, 한국일본사상사학회, 2004.
4　　사토 도신,「'일본미술'이라는 제도」, 98쪽.
5　　다카기 히로시,「일본 미술사와 조선 미술사의 성립」, 임지현 외 엮음,『국사의 신화를 넘어서』, 휴머니스트, 2004, 175쪽.
6　　다카기 히로시,「일본 미술사와 조선 미술사의 성립」, 181쪽.

키노 다다시는 '남한' 일대와 개성과 평양 등 전국 유적지를 답사하며 고고학적 방법으로 문화유물을 발굴·조사했다.[7]

세키노 다다시가 1932년 출간한 『조선미술사』[8]는 이와 같은 현장 답사 경험의 종합판으로, 조선사학회가 주관한 『조선사강좌』에서 1923년부터 연재한 조선 미술사 관련 글을 수정 보완한 것이다. 이 책을 지탱하는 미학관은 예술작품의 일반적 성격은 그 나라의 지리적 풍토와 민족적 '기질'을 반영한다는 믿음에 기반하고 있다. 세키노 다다시에 따르면, 백두산맥에서 갈라진 수많은 작은 산에 치여 하천과 평야는 매우 빈약하고, 그런 자연환경에서 자자손손 살아온 조선인 기질도 웅대·강건하지 못하다.

이런 두 가지 특징이 결합하여 잉태한 조선 미술은 "아기자기하고 심약한 면"이 있고 "소규모이며 지나치게 섬세하고 화려하다는 폐단"이 있다.[9] 유럽에 유학했던 세키노 다다시는 당대 유럽에서 유행한 체질인류학을 배워 그 시각을 예술 분야에 응용한 것으로 짐작된다. 이런 시각은 여러 경로를 통해 조선 지식인의 미학관에도 영향을 끼쳤다. 조선학 연구 1세대 이능화는 『조선불교통사』(1918)에 세키노 다다시가 1913년 발표한 「신라·고려시대 불교의 유적」을 번역해 수록했다.[10]

7   세키노 다다시의 조선 유물 발굴 조사와 영향력에 대한 상세한 내용은 류시현, 「1900~1910년대 세키노 타다시(關野貞)의 조선 문화 연구」, 『인문사회과학연구』 19-2, 부경대학교 인문사회과학연구소, 2018 참고.
8   세키노 다다시, 심우성 옮김, 『조선미술사』, 동문선, 2003 참조.
9   세키노 다다시, 『조선미술사』, 69~70쪽.
10   류시현, 「1900~1910년대 세키노 다다시(關野貞)의 조선 문화 연구」, 42~43쪽 참조.

세키노 다다시가 『조선미술사』에서 연대기적 시대(왕조)와 장르로 구분해 서술한 조선 미술사의 장단점에 대한 평가는 (놀랍게도) 오늘날 한국 독자에게 교양 지식이 될 정도로 매우 익숙하다. 대략 나열하자면, 통일신라시대 작품인 경주 석굴암은 "중국에서는 볼 수 없고 완전히 신라 장인들의 창의로 이루어진 것이라서 당시의 발달된 건축술에 놀랄 따름"이다. 특히 본존석가여래상은 "현재 조선에서 가장 우수한 조각으로서 당시 중국이나 일본의 작품에는 이와 견줄 만한 것이 없다."[11] 고려시대에 건축된 부석사 무량수전은 "당대의 건축으로 현재 조선에 남아 있는 것 중 가장 오래된 목조 건축"으로서 "기둥은 굵고 풍만한 배흘림기둥으로 마치 일본 아스카시대의 호류지 금당의 기둥을 보는 듯하다"라고 감상했다.[12] 또 임진왜란 때 '근대 요업 발달의 기초를 쌓은 우수한 도공'을 일본으로 데려와 "일본의 요업은 이때부터 급격하게 발전"했는데, 이는 '의외의 수확'이었다고 솔직하게 썼다.[13]

세키노 다다시의 감식안에 따르면, 조선 미술은 중국 문명권의 영향을 오랫동안 받았지만 "조선 고유의 특색을 표현한 예술이 상당히 만들어졌다." 특히 자신이 발굴한 낙랑시대 고적과 유물은 "중국이나 일본에는 전혀 남아 있지 않은 것이 다수 보존"된 고고학적 가치가 큰 보물로서 "일본과 중국 사이에서 [조선 미술사가] 동양 미술사의 연구상 특수한 위치를 차지"함을 보증하는 증거였다.[14]

---

11   세키노 다다시, 『조선미술사』, 179쪽, 196쪽.
12   세키노 다다시, 『조선미술사』, 213쪽.
13   세키노 다다시, 『조선미술사』, 346쪽.
14   세키노 다다시, 『조선미술사』, 349쪽.

세키노 다다시는 조선 미술사의 의의와 존재 이유를 '동양 미술사'의 부분집합으로 규정했다. 마치 이슬람인이 고대 그리스 문헌과 유물을 잘 보존하여 유럽 르네상스 운동의 촉매가 되었던 것처럼 조선 지식인에게 동양 고유의 취향과 정신이 담긴 "특수한 동양 미술의 완성"을 위해 "중국 및 일본의 예술사와 더불어" 협력하자고 제안하며 세키노 다다시의 『조선미술사』는 끝을 맺는다.[15] 앞서 9장에서 살펴보았다시피 경성제국대학이 '동양학의 하위분야로서 조선학'을 떠맡았다면, 세키노 다다시는 '동양 미술사의 하위분야로서 조선 미술사'를 성립시켰다고 할 수 있다.

2 '외국인' 미술평론가 눈에 비친 조선 미술
: 야나기 무네요시와 안드레아스 에카르트

조선 학자는 스스로 조선 미술사를 써야 한다는 안확이 날린 홀씨가 바람에 실려 고유섭(1905~1944)의 어깨 위에 닿았다. 고유섭은 "한국 미술사를 제대로 전공한 사람이 아무도 없었던 일제 강점기에 정규과정을 마친 유일한 한국인"으로 "한국 최초의 미학자이자 미술사학자"로 꼽히는 인물이다.[16] 그가 선배 아닌 선배인 안확이 쓴 미술 관련 글을 읽었는지는 알 수 없지만, 주체적 조선 미술사

---

15   세키노 나나시, 『조선미술사』, 350~351쪽.
16   앞의 평가는 김영나, 「한국미술의 태두 고유섭: 그의 역할과 위치」, 『미술사연구』(2002), 505쪽; 뒤의 평가는 김임수, 「고유섭과 한국미학」, 『황해문화』 33(2001), 204쪽 각각 참조. 김임수도 고유섭의 위상을 "일제 식민지 치하에서 미술사 관련의 유일한 한국인 학자"로 파악한다.

서술이 중요하고도 시급하다는 견해에는 동의한다.

고유섭은 미술품을 골동품으로 인식하여 '냉대하고 업신여기는 태도(白眼看他)' 탓에 조선 미술사는 "학문의 광명"은커녕 "학구적 열정의 억압" 대상이 되었다고 한탄했다.[17] 그는 거의 미답의 백지 상태로 남아 있던 분야를 개척한 외국 학자들의 업적을 자신이 극복해야 할 숙제로 삼았다. 세키노 다다시는 "고물등록대장古物燈錄臺帳 같은 미술사", 안드레아스 에카르트는 "민족적 감정을 이용한 비학구적 서술"이라는 약점이 각각 있지만 "그 상처와 칭찬(毁譽)이 여하튼지 간에 감사할 만한 현상"이라고 하며 그들의 성과를 쓴약처럼 꿀떡 삼켰다.[18]

고유섭이 초보 단계인 조선 미술사에 도전하여 어떤 독창적 성과를 거두었는지를 따져보기 전에, '외국인' 미술평론가의 눈에 비친 조선 미술사의 이모저모를 살펴보기로 하자. 고유섭이 직접적으로 많은 영향을 받은 야나기 무네요시柳宗悅(1889~1961)가 주창한 조선 예술 담론의 특징과 민예 운동을 먼저 짚어보고, 경성제국대학에서 1924~1928년 미술사 강의에 출강한 독일 출신 가톨릭 수도사 안드레아스 에카르트가 쓴 『조선미술사』를 따라 읽어보자.

야나기 무네요시가 1922년 일본 잡지 『신조』新潮 창간호에 발표한 「조선의 미술」은 '고전적 문제작'이다. 도쿄제국대학 문학부에서 심리학을 전공한 그는 "예술은 민족성의 표현"이므로 "미술사

---

17   고유섭, 「학난(學難)」(미발표 유고, 1935). 원문은 김영애, 「고유섭의 생애와 학문세계」, 『미술사학연구』 190·191, 미술사연구회, 1991에 '부록 2'로 첨부되었다. 152쪽 참조.
18   고유섭, 「학난(學難)」.

가는 필연적으로 심리학자"라고 선언했다.[19] 이런 관점을 적용하면, "중국의 예술은 의지의 예술"이고 "일본은 정취의 예술"이며, 조선 예술은 "숙명적으로 비애를 짊어"졌다고 하면서 각 나라의 미학적 속성을 규정했다.[20] 대륙·섬나라·반도라는 세 나라의 지리적 특징 은 이에 상응하는 예술적 특색을 낳았다. 강한 '형태'로 표출되는 중국 예술, 즐거운 '색채'를 앞세운 일본 예술, 쓸쓸한 '선'으로 표현 되는 조선 예술 등이 그것이다.[21] 야나기 무네요시는 '비애미'와 '색 채의 결핍'이라는 조선 미술의 특징을 가장 잘 드러내는 것이 조선 인이 즐겨 입는 흰옷인데, 그것은 "쓸쓸하고 부끄럼 많은 마음의 상 징"이며 "생활의 즐거움을 잃은 분명한 증거"라고 주장했다.[22]

'후기' 야나기 무네요시는 일본 민예民藝(Folk Craft) 운동과 공 예The Practical/Applied Art 미학의 선구자로 기억된다. 전문 월간지 『공예』工藝를 1931년 창간·운영했고, 1936년 일본민예관을 설립했 다. 공예는 이름 없는 기술자들이 만드는 일상적 실용품의 총칭으 로, 쓰임을 통해 나타나는 아름다움은 본질적으로 사용자를 섬기는 '봉사의 미'이다.[23] 개성과 자유를 앞세우는 미술이 인간중심적이라 면, 직관과 무심無心을 미덕으로 삼는 공예는 자연중심적 산물이며, 공예문화는 '맛'과 '정감'情感 같은 '친근함의 미'가 특징이다.[24] 야나

19   야나기 무네요시, 「조선의 미술」, 박재삼 옮김, 『조선과 예술』, 범우사, 1997, 20쪽.
20   야나기 무네요시, 「조선의 미술」, 25쪽.
21   야나기 무네요시, 「조선의 미술」, 31쪽.
22   야나기 무네요시, 「조선의 미술」, 40쪽.
23   야나기 무네요시, 이길진 옮김, 『공예의 길』, 신구문화사, 1994, 28쪽, 31쪽. 원문은 일본 잡지 『대조화』大調和(1927. 4)에 게재.
24   야나기 무네요시, 『공예의 길』, 29쪽, 189쪽. 야나기 무네요시는 이런 속성

기 무네요시의 분석에 따르면, "민예의 쇠퇴는 자본주의의 일어남과 평행"한다. 일본의 경우, 1887년 무렵부터 이익을 우선으로 하고 '쓰임'은 부차적으로 취급하는 서구적 자본주의 생산양식(수공에서 기계로, '내구성에서 일시성으로')이 도입되면서 전통 공예산업이 사양길에 접어들었다.[25] 야나기 무네요시는 자신이 아직 처녀지로 남아 있는 공예문화에 선구적 관심을 쏟아 '민예 운동'을 이끈 것은 "외국의 사상에서 나온 게 아니라 우리들의 독창적인 견해에서 출발"했다고 자랑스럽게 회고했다.[26]

야나기 무네요시와 거의 비슷한 시기 조선 미술에 특별한 관심과 애정을 쏟은 또 다른 '외국인'이 안드레아스 에카르트Andreas Ludwig Otto Eckardt(1884~1974)다. 독일 가톨릭 단체인 성 오틸리엔 베네딕토 선교수도회 소속으로 1909년 한국에 파견되어 20년 가깝게 장기 체류하며 조선의 일상 풍속을 기록했다. 에카르트가 『조선미술사』 서문에서 밝히듯이 1920년대 후반까지도 '조선 미술은 존재하는가?' 또는 '조선 미술은 무엇인가?' 등과 같은 질문에 답하려는 입문서는 세계적으로 거의 없었다. 그래서 "모든 문명사회에 조선 미술의 의미를 밝히고 알리는" 목적으로 "현존하는 자료를 수집하고 정리하여 조선 미술에 관한 통사를 저술"했다. 1929년 영어와 독일어로 동시 출간한 『조선미술사』가 지닌 사학사적 의의는 크다.

<hr />

을 지닌 공예의 '건전한 미'가 귀중품인 '죠테모노'上手物(상류계층이 감상용으로 소유한 명품)가 아니라 '게테모노'下手物(민중의 일상용품으로 조잡한 물건)에서 더 잘 나타난다고 주장했다.

25   야나기 무네요시, 『공예의 길』, 198~199쪽.
26   『공예의 길』(원문은 1928년 저술) 저자 머리말 11쪽; 야나기 무네요시, 민병산 옮김, 『공예문화』, 신구문화사, 1993, 서론 9쪽.

"아시아 언어나 유럽 언어로 결코 시도된 적이 없는" 최초의 시도라는 자평[27]은 과장이 아니다.[28]

에카르트의 『조선미술사』를 관통하는 미학관을 크게 세 갈래로 요약할 수 있다. 첫째, 에카르트는 조선 미술을 중국·일본과 간다라 미술의 영향력에서 어느 정도 벗어난 고유한 미학 전통의 산물로 파악한다. "때때로 과장되거나 왜곡되는 것이 많은 중국의 예술형식이나, 감정에 차 있거나 형식이 꽉 짜인 일본 미술과는 달리, 조선이 동아시아에서 가장 아름다운, 더 적극적으로 말한다면 가장 고전적이라고 할 좋은 작품을 만들어냈다고 단언해도 좋을 것"이라고 칭찬했다.[29]

특히 석굴암은 조선 예술의 독창성을 보여주는 대표적 사례로서, 내부의 큰 원형 공간은 "동아시아의 그 어느 곳에서도 찾아볼 수 없는 세련되고 계산된 독특한 석굴 구조"이며 "확실히 조선 독자獨自의 것"이라고 단언했다.[30] "조선 미술을 흥미롭게 만드는 것은 한데 섞여 버리거나 불명료에 빠지는 점이 없이, 선, 표면, 색채를 크게 강조한다는 점이다." 먼 옛날 지중해 연안의 도시국가 중에서도 작은 헬라스Hellas가 성취한 예술적 업적과 유사한 역할을 "동아

---

27   Andreas Eckardt, *History of Korean Art*, Leipzig & London, 1929; 안드레 에카르트, 권영필 옮김, 『에카르트의 조선미술사』, 열화당, 2003, 서문 9쪽. 그의 조선 체류 경험에 대한 회고록은 안드레 에카르트(옥낙안), 이기숙 옮김, 『조선, 지극히 아름다운 나라: 독일인 옥낙안이 본 근대 조선인의 삶』, 살림, 2010 참조.

28   홍미숙, 『안드레아스 에카르트의 『소선미술사』에 관한 연구』, 명지대학교 미술사학과 박사학위논문, 2019; 권영필, 「안드레아스 에카르트(Andreas Eckardt)의 미술사관」, 『미술사학』 15, 미술사학연구회, 1992 등 참조.

29   안드레 에카르트, 『에카르트의 조선미술사』, 20쪽.

30   안드레 에카르트, 『에카르트의 조선미술사』, 100쪽, 102쪽.

시아에서 정치적으로는 거의 무의미하게 된 조선"이 담당했다고 비교했다.[31]

둘째, 에카르트는 조선 미학의 정수를 절도節度와 중용中庸으로 꼽았다. 인도나 중국의 많은 불상에서 흘러넘치는 관능적 묘사를 조선의 조각에서는 전혀 찾아볼 수 없다는 점이 그 증거의 하나다. 고려시대 도자기는 "장식의 사용에 유례없이 절도"를 지키며 "고전적인 양식의 완전함과 표현의 다양성"을 보여준다고 칭찬했다. 조선 미술의 특징은 "품위와 고아高雅함이 어우러진 진지함"과 "간결하고 절도 있는 억제된 형식의 표현"으로 요약되는데, 그것은 "오로지 그리스의 고전미술에서 발견되는 바와 같은 온화함과 절제"에 버금간다고 높이 평가했다.[32]

에카르트는 조선의 고유한 의상의 사례를 들어 조선 미학이 간직한 중용미를 설명하기도 했다. 조선의 일상 의복은 중국인의 볼품없는 남색이나 검은 의복과 다르고, 차분하지 못한 면이 많은 변덕스러운 일본인의 기모노着物와도 다르다고 주목했다. "보통은 흰 바탕이지만 가난한 나라로서의 매우 청결한 천을 사용하고 있다. (…) 이 모든 것은 이 민족이 미적인 것에 대해, 또 간결한 것에 대해, 결국 고전적인 중용中庸에 대해 갖는 자연스러운 예술적 감각을 증명하고 있다."[33] 많은 서양 선교사가 조선인이 흰 색깔의 옷을 일상복으로 착용하는 것은 물감 비용이 없을 만큼 가난하다는 증표로 흔히 이해(오해)했다는 점에 비추어보면, 그것을 요란스러움과 천박

---

31   안드레 에카르트, 『에카르트의 조선미술사』, 214~215쪽, 375쪽.
32   안드레 에카르트, 『에카르트의 조선미술사』, 130쪽.
33   안드레 에카르트, 『에카르트의 조선미술사』, 371쪽.

함 사이에서의 균형을 잡으려는 중용미로 해석하는 에카르트의 시각은 독특하다.

셋째, 에카르트는 조선 예술이 일본 예술의 형성 및 발달에 미친 영향력을 재확인했다. 19세기 후반부터 서양 선교사들이 '조선에 빚진 일본 예술의 뿌리'에 대해 이미 언급했다는 점을 숙지한다면,[34] 새삼스러운 일이 아닐 수도 있다. 다만 그는 고대부터 두 나라 사이에 진행된 예술 교류의 실체를 자기 눈으로 직접 관찰하기 위해 1926년 일본에 미술 답사를 다녀올 만큼 열정적이었다.

예술 기행의 결과, "일본은 중국과 조선에 순종하는 학생"이었음을 확인했다.[35] 에카르트는 조선의 예술가가 창작한 "가장 중요한 불교 조각들"이 호류지法隆寺와 나라奈良박물관 등에 많이 보존되어 있다고 구체적으로 밝혔다. 그리고 도요토미 히데요시의 조선 침략 당시 일본의 다이묘들은 "유능한 조선인을 인질이나 수인囚人이라기보다는 오히려 자국인들의 교사"로 모셔 왔고, 일본 도예산업에서 "가장 중요한 자토磁土"를 일본으로 처음 가지고 온 사람도 조선 도예가였다고 증언했다.[36]

---

34   예를 들어 W. E. Griffis, "The Corean Origin of Japanese Art," *Century* (1883); W. E. Griffis, "Japan's Debt to Korea," *Asia*(N. Y. 1919).

35   안드레 에카르트, 『에카르트의 조선미술사』, 20쪽.

36   안드레 에카르트, 『에카르트의 조선미술사』, 329쪽.

3　독자적 조선 미술사 서술을 위한 출사표?
: 고유섭

고유섭은 경성제국대학을 졸업하고 일본인 지도교수(우에노)에게 인정받아 미학연구실 조수가 되었다. 3년간 근무하면서 현장 답사와 문헌 분석으로 실력을 키웠다. 이런 능력을 인정받아 조선인 출신으로는 예외적으로 1933년 개성부립박물관 관장으로 취임했다. 이듬해에는 조선학 연구단체 진단학회 발기인으로도 이름을 올렸다.

　아쉽게도 불혹에 이르지 못하고 사망한 고유섭은 유고『조선미술사』를 남겼다. 그는 책 서문에서 "조선 미술사에 대한 저작이 오늘날까지 전무全無하였음으로 우선 하나의 조그마한 예비적 입문이 되기를 바랄 뿐"이라고 밝혔다. "2~3명 외국인의 감사할 만한 노작努作이 있으나 학문적인 관점(學的見地)에서 추앙推仰할 만한 사람은 없다"고 괄호 안에 집필 배경을 덧붙였다.[37] 고유섭이 콕 짚어서 실명을 밝히지 않았지만, 앞서 소개한 세키노 다다시, 야나기 무네요시, 안드레아스 에카르트 등을 염두에 둔 발언이라고 해도 틀리지 않을 것이다. 자신이 쓴 미술사 입문서가 선배 및 외국인 미술비평가들의 선행연구를 학문적 차원에서 뛰어넘는다는 고유섭의 자신감과 자부심은 어디에서 연유하는 것일까?

　고유섭이 경성제국대학 법문학부 철학과에서 미학과 미술사

37　고고미술동인회 엮음,『고유섭 유저 2: 조선미술사료(朝鮮美術史料)』, 1966, 143쪽.

를 전공하고 졸업한 직후인 1930년『신흥』에 발표한「미학의 사적 개관」을 통해 도제 시절의 지적 성장기를 엿볼 수 있다. 본격적 연구논문이라기보다는 대학 시절 수강한 미학 수업 필기 노트에 가까운 20여 쪽 분량의 글은 고대 미메시스 이론에서 출발하여 후설 Edmund Husserl의 현상학적 미학으로 종결된다.[38] 고유섭의 졸업논문「예술적 활동의 본질과 의미」(1929)의 주제가 독일 미학자 콘라트 피들러Konrad Fielder(1841~1895)의 미학 이론을 정리한 논문이었다는 점을 상기한다면,[39] 청년 시절 고유섭을 사로잡은 것은 유럽(특히 독일) 미술사와 예술 담론이었음을 알 수 있다.

경성제국대학에서 조선 미학 및 미술사 강좌가 전혀 개설되지 않았기 때문에, 고유섭은 서양의 예술적 흐름에 대한 전문지식을 렌즈 삼아 조선 미술사를 비춰보는 자기 훈련을 연습했다. 예를 들어, 1939년『조선일보』에 발표한「삼국미술의 특징」에서 백제 회화 미술은 '세잔' 풍이요, 고구려 조각은 '고흐적 동요動搖'의 표현이며, 신라시대 경주 분황사탑은 '그대로가 고갱'이라며 현학적인 서양 미술사 첨단지식을 뽐냈다.[40] 8장 3절에서 살펴보았던 조선학 연구 1세대와의 차이점이 미술사 영역에서 어떻게 표출되는지를 관찰하기 위해 고유섭의 선배 안확의 미술비평 세계로 잠깐 되돌아가 보자.

안확은 조선 미술사 5천 년의 흐름을 '사실주의'와 '이상주의'

38   고유섭,「美學의 史的 槪觀」,『신흥』 3호, 1930.
39   고유섭 졸업논문에 관한 간략한 소개는 김명숙,「고유섭의 한국미학, 미술사학 제 해석」,『예술론집』 16, 전남대학교 예술연구소, 2015, 92쪽 참조.
40   고유섭,「三國美術의 特徵」,『高裕燮全集 2: 韓國美術文化史論叢』, 통문관, 1993, 135~136쪽.

라는 이분법적 잣대로 구별하고 그 흥망성쇠를 설명했다. 단군 숭배 축제로 첫 걸음마를 뗀 선사시대의 미술정신은 '사실적'이었고, 그 미학적 전통은 "미술사상의 경이한 시대"인 통일신라시대로 이어진다. 그리고 "얼핏 말하면, 고려조는 사실주의이요 이조는 이상주의"라고 구별했다.[41] 조선시대 미술가는 "상급인上級人이 아니요 하급인下級人"으로 취급당해 자신의 예술적 개성을 발휘하기가 불가능했으므로 "내용보다는 형식이요 사실보다 이상화"에 빠져들었다고 해설했다.[42] 조선 후기의 대가로 꼽히는 단원 김홍도와 오원 장승업은 예외적으로 "이상주의를 타파하고 일진日進하여 사실주의로" 나아감으로써 "새로운 시대화의 매개자"가 되었지만, "정신이 없이 외관적 기교에만 빠졌기 때문"에 "화도畫道의 쇠퇴를 불러온 사람"이라고 비판했다.[43]

지적으로 자수성가한 조선학 연구 1세대 안확이 거친 교양 수준의 안목으로 조선 미술사의 시대를 구분했다면, 제국대학 졸업장이라는 '지식 자본'을 배타적으로 소유한 조선학 연구 2세대 고유섭은 아마추어 미술평론가 안확과는 다른 차원의 현란한 미학적 언어와 문법을 사용했다. 이런 세대 차이에도 불구하고, 안확과 고유섭은 '외국인들'이 더럽히고 짓밟은 조선 미술사를 독창적으로 서술해야 한다는 역사적 의무감에 공감했다.

그렇다면 고유섭은 자신이 탐닉했던 서양 미학 이론과 미술사

---

41   안확, 『조선미술사요(朝鮮美術史要)』, 토지, 2019, 10쪽, 28쪽. 원문은 『조선
       일보』에 1940년 5월 11일부터 1940년 6월 11일까지 연재되었다.
42   안확, 『조선미술사요』, 28쪽.
43   안확, 『조선미술사요』, 31쪽.

의 숲에서 길을 잃지 않고 어떻게 '조선 미술사'라는 오솔길을 개척했을까? 그가 개성부립박물관 재직 초반에 쓴 것으로 짐작되는 「학난(學難)」을 통해 그의 지적 성장 과정을 더듬어볼 수 있다. 고유섭은 일찌감치 초등학교 때부터 "조선 미술사의 출현을 절실하게 요망要望"했고, 대학 시절에는 그 꿈을 "나 자신이 이루고 싶은 것으로 바꾸었다(轉化)"라고 고백했다.[44]

고유섭은 삼중의 사슬에서 벗어나야 '조선적' 미술사 처음(새로) 쓰기가 가능하다고 진단했다. 제1의 난관은 "재료의 모집募集"이고, 제2의 난관은 "방법론적 고민"이며, 제3의 난관은 "미술사의 (근본) 배경을 이룰 토대사土臺史의 획득 어려움"이라고 열거했다.[45] 첫째와 셋째의 어려움이 미술사 서술을 위한 기본적 1차 사료(작품)와 국내외 2차 참고문헌을 충분하게 접할 수 없는 현실 상황에 대한 불만이라면, 둘째의 방법론적 고민은 고유섭 스스로 돌파·선택·조탁해야 할 미학적 세계관이었다. 서양 근현대 철학과 미학 사상을 섭렵하여 소화하기만도 난감하건만, '조선의 사상 배경을 조선에서의' 관점에서 서술한 '흡족할 만한 저서'(快著)를 갖지 못해 허허벌판에 던져진 느낌이었다. 그래서 독창적 조선 미술사를 서술하려는 자신의 야심이 '당랑거철적螳螂拒轍的 계획'—사마귀가 앞발을 들고 수레바퀴를 멈추려는 무모하고 어리석은 짓—으로 끝날까 봐 두렵다고 고백했다.[46]

고유섭이 서양 미학/미술사의 패러다임에서 벗어나 조선 미술

---

44   고유섭, 「학난(學難)」.
45   고유섭, 「학난(學難)」.
46   고유섭, 「학난(學難)」.

그 자체에 본격적 관심을 가진 것은 학문적 생애의 끝자락 무렵이다. 1940년 『조선일보』에 게재한 「조선미술문화의 멧낫」이 그 주요 텍스트이다. 그는 예술/미술을 바라보는 기본 입장을 두 가지로 나누었다. 하나는 예술을 형식논리적이며 기계적·숙명론적 산물로 접근하여 "자연과학의 대상"으로 삼으려는 일파이고, 다른 하나는 비논리적·비인과적 작품으로 인식하여 "문화과학의 대상"으로 접근하려는 일파이다. 전자가 지리, 풍토, 혈연 등에 종속되는 숙명론적 미학관을 신봉한다면, 후자는 의지적으로 '개과천선'하여 '향상'과 '진화'가 가능하다는 진보적 태도를 과시했다. 문화과학적인 시각을 선호하는 고유섭은 '전통'을 새롭게 규정한다. 그것은 "손에서 손으로 넘겨주는 공놀이"가 아니라, "악전고투를 치러 피로써" 얻고 "쇄신분골하여 주검으로" 지켜야 할 그 무엇이다.[47] 조상들이 물려준 불변적·보편적 가치에 대한 조건 없는 존경을 버리고, "영원의 지금에서 늘 새롭게 파악"되어야 하는 변화무쌍하고 생동적인 전통을 다시 만들어야 한 나라/민족이 예술적으로 '발전'한다고 설명했다.

고유섭은 나쁜 전통을 고치고 좋은 전통을 새로 세워 '명예로운 민족'으로 거듭나기 위한 몇 가지 조건을 제안한다. 무엇보다 "고유한 우리말로 소위 멋이란 것이 부려져 있는 작품"을 창작할 수 있는 "상상력과 구성력의 풍부"가 요구된다. 겉멋이나 거들먹거리지 않도록 '산술적으로는 정확히 계산할 수 없는' 다양한 비율로 완성된 작품을 낳기 위한 필요불가결한 조건이다. 불국사 다보탑과 고려 만월대 궁전평면이 상상력과 구성력이 유기적으로 조합된 예

---

47   고유섭, 「朝鮮美術文化의 멧낫 (1)」, 『조선일보』, 1940년 7월 26일.

외적인 걸작이다. 우수한 조선 미술 전통을 만드는 둘째 요소는 "구수한 특질"이다. 이것은 속도에 있어서는 빠름이 아니라 완만함에서, 깊이에 있어서는 얄삽하고 경망스러움이 없도록 그 맛이 안으로 응축되어 씹고 씹으면 '고수한 작은 맛'을 우려낸다. 고유섭은 "신라의 모든 미술품에서 크게 느낄 수 있는 맛"이라고 설명했다.[48]

고유섭의 논리를 따라가면, 이 두 조건이 유기적으로 조합하여 "맵자한 것은 단아한 편으로, 구수한 것은 온아한 편으로" 수렴되어 "조선 예술의 우수한 특색의 하나"를 이룬다. 그런데 온아함과 단아함은 다양한 색깔로 표현되기보다는 단색에서 그 순박함과 담소함이 더 잘 드러나기 때문에 궁극적으로는 "조선 예술의 커다란 성격의 하나"인 '적조미'寂照美로 승화된다.[49] 조선 예술 전통을 구성하는 핵심 요소를 '비애미'라고 규정한 야나기 무네요시의 '오리엔탈리즘'과 고유섭이 닮은꼴이라고 비난을 받는 논쟁적 지점이다.[50]

사실 야나기 무네요시가 규정한 조선 예술의 장단점에 대한 고유섭의 태도는 이중적이다. 중국 예술=형태, 일본 예술=색채, 조선 예술=선 등의 도식으로 펼치는 야나기 무네요시의 비교미술사적 비평을 "국가적, 국민적 특색이라고 하기에는 너무나 시적詩的 구별에 불과"하다고 무시하지만,[51] 고유섭은 조선 예술 전통에 배태된 약점을 지적하는 그의 견해에는 경청할 만한 진실을 담고 있다고 수긍한다.

48   고유섭, 「朝鮮美術文化의 멧낫 (2)」, 『조선일보』, 1940년 7월 27일.
49   고유섭, 「朝鮮美術文化의 멧낫 (2)」
50   염운옥, 「야나기 무네요시와 '오리엔탈 오리엔탈리즘'」, 『역사와 문화』 14, 문화사학회, 2007 참조.
51   고유섭, 『고유섭전집 2: 한국미술문화사논총』, 통문관, 1993, 162쪽.

고유섭이 1941년 발표한 「조선 고대미술의 특색과 그 전승 문제」는 「조선미술문화의 몟낫」의 속편이며 일종의 완결판이다. 「조선 고대미술의 특색과 그 전승 문제」의 도입부에서 처음으로 조선 미술은 "조선의 미의식의 표현체, 구현체이며 조선의 미적 가치 이념의 상징체, 형상체"라고 공식적으로 정의한다.[52] 그리고 '조선 미술의 특색'='조선 미술의 전통'이라는 단순 명백한 도식을 보충 설명하고자, 「조선미술문화의 몟낫」에서 마무리하지 못한 중국 및 일본과 다른 조선 미술의 '전통적 성격'을 재발견한다.[53] 고유섭에 따르면, '무기교의 기교技巧', '무계획의 계획', '무관심성' 세 가지 성격이 조선 미술 전통 목록에 추가되어야 할 독창적 미학이다.

그런데 이런 속성에서 파생되는 약점이 '비정제성'非整齊性과 '비균제성'非均齊性이다. 조선의 예술작품은 형태로서의 완전 정제를 이루지 못하고 상하좌우가 대칭을 이루지 못하는asymmetry 기형으로 나타났다. '완전한 형태'(完形)가 아니라 '음악적 율동성'을 띤다는 측면에서 다시 생각해보면, "조선의 예술이 선적線的이라고 한 야나기 무네요시의 정의는 이 뜻[조선 미술은 정제성이 부족하다]에서 인정된다"라고 고유섭은 동의했다. 그리고 "우아優雅로 통하는 섬약미纖弱美는 색채적으로 단조한 것과 곁들여 적조미寂照美를 구성"하는데 고려청자와 조선백자가 이런 미적 정서를 대변한다. 전통 도자기와 조선 창호지 등에 투영된 '단색조'單色調는 "사상적으로 철저한 깊이에 들어가지 않고 (…) 즉 끈기와 고집이 부족한 것이며

52   고유섭, 「朝鮮 古代美術의 特色과 그 傳承 問題」, 『高裕燮全集 3: 韓國美術史 及美學論攷』, 통문관, 1993.
53   고유섭, 「조선 고대미술의 특색과 그 전승 문제」.

반면에 허무, 공무空無, 운명의 관념"을 무채색으로 표현한 결과라고 고유섭은 해석했다.[54]

고유섭의 분석에 따르면, 조선 예술 전통의 모순된 특질(자연에 순응적이지만 동시에 허무주의적인 체념 등)은 두 가지 약점에서 유래했다. 생산물이 '상품화'되는 단계에 도달하지 못했다는 것이 그 하나이고, '시민사회'를 형성하지 못했다는 사회경제적인 미성숙이 또 다른 요인이다.[55] 그 결과, 개성적이고 천재적인 화풍과 기교가 발전하여 귀족과 부르주아지에게 비싸게 팔렸던 서양 미술과 다르게 조선에서는 "일반적 생활, 전체적 생활의 미술, 즉 민예民藝라는 것이 큰 동맥動脈을 이루고 흘러내려왔다."[56]

고유섭은 삼국시대에서 조선시대에 이르는 미술은 모두 "계급 문화로서의 특수성보다는 일반 대중적 생활의 전체 호흡"이 구현된 민예품으로서 "근대적 의미에서의 미술"은 없다고 단언했다. "원래 서양에서는 일찍부터 회화 조각이 순純미술품으로 독립 발전하였기 때문에, 서양 미술사에서는 공예를 무시하여도 미술사가 능히 성립되지만, 동양 3국의 예술은 그 출발에 있어 또는 발전에 있어 합목적적合目的的 수요를 벗어본 적이 없다 하여도 가可하다. 그러므로 가장 합목적적인 공예품을 무시한다면, 동양의 미술사는 특히 조선의 미술사는 적막寂寞하여질 것이다."[57] 민예 전통을 서양 근대 미술과 다른 동양 및 일본 미술의 차별적 특징으로 내세운 야나

54   고유섭, 「조선 고대미술의 특색과 그 전승 문제」, 18~19쪽.
55   고유섭, 「조선 고대미술의 특색과 그 전승 문제」, 21쪽.
56   고유섭, 「조선 고대미술의 특색과 그 전승 문제」, 17쪽, 21쪽.
57   고유섭, 『고유섭 유저 2: 조선미술사료』, 1966, 43~44쪽.

기 무네요시[58]에게 한 걸음 더 다가간 것일까.

4   연결하기 또는 다시 뒤섞기

고유섭의 미학을 야나기 무네요시의 미학과 비교 검증하는 것은 이 글의 주제에서 비켜나 있다. 다만 서양 선교사와 일본 학자의 한계를 극복하고자 고유섭이 선택한 '자기만의' 지름길 또는 우회로의 좌표를 측정하려 한다. '하늘 아래 새로운 것은 없다'라는 성서 구절을 동원하지 않더라도, 학문 영역에서 선행연구를 뛰어넘어 성취할 수 있는 독창성이란 무엇인가? 고유섭은 "순수창조純粹創造라는 것은 한갓 청교도적 결벽성을 가진 공상가의 추상에서만 허용"되는 백일몽이며, 실제 생활에서의 창조성은 무無에서 유有를 만드는 것이 아님을 깨달았다. "한 손은 인과율因果律에 [다른] 한 손은 자유의 지"에 맡겨 '유의 변용'을 비약적으로 시도함으로써 새로운 것을 창출할 수 있다고 확신했다.[59]

　이런 신념을 미술사 영역에 적용한다면 예술적·미학적 창조성은 특정 지역에 사는 특정 민족의 생활관습이 지속·축적된 전통을 도화지 삼아 "모방模倣과 번복飜覆과 전용轉用과 변용變用을 겪어가는 도중에 창조라는 것도 나오게 되는 것"이라고 고유섭은 설명했

58　　이러한 해석은 주성옥, 「야나기 무네요시의 민예론과 오리엔탈리즘」, 『미학』 68, 한국미학회, 2011 참조.

59　　고유섭, 「朝鮮文化의 創造性(工藝編)」, 『高裕燮全集 2: 韓國美術文化史論叢』, 21~24쪽. 원래는 『동아일보』 1940년 1월 3일호에 실린 글이다.

다. 조선 전통의 일부로 녹아 스며든 대양 문화, 북방 알타이 스키타이 문화, 서역西域 문화, 한족漢族 문화 등을 흉내 내고, 엎어서 고쳐 쓰고, 다르게 돌려쓰는 실험 과정에서 조선 예술의 독창적 전통이 추출된다는 것이다. 고유섭은 고려시대에 미학적 '모티프'로 창안된 '박유수금문'薄柳水禽紋이야말로 이런 사례에 해당한다고 소개했다. "귀족사회의 특별한 시적詩的 정치情致를 상징"하기 위해 고안된 '박유수금문'은 "남의 나라 소산물이지만 부분적 개편改編이라든지 의미적 변개變改라든지 기술적 변개를 가함으로써 그 나라의 독특한 문화 정신의 일면"을 독창적으로 묘사하는 데 성공했다.[60]

고유섭은 수입품을 원본 삼아 자기만의 독창적 무늬로 직조하려는 어려운 작업에서 가장 중요한 것은 "우리가 오랫동안 돌보거나 탐구하지도 않았던 조선 미술의 줏대(主)"를 지키는 것이라고 강조했다. 주검과 같은 "수면의 생활이며 본능적 생활"에서 떨치고 깨어나 "자의식의 자각"과 "자의식의 확충"에 빛나는 '살아 있는 문화인'으로 거듭나야 한다.[61] 자기 주체성을 잃지 않고 로컬적 맥락에서 우러나는 '창조적 모방'을 생산하려는 고유섭의 의지이다.

탈식민주의 이론에 따르면, 번역 작업은 하나의 원본/출발지 텍스트를 다른 언어/도착지 텍스트로 기계적으로 옮기는 것이 아니라 "다시 쓰기의 복잡한 과정"이다. 유능하고 독창적인 번역가는 자신이 던져진 시대 상황과 사회문화적 환경이라는 '문맥'context에 맞춰 특정 단어를 선택·생략·추가·배치함으로써 자기 역사를 전

---

60   고유섭, 「조선문화의 창조성(공예편)」, 『고유섭전집 2: 한국미술문화사논총』27쪽.
61   고유섭, 「조선 고대미술의 특색과 그 전승 문제」, 23쪽.

략적으로 드러내기 위해 애쓴다.[62] 에카르트로 대변되는 서양 선교사와 세키노 다다시·야나기 무네요시로 대표되는 일본 (관)학자 사이 공간에 불안하게 낀 고유섭은 어떻게 그 틈새의 통로를 무사히 통과하여 '자기만의 방'으로 들어갈 수 있을까?

대답의 실마리를 찾아 고유섭이 유고로 남긴 『조선미술사』를 다시 꺼내 읽어보자. 손 글씨로 쓴 초고를 관통하는 씨줄과 날줄은 발전사관과 마르크스 사상이다. 그는 고조선-삼한시대에서 조선시대까지 이르는 조선 미술사를 미학 정신의 성숙과 표현양식의 발전 단계에 따라 평가하는 동시에, 민중적 미의식의 유무에 따라 특정 시대 및 장르의 장단점을 분석한다. 고유섭의 이런 시각에 따르면, "진정한 의미에서의 상부구조로서의 미술문화"가 시작된 삼국시대부터 "조선 미술의 전반적 발전이 시작"되었다.[63] 반면에 지배계급이 민중의 '미술적 발전'을 '억제'하고 '착취'한 고려 및 조선시대 건축은 '궁실宮室 본위'로 흘러 서민의 생활 공간은 조선 예술사에서 그 자취가 남아 있지 않다.[64]

특기할 사항은 '우파적' 발전사관과 '좌파적' 민중사관을 왕래했던 고유섭이 민족사관과 유물사관이라는 우물에 빠지지 않고 자기만의 독특한 언어와 문법으로 조선 미술사 쓰기를 '끝까지' 밀고 나갔다는 점이다. 고유섭은 야나기 무네요시가 파놓은 '적조미'에 빠져 익사하지 않고, 그가 포용한 공예문화의 실용주의를 탐닉하지

62   로만 알바레즈·M. 카르멘-아프리카 비달, 「번역하기: 정치적 행위」, Román Álvarez·M. Carmen-África Vidal, 『번역, 권력, 전복』, 10쪽, 17~18쪽.
63   고유섭, 『고유섭 유저 2: 조선미술사료』, 14쪽.
64   고유섭, 『고유섭 유저 2: 조선미술사료』, 18쪽, 20쪽.

않았으며, 맛과 멋, 즉흥성과 투박미가 구성하는 고유한 한국 미학의 집에 깃들었다.

고유섭이 후대에 남긴 가장 위대한 유산은 역설적으로 그의 '독창적인 실패'에서 찾아진다. '춤·노래도 하나 못하면서도 술상을 떠나지 못했던' 자신은 "항상 초장初章 중장中章뿐이요 종장終章을 마치지 못했다"라고 괴로워했다.[65] 식민정부에 고용되어 일상생활을 견뎌야 했던 그가 겪은 '앙가주망 지식인' 노릇하기의 어려움은 그만의 것은 아니었다. 원본과 복사본이 교환되는 제3공간에서 방랑하면서 '번역이 불가능한 번역'에 매달렸던 고유섭은 '반쯤 성공'했다. 자기가 이어받은 '더러운 전통'을 전복적으로 뒤집어 독창적 조선 미술사 서술을 위한 효소로 삼았기 때문이다.

회고적으로 되돌아보자면, 고유섭은 게일과 헐버트가 시작한 조선 예술의 독창성 논쟁과 그것의 또 다른 버전인 에카르트 대對 세키노 및 야나기 논쟁의 끝자락에 서 있는 인물이다. 고유섭의 이쪽에는 사실주의 묘사의 결핍, 산술적 구도의 빈곤, 슬픈 흰색 등으로 특징 지어지는 약점이 있고, 저쪽으로는 중용과 절도·서정성 등으로 열거되는 잠재적 힘이 버티고 있다. 이런 팽팽한 미학적 대립 구조에서 벗어나는 최고의 방법은 '외부인들'이 조선 미술사를 '발견한 그 위치'/'가장 친근하고 편안함을 느끼는 장소'에 머물기를 거부하고, 의도적으로 길을 잃거나 방황하는 '내부적 망명객' 또는 일종의 디아스포라 지식인으로 소외당하려는 의지이다.[66]

---

65   고유섭, 『고유섭 유저 2: 조선미술사료』, 「무종장」無終章.
66   더글러스 로빈슨, 정혜욱 옮김, 『번역과 제국: 포스트식민주의 이론 해설』, 동문선, 2002, 161쪽.

개미굴 같은 미로를 돌고 돌아 우리가 되찾은 고유섭을 근대한 국학 제2물결의 맨 앞에 내세우는 논리적 당위성은 무엇인가? 그가 (무)의식적으로 추구한 독자적 조선 미술사 쓰기 출사표의 성패 여부와 상관없는 이유 때문이다. 일본 관학자들이 수행한 집단 연구를 근대한국학 제1.5물결이라는 '은유적 기표'로 부를 수 있다면, 식민지 시기 조선 지식인들이 뒤좇은 제2물결이 흘러가기 위해 고유섭은 그 자리에 반드시 있어야 할 인물이다. 왜냐하면 그는 '타자/외국인' 흉내 내기 단계를 돌파하고, 입체파 초상화처럼 3차원적이며 괴물 같은 자신의 참모습을 갈팡질팡 고백한 매우 예외적인 '상징적 기표'이기 때문이다. 비열하게 출세하기보다는 차라리 절망을 선택한 고유섭은 '이념형 2세대 한국학 연구자'의 또 다른 원형原型이었다. 그는 '믿고, 가엾지만, 돌아서면 그리워지는'(윤동주의 시 「자화상」의 표현) 시대상이기도 했다.

마지막으로 묻자면, 고유섭이 품었던 애틋하고 불안한 미학은 조선 미술사의 새로운 지평을 보여주는 미래의 창문일까 아니면 과거의 막다른 골목으로 회귀하는 낭떠러지일까. "창조성은 연결하는 것"이라는 신념만으로는 충분하지 않다. 근대한국학의 엉기성기 얽힌 삼중의 실타래를 '다시 뒤섞어' 무슨 숫자와 어떤 그림이 나타나는지 오감五感을 깨워 탐색해야 한다. 떨리는 술잔을 냉정冷靜하게 내려놓고 책상 앞으로 돌아가 곱씹어봐야 할 심각한 화두이며 어려운 숙제이다.

맺음말

근대한국학의 형성·파급·전유에 관한 역사적 이해와 성찰적 비판은 포스트식민시대 '우리 학문'의 세계사적 계보를 점검하는 데 필요불가결한 선행조건이다. 19세기 중후반~20세기 전반 한 세기 동안 다양한 주체들이 상호 경쟁·협상하면서 만든 한국학 담론은 단선적·순수적이라기보다는 복선적·혼종적 산물이었다. 여러 '기원들'에서 비롯된 담론 체계는 연속적이기보다는 단절적으로 (다시) 만들어지고, 논리적 인과법칙을 따르기보다는 우연히 어긋난 단층 또는 절벽으로 미끄러져서, 예상하지 못한 '결과들'을 낳았다. 서양 신교사와 조선인 통역·번역자, 식민지 일본 관료와 조선인 하급(비정규) 직원, 경성제국대학 일본인 교수와 조선인 조교, 조선학 연구를 쌍끌이한 조선 지식인 1세대와 2세대—이들은 앞서거나 뒤따르며 각자의 위치에서 때로는 독창적이며 때로는 표절·모방하면서 한국학 담론의 울퉁불퉁한 패턴을 엮어나갔다.

불경스럽게 창세기를 흉내 내어 한국학의 학문적 족보를 요약하여 읊어보자. 익명의 조선 신자들(토착 정보원)에게 귀동냥하여 달레가 정리 정돈한 『한국천주교회사』 일부를 표절하여 그리피스는

『은자의 나라 한국』을 베스트셀러로 팔아먹었다. 리델의 『한불즈 뎐』은 언더우드의 『한영자전』을 낳고, 『한영자전』은 식민지 시기 『한글사전』을 키웠다. 서양 선교사가 개척한 조선의 생태-환경 연 구는 일제 조선총독부 용역 보고서와 일본조류학회 등에 빚졌다. 존스의 샤머니즘 연구는 도리이 류조와 이능화의 민속 연구를 삼켰 고, 헐버트의 한국 속담·민담 채집 및 분석 작업은 다카하시 도루 와 손진태를 토해냈다. 영국왕립아세아학회 한국지부 회원인 한국 학 거간꾼 백남준의 바통을 이능화가 이어받아 일본 관학자가 하달 한 자료 조사를 밑천으로 조선학 연구 1세대로 이름을 올렸다. 이 왕직 아악부에 근무했던 조선인 고용원(안확?)은 부츠 부인이 조선 전통음악에 대한 최초의 소개 글을 『트랜잭션』에 게재할 수 있도록 안내해주었다.

다카하시 도루는 한 미국 선교사가 1894년 출간한 『중국인의 특성』의 서사 구조를 모방하여 1921년 『조선인』을 썼다. 그는 경성 제국대학 교수가 되어 조선인 제자들을 '과학적 사고방식'으로 훈 육하여 조선학 연구 2세대를 공급했다. 최남선이 대변하는 조선학 1세대가 애국 개혁파 제너럴리스트였다면, 2세대는 제국대학 졸업 생이라는 학력 자본을 앞세우며 객관적 진리 탐구라는 명분으로 특 정 분야를 깊이 판 스페셜리스트였다.

조선 미술사의 개척자 고유섭은 사도행전 마지막 장을 장식하 며 근대한국학 물결의 새로운 시작을 알리는 예언자였다. 그는 헐 버트-게일-에카르트/세키노 다다시-야나기 무네요시 등이 쓴 조 선 예술 담론의 사이 공간에 위태롭게 서서 '미완성의 완성미'를 고 민했다. 이것과 저것을 혼방하여 베끼면서 낯선 것과 연결하고, 기

존의 견고한 벽을 허물고 헝클어뜨려서 스스로 길을 잃었구나. 오호라, 선구자는 재발견되는 인물이며, 뒤따르는 사람은 추종자/모방자라기보다는 앞사람이 떨군 겨자씨를 곱씹어 독특한 향과 맛으로 키우는 늦깎이 창조자이기도 하다.

한국학의 제작 공정에 개입한 주체의 서열 매기기/순서 따지기보다 더 중요한 것은 그 총체적 '지식-권력'이 내뿜는 장기지속적 '진리 효과'이다. 서양 선교사가 조선인을 효과적으로 선교하려는 '종교적' 수단으로 한국학 담론의 씨앗을 뿌렸다면, 일본 관학자는 식민지 통치를 정당화하려는 '정치적' 무기로 삼고자 한국학 묘목을 성장시켰다. 그리고 식민지 시기 조선 지식인은 이런 '외부자'의 편견(선교사의 오리엔탈리즘과 일본제국의 식민사관)에 대항하여 민족주의 운동의 '문화적' 동력을 구하고자 조선학 연구에 몰두했다. 다시 말하자면, 서양 선교사, 일본 관학자, 조선 지식인 등이 제각기 휘날리는 깃발의 색깔은 다르지만, 이들 모두 "아는 것이 힘"이라는 프랜시스 베이컨의 구호를 합창하면서 궁극적으로는 푸코가 이름 붙인 '지식-권력'을 생산했다는 공통점이 있다. 그 누구도 문명과 야만, 진보와 퇴행, 과학과 미신, 근대와 전통 등으로 짝 지어 만든 세계관의 인식론적 윽박지르기와 편 가르기에서 벗어나지 못했다.

오늘 우리가 진정으로 서구중심주의와 식민사관이라는 지뢰밭을 횡단하기 위해서는 서양 선교사와 일본제국이 함께 설계·설치한 '앎/지식의 제국주의'에서 해방되어야 한다. 특히 '식민지 근대화'와 '식민지 착취'라는 양자택일적 도돌이표 논쟁을 멈추고, 과거-현재-미래를 하나의 목표를 향한 연속적 발전 과정으로 가늠하려는 역사관을 해체해야 한다. "우리 자신의 존재 그 자체에 불연속성을 도입하는 정도에 정비례해서", 그리고 "자기를 자신에게 대립시킬 때"에 마침내 '쓸모 있는'effectif 새로운 역사학이 태어난다.[1]

쉽게 풀어 말하자면, 일본제국이 주입한 '실증–객관적 사실과 진리'라는 약에 취해서 '민족 개조론'를 복창하는 식민지 계몽주의 지식인과 맞싸울 때 비로소 '내가 나로서' 살아난다. 끝없는 자기 성찰과 자기 부정을 요구하는 매우 벅찬 과업이다. 제국적인 앎의 거울에 비치는 자기의 자화상을 물리적으로 산산이 깨부숴도, '내가 무엇이라고 규정하는 건방진 너'는 내 마음/무의식 저 아래에 숨어 일상적으로 불쑥 튀어나오기 때문이다.

근대한국학이 통과한 거친 산과 바다와 굴곡진 에움길에 대한 올바른 이해는 해방 이후 남북으로 나뉘어 전개되는 '현대'한국학의 학문적 뿌리·정체성·(불)연속성을 조망하는 '새의 눈'이 된다. 직설적으로 말하자면, 20세기 후반에 부활하여 요동치는 한국학의 제3물결은 김일성의 '우리식 사회주의'와 박정희의 '한국적 민주주의'라는 양 갈래로 격돌 또는 공존한다. 그사이 공간에서 또 어떤 '경계 사유'적인 재야/서벌턴 한국학 담론이 배척되고 '이단'異端으로 취급받았는가? 그리고 21세기 벽두부터 전 세계를 매료시킨 한류K-Wave는 어느 물결의 거품과 소용돌이에서 생겨난 문화상품인가?

'아비 없는 자식'은 지금 무엇을 하고 있으며, '집 나간 어머니'는 언제 어디에서 누구를 만나 새집 살림을 차리고, '족보에서 삭제

---

1   Michel Foucault, "Nietzsche, Genealogy, History," in Paul Rabinow ed., *The Foucault Reader*, p.88.

된 불효자식 서자'는 어떻게 자수성가하여 집안을 다시 일으켰을까? 막스 베버를 인용하여 이 책의 마침표를 찍자면, "학문상의 모든 '완성'은 새로운 '질문'을 의미한다."[2]

2   막스 베버, 전성우 옮김, 「직업으로서의 학문」, 『'탈주술화' 과정과 근대: 학문, 종교, 정치』(나남출판, 2002), 44쪽.

참고문헌

― 1차 사료

정기간행물

The Korean Repository, Seoul: Trilingual Press, 1892~1898.

Homer B. Hulbert Editor, *The Korea Review*, 1901~1906.

Transactions of the Korea Branch of the Royal Asiatic Society, 1900~ 1940.

문헌자료

Allen, Horace N., *Korean Tales: Being a Collection of Stories Translated from the Korean Folk Lore together With Introductory Chapters Descriptive of Korea*, New York: G. P. Putnam, 1889.

Compiled by The Centre for East Asian Cultural Studies, *A Short History of Korea*, Tokyo: Kansai Publishing & Printing Press, 1963.

Eckardt, Andreas, *History of Korean Art*, Leipzig & London, 1929; 권영필 옮김, 『에카르트의 조선미술사』, 열화당, 2003.

―――――, *Korean Music*, London: K. W. Hiersemann, 1931.

Fenollosa, Ernest F., *Epochs of Chinese and Japanese Art: An Outline History of East Asiatic Design*, London: William Heinemann, 1912.

Hulbert, Homer B., *Omjee the Wizard―Korean Folk Stories*, Springfield, Massachusetts: Milton Bradley Company, 1925.

Gale, James S. trans., *Korean Folk Tales: imps, ghosts and fairies*, New York: J. M. Dent & Sons, 1913.

Griffis, W. E., *Corea: The Hermit Nation*, the Eighth Edition, 1907; 신복룡 옮김, 『은자의 나라 한국』, 집문당, 1999.

_____, *Fairy Tales of Old Korea*, New York: Thomas Y. Crowell Company Publishers, 1911.

_____, "The Corean Origin of Japanese Art," *Century*, 1883.

_____, "Japan's Debt to Korea," *Asia*, N. Y., 1919.

신문·잡지 기사

고유섭, 「美學의 史的 槪觀」, 『신흥』 3호, 1930.

_____, 「朝鮮美術文化(조선미술문화)의 멧낫(1)」, 『조선일보』, 1940년 7월 26일.

_____, 「朝鮮美術文化(조선미술문화)의 멧낫(2)」, 『조선일보』, 1940년 7월 27일.

_____, 「朝鮮文化의 創造性: 工藝, 自主精神에 因한 朝鮮的 趣態의 發揮(공예편)」, 『동아일보』, 1940년 1월 4일.

박영희, 「朝鮮知識階級의 苦憫과 其 方向」, 『개벽』 신간 3호, 1935.

부지암不知菴, 「인텔리켄치아, 사회운동과 지식계급」, 『개벽』 59호, 1925.

안확, 「朝鮮의 美術」, 『학지광』 5호, 1915.

안확, 「今日 留學生은 如何」, 『학지광』 4호, 1919.

안확, 「二千年來留學의 缺點과 今日의 覺悟」, 『학지광』 5호, 1919.

안확, 「유식계급(有識階級)에 대하여」, 『공제』 2호, 1920.

안확, 「세계인이 환호하는 조선의 아악」, 『별건곤』 12~13호, 1928. 5. 1.

안확, 「千年前の朝鮮軍樂」, 『朝鮮』 77, 朝鮮總督府, 1930. 2.

안확, 『조선미술사요(朝鮮美術史要)』, 『조선일보』, 1940년 5월 11일~1940년 6월 11일.

최남선, 「朝鮮歷史通俗講話 開題(4)」, 『동명』東明 6호, 1922.

편집·번역본

고고미술동인회 엮음, 『고유섭 유서 2: 조선미술사료(朝鮮美術史料)』, 1966.

고유섭, 『高裕燮全集. 2: 韓國美術文化史論叢』, 통문관, 1993.

_____, 『高裕燮全集. 3: 韓國美術史及美學論攷』, 통문관, 1993.

국립문화재연구소, 『서양인이 쓴 민속문헌 해제』, 국립문화재연구소, 2007.

다카하시 도루, 구인모 옮김, 『식민지 조선인을 논하다』(원제: 朝鮮人), 동국대학교출판부, 2010.

무라야마 지쥰, 최은수·김일권·이에나가 유코 옮김, 『조선의 복장』, 민속원, 2017.

샤를르 달레, 안응렬·윤석우 옮김, 『한국천주교회사』(원제: Histoire de l'Église de Corée), 분도출판사, 1979.

_____, 정기수 옮김, 『벽안에 비친 조선국의 모든 것: 조선교화사 서론』, 탐구당, 2015.

세키노 다다시, 심우성 옮김, 『조선미술사』, 동문선, 2003.

손진태, 이시준 외 편역, 『조선민담집』, 제이앤씨, 2013.

아더 핸더슨 스미스, 민경삼 옮김, 『중국인의 특성』(원제: Chinese Characteristics), 경향미디어, 2006.

안드레 에카르트, 이기숙 옮김, 『조선, 지극히 아름다운 나라: 독일인 옥낙안이 본 근대 조선인의 삶』, 살림, 2010.

안확, 권오성·이태진·최원식 엮음, 『자산안확국학논저집 5: 제2부 논문, 논설, 시문류』, 여강출판사, 1994.

안확, 김세종 편역, 『조선음악의 연구』, 보고사, 2008.

야나기 무네요시, 민병산 옮김, 『공예문화』, 신구문화사, 1993.

_____, 이길진 옮김, 『공예의 길』, 신구문화사, 1994.

_____, 박재삼 옮김, 『조선과 예술』, 범우사, 1997.

유진오, 「김강사와 T교수」, 윤대석 엮음, 『한국현대문학전집 15』, 현대문학, 2011.

왕현종 외, 『일제의 조선 구관 제도 조사와 기초자료』, 혜안, 2019.

이능화, 서영대 해제, 『조선무속고』, 창비, 2008.

이마무라 도모, 박현숙 옮김, 『선의 조선: 배를 통해 조선의 해사와 관련 법제를 논하다』, 민속원, 2015.

이사벨라 버드 비숍, 이인화 옮김, 『한국과 그 이웃 나라들: 백년 전 한국의 모든 것』, 살림, 1994.

존 로스, 서양어자료총서편찬위원회 엮음, 『History of Corea』(근세 동아세아 서양어 자료총서 30), 경인문화사, 2000.

＿＿＿, 홍경숙 옮김, 『(존 로스의) 한국사: 서양 언어로 기록된 최초의 한국 역사』, 살림, 2010.

최남선, 전성곤 옮김, 『불함문화론·살만교차기』, 경인문화사, 2013.

호머 헐버트, 김동진 편역, 『헐버트 조선의 혼을 깨우다: 헐버트 내한 130주년 기념 '헐버트 글 모음'』, 참좋은친구, 2016.

— 2차 사료

단행본

가야트리 차그라보르티 스피박, 태혜숙 옮김, 『서발턴은 말할 수 있는가?: 서발턴 개념의 역사에 관한 성찰』, 그린비, 2013.

강만길 외, 『일본과 서구의 식민통치 비교』, 선인, 2004.

강명관, 『조선시대 책과 지식의 역사』, 천년의상상, 2014.

강재언, 이규수 옮김, 『서양과 조선: 그 이문화 격투의 역사』, 학고재, 1998.

고바야시 히데오, 임성모 옮김, 『만철: 일본제국의 싱크탱크』, 산처럼, 2004.

권두연, 『신문관의 출판기획과 문화운동』, 고려대학교 민족문화연구원, 2016.

권영필 외, 『한국의 美를 다시 읽는다: 12인의 미학자들을 통해 본 한국미술 100년』, 돌베개, 2005.

국사편찬위원회, 『서구 문화와의 만남』, 경인문화사, 2010.

규장각한국학연구원 엮음, 『조선 사람의 세계여행』, 글항아리, 2011.

＿＿＿, 『세상 사람의 조선여행』, 글항아리, 2012.

김경일, 『한국의 근대 형상과 한국학: 비교 역사의 시각』, 한국학중앙연구원출판부, 2020.

김기봉, 『내일을 위한 역사학 강의: 21세기, 역사학의 길을 묻다』, 문학과지성사, 2018.

김동노 편, 『일제 식민지 시기의 통치체제 형성』, 혜안, 2006.

김병익, 『지식인됨의 괴로움』, 문학과지성사, 1996.

김병철, 『한국 근대번역 문학사 연구』, 을유문화사, 1975.

김일권·최석영·정숭교, 『한국 근현대 100년과 민속학자』, 한국학중앙연구원

출판부, 2014.

김정기,『그레고리 헨더슨 평전: 대한민국 현대사 목격 증인의 생생한 이야기』, 한울아카데미, 2023.

김종준,『식민사학과 민족사학의 관학아카데미』(동아시아한국학연구총서 12), 소명출판, 2013.

김택현,『서벌턴과 역사학 비판』, 박종철출판사, 2003.

_____,『트리컨티넨탈리즘과 역사』, 울력, 2012.

김학준,『서양인들이 관찰한 후기조선』, 서강대학교출판부, 2010.

연구공간 '수유+너머' 일본 근대와 젠더세미나팀 엮음,『근대 지(知)의 성립』, 소명출판, 2011.

남근우,『'조선민속학'과 식민주의』, 동국대학교출판부, 2008.

니시카와 나가오, 윤대석 옮김,『국민이라는 괴물』, 소명출판, 2002.

_____, 한경구·이목 옮김,『국경을 넘는 방법』, 일조각, 2006.

디페시 차크라바르티, 김택현 외 옮김,『유럽을 지방화하기: 포스트식민 사상과 역사적 차이』, 그린비, 2014.

단국대학교 동양학연구소,『개화기 한국과 세계의 상호 교류』, 국학자료원, 2004.

대니얼 헤드릭, 김우민 옮김,『과학기술과 제국주의: 증기선·키니네·기관총』, 모티브북, 2013.

대학사연구회,『전환의 시대 대학은 무엇인가』, 한길사, 2000.

더글러스 로빈스, 정혜욱 옮김,『번역과 제국: 포스트식민주의 이론 해설』, 동문선, 2002.

도면회·윤해동 엮음,『역사학의 세기: 20세기 한국과 일본의 역사학』, 휴머니스트, 2009.

동북아연구재단 편,『한국과 일본의 서양문명 수용』, 경인문화사, 2011.

라나지트 구하, 이광수 옮김,『역사 없는 사람들: 헤겔역사철학비판』, 삼천리, 2011.

로만 알바레즈·M. 카르멘-아프리카 비달 엮음, 윤일환 옮김,『번역, 권력, 전복』, 동인, 2008.

로버트 영, 김택현 옮김,『포스트식민주의 또는 트리컨티넨탈리즘』, 박종철출판사, 2005.

로제 샤르티에, 백인호 옮김, 『프랑스혁명의 문화적 기원』, 지식을만드는지식, 2015.

류대영, 『초기 미국 선교사 연구(1884~1910) — 선교사들의 중산층적 성격을 중심으로』, 한국기독교역사연구소, 2001.

_____, 『개화기 조선과 미국 선교사: 제국주의 침략, 개화자강, 그리고 미국 선교사』, 한국기독교역사연구소, 2004.

_____, 『한국근현대사와 기독교』, 푸른역사, 2009.

류시현, 『최남선 연구: 제국의 근대와 식민지의 문화』, 역사비평사, 2009.

마루야마 마사오·가토 슈이치, 임성모 옮김, 『번역과 일본의 근대』, 이산, 2000.

마르크 페로 편, 고선일 옮김, 『식민주의 흑서 상권: 16~21세기 말살에서 참회로』, 소나무, 2008.

마이클 에이더스, 김동광 옮김, 『기계, 인간의 척도가 되다: 과학, 기술, 그리고 서양 우위의 이데올로기』, 산처럼, 2011.

마이클 크로닌, 김용규·황혜령 옮김, 『번역과 정체성』, 동인, 2010.

막스 베버, 전성우 옮김, 『'탈주술화' 과정과 근대: 학문, 종교, 정치』, 나남출판, 2002.

메리 루이스 프랫, 김남혁 옮김, 『제국의 시선: 여행기와 문화횡단』, 현실문화, 2015.

미셸 롤프-트루요, 김명혜 옮김, 『과거 침묵시키기: 권력과 역사의 생산』, 그린비, 2011.

미셸 푸코, 이정우 옮김, 『담론의 질서』, 중원문화, 1993.

민족문학사연구소 기초학문연구단, 『'조선적인 것'의 형성과 근대문화담론』, 소명출판, 2007.

바네사 슈와르트, 노명우 외 옮김, 『구경꾼의 탄생: 세기말 파리, 시각문화의 폭발』, 마티, 2006.

박정심, 『한국근대사상사: 서양의 근대, 동아시아 근대, 한국의 근대를 어떻게 보아야 하는가』, 천년의상상, 2016.

박진영, 『번역과 번안의 시대』, 소명출판, 2011.

박지향, 『제국주의: 신화와 현실』, 서울대학교출판부, 2000.

박천홍, 『악령이 출몰하던 조선의 바다: 서양과 조선의 만남』, 현실문화, 2008.

백성현·이한우, 『파란 눈에 비친 하얀 조선』, 새날, 1999.

백욱인, 『번안 사회: 제국과 식민지의 번안이 만든 근대의 제도, 일상, 문화』, 휴머니스트, 2018.

버나드 맥그레인, 안경주 옮김, 『인류학을 넘어서』, 이학사, 2018.

삐에르 부르디외, 최종철 옮김, 『구별짓기: 문화와 취향의 사회학 上』, 새물결, 1995.

사토노 토오루, 박호원 옮김, 『제국일본과 인류학자(1884-1952)』, 민속원, 2013.

서영희, 『조선총독부의 조선사 자료수집과 역사편찬』, 사회평론아카데미, 2022.

서울대학교규장각한국학연구원 편, 『한국학, 밖에서 본 한국』, 서울대학교규장각한국학연구원, 2013.

서울대학교 개교 60주년 및 규장각 창립 230주년 기념 한국학국제학술회의 조직위원회 편, 『21세기 한국학의 진로 모색: 서울대학교 개교 60주년 및 규장각 창립 230주년 기념 한국학 국제학술회의』, 서울, 2006.

숭실대학교 한국기독교문화연구원 엮음, 『선교사와 한국학』, 한국기독교문화연구원, 2022.

스테판 다나카, 박영재·함동주 옮김, 『일본 동양학의 구조』, 문학과지성사, 2004.

신복룡, 『이방인이 본 조선 다시 읽기』, 풀빛, 2002.

신주백, 『한국 역사학의 기원: 근현대 역사학의 제도·주체·인식은 어떻게 탄생했는가』, 휴머니스트, 2016.

_____, 『한국 근현대 인문학의 제도화 1910~1959』, 혜안, 2014.

아마노 이쿠오, 박광현 외 옮김, 『제국대학: 근대 일본의 엘리트 육성 장치』, 산처럼, 2017.

아시스 난디, 이옥순 외 옮김, 『친밀한 적: 식민주의하의 자아 상실과 회복』, 창비, 2015(개정번역판).

앙드레 슈미드, 정여울 옮김, 『제국 그 사이의 한국 1895~1919』, 휴머니스트,

2007.

야나부 아키라, 박양신 옮김,『한 단어 사전, 문화(文化)』, 푸른역사, 2013.

역사문제연구소 엮음,『전통과 서구의 충돌: '한국적 근대성'은 어떻게 형성되었는가』, 역사비평사, 2001.

연세대 근대한국학연구소 인문한국플러스(HK+) 엮음,『20세기 전환기 동아시아 지식장과 근대한국학 탄생의 계보』, 소명출판, 2020.

_____,『식민지 조선의 근대학문과 조선학연구』, 선인, 2015.

오영찬,『조선총독부박물관과 식민주의: 식민지 역사의 재현과 문화재 관리』, 사회평론아카데미, 2022.

월터 D. 미뇰로, 김은중 옮김,『라틴아메리카, 만들어진 대륙: 식민적 상처와 탈식민적 전환』, 그린비, 2010.

위르겐 오스터함멜, 박은영·이유재 옮김,『식민주의』, 역사비평, 2006.

유영렬·윤정란,『19세기말 서양선교사와 한국사회―The Korean Repository를 중심으로』, 경인문화사, 2004.

유인선,『새로 쓴 베트남의 역사』, 이산, 2002.

육당연구학회,『최남선 다시 읽기: 최남선으로 바라본 근대한국학의 탄생』, 현실문화, 2009.

육영수,『근대유럽의 설계자: 생시몽·생시몽주의자』, 소나무, 2022.

_____,『지식의 세계사: 베이컨에서 푸코까지, 지식권력은 어떻게 세계를 지배해왔는가』, 휴머니스트, 2019.

_____,『혁명의 배반, 저항의 기억: 프랑스혁명의 문화사』, 돌베개, 2013.

_____,『책과 독서의 문화사: 활자인간의 탄생과 근대의 재발견』, 책세상, 2010.

윤해동,『식민지의 회색지대』, 역사비평사, 2003.

_____,『식민지 근대의 패러독스』, 휴머니스트, 2007.

_____,『식민국가와 대칭국가: 식민지와 한국 근대의 국가』, 소명출판, 2022.

윤해동·이성시 엮음,『식민주의 역사학과 제국: 탈식민주의 역사학 연구를 위하여』, 책과함께, 2016.

윤해동·장신 엮음,『제국 일본의 역사학과 '조선': 식민주의 역사학과 제국 2』, 소명출판, 2018.

윤해동·정준영 엮음,『경성제국대학과 동양학 연구』, 선인, 2018.

이광주,『대학사: 이념·제도·구조』, 민음사, 1997.

이구열,『근대한국미술사의 연구』, 미진사, 1992.

이규성,『한국현대철학사론: 세계상실과 지유의 이념』, 이화여자대학교출판부, 2012.

이만열,『한국기독교문화운동사』, 대한기독출판사, 1987.

_____,『한국근현대 역사학의 흐름』, 푸른역사, 2007.

이병도 외 엮음,『한국의 민속·종교사상』, 삼성출판사, 1997.

이삼성,『제국』, 소화, 2014.

이상현,『묻혀진 한국문학사의 사각(死角): 외국인의 언어·문헌학과 조선후기-식민지 언어문화의 생태』, 박문사, 2017.

이상훈 외,『영국왕립아세아학회 잡지로 본 근대 한국: Transactions of the Korea Branch of the Royal Asiatic Society, 1900~25년을 중심으로』1 & 2권, 한국학중앙연구원출판부, 2019.

이선이 외 엮음,『근대 한국인의 탄생: 근대 한·중·일 조선민족성 담론의 실제』, 소명출판, 2011.

이승일 외,『일본의 식민지지배와 식민지적 근대』, 동북아역사재단, 2008.

이에나가 사부로 편저, 연구공간 '수유+너머' 일본근대사상팀 옮김,『근대 일본사상사』, 소명출판, 2006.

이영림·민유기 외,『교육과 정치로 본 프랑스사』, 서해문집, 2014.

이영석,『제국의 기억, 제국의 유산』, 아카넷, 2019.

이재정,『조선출판주식회사』, 안티쿠스, 2008.

이지원,『한국 근대 문화사상사 연구』, 혜안, 2007.

이지은,『왜곡된 한국 외로운 한국: 300년 동안 유럽이 본 한국』, 책세상, 2006.

이태진,『일본제국의 '동양사' 개발과 천황제 파시즘』(일제 식민사학 비판 총서 1), 사회평론아카데미, 2022.

이행훈,『학문의 고고학: 한국 전통 지식의 굴절과 근대학문의 기원』, 소명출판, 2016.

이화여자대학교 한국문화연구원,『근대계몽기 지식의 발견과 사유 지평의 확대』, 소명출판, 2006.

인하대학교 한국학연구소 편, 『동아시아한국학 입문』, 역락, 2008.

_____, 『동아시아한국학의 분화와 계보: 복수의 한국학들』, 소명출판, 2013.

_____, 『동아시아한국학의 형성: 근대성과 식민성의 착종』, 소명출판, 2013.

_____, 『탐험가, 외교관, 선교사: 서구 한국학의 형성 주체와 문화적 토양』, 소명출판, 2022.

임경석 편저, 『동아시아 언론매체 사전, 1815-1945』, 논형, 2010.

임지현, 『희생자의식 민족주의: 고통을 경쟁하는 지구적 기억 전쟁』, 휴머니스트, 2021.

임지현 외 엮음, 『국사의 신화를 넘어서』, 휴머니스트, 2004.

임형택, 『한국학의 동아시아적 지평』, 창비, 2014.

장석만 외, 『한국 근대성 연구의 길을 묻다』, 돌베개, 2006.

전경수, 『한국인류학 백년』, 일지사, 1999.

_____, 『경성학파의 인류학: 식민주의에서 군국주의로』, 서울대학교출판문화원, 2023.

정근식 외, 『식민지권력과 근대지식: 경성제국대학 연구』, 서울대학교출판문화원, 2011.

정선이, 『경성제국대학 연구』, 문음사, 2002.

정종현, 『제국대학의 조센징: 대한민국 엘리트의 기원, 그들은 돌아와서 무엇을 하였나?』, 휴머니스트, 2019.

정준영, 『경성제국대학 법문학부와 조선 연구: 지양으로서의 조선, 지향으로서의 동양』, 사회평론아카데미, 2022.

조광, 『조선후기 사회와 천주교』, 경인문화사, 2010.

조길태, 『영국의 인도 통치 정책』, 민음사, 2004.

조동일, 『세계 · 지방화시대의 한국학 1~10』, 계명대학교출판부, 2005~2009.

조헌범, 『문명과 야만: 타자의 시선으로 본 19세기 조선』, 책세상, 2002.

_____, 『조선의 선교사, 선교사의 조선』, 한국교회사연구소, 2008.

지명숙 · 왈라벤 공저, 『보물섬은 어디에: 네덜란드 공문서를 통해 본 한국과의 교류사』, 연세대학교 대학출판문화원, 2003.

질 망스롱, 우무상 옮김, 『프랑스 공화국 식민사 입문: 인권을 유린한 식민침

탈』, 경북대학교출판부, 2013.

차승기, 『반근대적 상상력의 임계들』, 푸른역사, 2009.

최기영, 『한국 근대 계몽사상 연구』, 일조각, 2003.

최덕교 편, 『한국잡지백년』, 현암사, 2005.

최문형, 『한국근대의 세계사적 이해』, 지식산업사, 2010.

최병욱, 『베트남 근현대사』, 창비, 2008.

최석영, 『일제의 조선연구와 식민지적 지식생산』, 민속원, 2012.

최정운, 『한국인의 탄생: 시대와 대결한 근대 한국인의 진화』, 미지북스, 2013.

카를 만하임, 『이데올로기와 유토피아』, 청아, 1991.

칼 마르크스, 임지현·이종훈 옮김, 『프랑스 혁명사 3부작』, 소나무, 1991(개정 판).

통합유럽연구회, 『유럽을 만든 대학들: 볼로냐대학부터 유럽대학원대학까지, 명문 대학으로 읽는 유럽지성사』, 책과함께, 2015.

파스칼 오리 외, 한태수 옮김, 『지식인의 탄생』, 당대, 2005.

프랜시스 베이컨, 권오석 옮김, 『베이컨 수상록』, 홍신문화사, 1990.

프레데릭 불레스텍스, 이향 외 옮김, 『착한 미개인 동양의 현자: 서양인이 본 한국인 800년』, 청년사, 2001.

피터 버크, 박광식 옮김, 『이미지의 문화사: 역사는 미술과 어떻게 만나는가』, 심산출판사, 2005.

_____, 박광식 옮김, 『지식: 그 탄생과 유통에 대한 모든 지식』, 현실문화연구, 2006.

_____, 강상우 옮김, 『문화 혼종성: 뒤섞이고 유동하는 문화를 이해하기 위한 가이드』, 이음, 2012.

한국철학사상연구회, 『처음 읽는 한국 현대철학: 동학에서 함석헌까지, 우리 철학의 정체성 찾기』, 동녘, 2015.

한국학중앙연구원 편저, 『한국학 학술용어』, 한국학중앙연구원출판부, 2020.

한국학중앙연구원 한국학대학원 엮음, 『한국학의 새로운 지평을 향하여』, 한국학중앙연구원, 2009.

한석정, 『만주 모던: 60년대 한국 개발체제의 기원』, 문학과지성사, 2016.

한양대학교 비교역사문화연구소, 『근대한국, '제국'과 '민족'의 교차로』, 책과 함께, 2011.

함화진, 『조선음악 통론』, 을유문화사, 1948.

허재영 외, 『한국 근현대 지식 유통 과정과 학문 형성 · 발전』, 경진출판, 2019.

현광호, 『프랑스가 본 한국근대사』, 선인, 2019.

호미 바바, 나병철 옮김, 『문화의 위치: 탈식민주의 문화이론』, 소명출판, 2002.

황호덕, 『근대 네이션과 그 표상들』, 소명출판, 2005.

황호덕 · 이상현, 『개념과 역사, 근대 한국의 이중어사전 1-2: 외국인들의 사전 편찬 사업으로 본 한국어의 근대: 번역편』, 박문사, 2012.

Atkins, E. Taylor, *Primitive Selves: Koreans in the Japanese Colonial Gaze, 1910~1945*, Berkeley: University of California Press, 2010.

Barlow, Tani E., *Formations of Colonial Modernity in East Asia*, Durham: Duke University Press, 1997.

Capiro, Mark E., *Japanese Assimilation Policies in Colonial Korea, 1910~1945*, Seattle: University of Washington Press, 2009.

Clarke, J. J., *Oriental Enlightenment: The Encounter Between Asia and Western Thought*, London: Routledge, 1997.

Conklin, Alice L., *In the Museum of Man: Race, Anthropology, and Empire in France, 1850~1950*, Ithaca, N.Y.: Cornell University Press, 2013.

Cooper, Frederick & Stoler, Ann Laura eds., *Tensions of Empire: Colonial Culture in a Bourgeois World*, Berkeley: University of California Press, 1997.

Darby, Philip, *Three Faces of Imperialism: British and American Approaches to Asia and Africa 1870~1970*, New Heaven: Yale Univ. Press, 1987.

Dudden, Alexis, *Japan's Colonization of Korea: Discourse and Power*, Hawaii: University of Hawaii Press, 2006.

Duus, Peter, *The Abacus and the Swords: The Japanese Penetration of Korea, 1895~1901*, Berkeley: University of California Press, 1995.

Fedman, David, *Seeds of Control: Japan's Empire of Forestry in Colonial*

Korea, Seattle: University of Washington Press, 2020.

Gong, Gerrtit W., *The Standard of 'Civilization' in International Society*, Oxford: Clarendon Press, 1984.

Henry, Todd A., *Assimilating Seoul: Japanese Rule & Politics of Public Space in Colonial Korea, 1910~1945*, Berkeley: University of California Press, 2014.

Hotta-Lister, Ayako, *The Japan-British Exhibition of 1910: Gateway to the Island Empire of the East*, Richmond, Surrey: Japan Library, 1999.

Jansen, Marius B., *Changing Japanese Attitudes Toward Modernization*, Princeton: Princeton University Press, 2016.

Johnston, Anna, *Missionary Writing and Empire, 1800~1860*, Cambridge: Cambridge University Press, 2003.

Kal, Hong, *Aesthetic Constructions of Korean Nationalism: Spectacle, Politics, and History*, London: Routledge, 2011.

Kouwenhoven, Arlette & Forrer, Matthi, trans. by Mark Poysden, *Siebold and Japan —His Life and Work*, Hotei Publishing, Leiden/the Netherlands, 2000.

Koskenniemi, Martti, *The Gentle Civilizer of Nations: The Rise and Fall of International Law, 1870~1960*, Cambridge: Cambridge University Press, 2001.

Liser, Hotta, *The Japan-British Exhibition of 1910*, Berlin, East: Japan Library, 1999.

Mommsen, Wolfgang J. & Moor, Jaap de ed., *European Expansion and Law: The Encounter of European and Indigenous Law in 19th and 20 Century Africa and Asia*, Oxford/New York: Berg, 1991.

Neff, Robert D. & Sunghwa Cheong, *Korea through Western Eyes*, Seoul: Seoul National Univ. Press, 2009.

Reid, Kirsty & Paisley, Fiona, *Sources and Methods in Histories of Colonialism: Approaching the Imperial Archive*, London: Routledge, 2017.

Rabinow, Paul, *The Foucault Reader*, New York: Pantheon Books, 1984.

Roque, Ricardo & Wagner, Kim A., *Engaging Colonial Knowledge: Reading European Archives in World History*, London: Palgrave Macmillan, 2011.

Roy, Kaushik ed., *The Indian Army in the Two World Wars*, Brill, 2011.

Spurr, David, *The Rhetoric of Empire: Colonial Discourse in Journalism, Travel Writing, and Imperial Administration*, Durham: Duke Univ. Press, 1993.

Uchida, Jun, *Brokers of Empire: Japanese Settler Colonialism in Korea, 1876~1945*, Cambridge: Harvard University Press, 2011.

Vlastos, Stephen (ed.), *Mirror of Modernity: Invented Traditions of Modern Japan*, Berkeley: University of California Press, 1998.

Werner, Michael & Zimmermann, Bénédicte (dir.), *De la comparaison à l'histoire croisée*, Paris: Seuil, 2004.

논문

강이연, 「19세기 후반 조선에 파견된 파리 외방전교회 선교사들의 《불한사전》(Dictionnaire Francais-Coreen)」, 『교회사연구』 22, 한국교회사연구소, 2004.

_____, 「최초의 한국어 연구―한-불, 불-한 사전들과 한국어 문법서」, 『프랑스학연구』 31, 프랑스학회, 2005.

_____, 「최초의 한국 문법서 연구―외국어로서의 한국어 교수법과 번역학적 의의」, 『프랑스어문교육』 29, 한국프랑스어문교육학회, 2008.

구인모, 「조선연구의 발산과 수렴의 교차점으로서 민족성 연구―다카하시 도루[高橋亨]의 『朝鮮人』과 조선연구」, 『한국문학연구』 38, 동국대학교 한국문학연구소, 2010.

권영필, 「안드레아스 에카르트(Andreas Eckardt)의 미술사관」, 『미술사학』 15, 미술사학연구회, 1992.

권오성, 「백산 안확 국악연구에 대한 고찰」, 『미술사학』 15, 미술사학연구회, 1992.

권윤경, 「프랑스 오리엔탈리즘과 '극동(Extrême-Orient)'의 탄생: 경성제국대학 프랑스어 도서들 속에 얽힌 제국 시대 지성사의 네트워크」, 『아시아리뷰』 7-2, 서울대학교 아시아연구소, 2018.

김명숙, 「고유섭의 한국미학, 미술사학 제 해석」, 『예술론집』 16, 전남대학교 예술연구소, 2015.

김서현, 「미국 '제1세대 한국학자'의 해방 전후 한국 인식─조지 맥아피 맥큔의 Korea Today를 중심으로」, 『한국학연구』 58, 인하대학교 한국학연구소, 2020.

김성례, 「한국 무교연구의 역사적 고찰」, 『한국종교연구』 1, 서강대학교 종교신학연구소, 1999.

김성철, 「19세기 후반~20세기 초반 서양인들의 한국 문학 인식 과정에서 드러나는 서구 중심적 시각과 번역 태도」, 『우리문학연구』 39, 우리문학회, 2013.

김수태, 「윌리엄 그리피스의 한국 근대사 인식」, 『진단학보』 110, 진단학회, 2010.

_____, 「샤를르 달레의 《한국천주교사》에 대한 새로운 접근」, 『교회사연구』 43, 한국교회사연구소, 2014.

김수현, 「자산 안확의 음악론에 관한 고찰」, 『온지논총』 9, 온지학회, 2003.

김승우, 「구한말 선교사 호머 헐버트(Homer B. Hulbert)의 한국시가 인식」, 『한국시가연구』 31, 한국시가학회, 2011.

_____, 「한국시가(詩歌)에 대한 구한말 서양인들의 관찰과 인식─James Scarth Gale을 중심으로」, 『어문논집』 64, 민족어문학회, 2011.

_____, 「19세기 말 의료선교사 엘리 랜디스(Eli B. Landis)의 한국민속 연구와 동요 채록」, 『한국민요학』 39, 한국민요학회, 2013.

김신, 「서구관찰자들의 텍스트 이면에 숨겨진 의도 분석: 영국왕립아시아협회 한국지부 연구결과를 토대로」, 『한국학(구 정신문화연구)』 40-4, 한국학중앙연구원, 2017.

김영나, 「한국미술사의 태두 고유섭: 그의 역할과 위치」, 『미술사연구』 16, 미술사연구회, 2002.

김영애, 「고유섭의 생애와 학문세계」, 『미술사학연구』 190·191, 한국미술사학회, 1991.

김용우, 「식민박물관, 식민적 코스모폴리타니즘, 식민적 휴머니즘」, 『역사와 문화』 26, 문화사학회, 2013.

김용철, 「오카쿠라 텐신(岡倉天心)과 일본미술사의 성립」, 『일본사상』 7, 한국일본사상사학회, 2004.

김원수, 「역사들의 지구적 전환(Global Turn)과 새로운 세계사의 과제」, 『서양사론』 131, 한국서양사학회, 2016.

김인식, 「1920년대와 1930년대 초 '조선학' 개념의 형성과정 ― 최남선·정인보·문일평·김태준·신남철의 예」, 『숭실사학』 33, 숭실사학회, 2014.

김임수, 「고유섭과 한국미학」, 『황해문화』 33, 새얼문화재단, 2001.

김정경, 「이능화의 『조선무속고』 연구」, 『서강인문논총』 23, 서강대학교 인문과학연구소, 2008.

김종준, 「일제시기 '역사의 과학화' 논쟁과 역사학계 '관학 아카데미즘'의 문제」, 『한국사학보』 49, 고려사학회, 2012.

김현철, 「20세기 초기 무속조사의 의의와 한계 연구: 鮎貝房之進, 鳥居龍藏, 李能和를 중심으로」, 『한국민속학』 42, 한국민속학회, 2005.

나혜심, 「타자의 눈에 비친 한국의 일본 식민지화 ― 개항 이후 독일인의 관점을 중심으로」, 『사림』 53, 수선사학회, 2015.

남근우, 「'조선민속학회' 재론」, 『실천민속학연구』 34, 실천민속학회, 2019.

노길명, 「구한말 프랑스 선교사의 사회·문화활동 ― 그 성격과 한계성을 중심으로」, 『교회사연구』 5, 한국교회사연구소, 1987.

류시현, 「1910~1920년대 전반기 안확의 '개조론'과 조선문화 연구」, 『역사문제연구』 13-1, 역사문제연구소, 2009.

_____, 「1910년대 조선불교사 연구와 '조선학'의 토대 형성」, 『한국학연구』 44, 고려대학교 한국학연구소, 2013.

_____, 「1900~1910년대 세키노 타다시(關野貞)의 조선 문화 연구」, 『인문사회과학연구』 19-2, 부경대학교 인문사회과학연구소, 2018.

문수현, 「독일 역사주의의 긴 그림자: 경성제국대학 도서관의 독일어 장서 구성 분석」, 『아시아리뷰』 7-2, 서울대학교 아시아연구소, 2018.

목수현, 「우현 고유섭의 미술사관」, 『황해문화』 33, 새얼문화재단, 2001.

민유기, 「프랑스의 1910년 한일병합과 그 결과에 대한 인식」, 『사총』 89, 고려 대학교 역사연구소, 2016.

박광현, 「경성제대와 『신흥(新興)』」, 『한국문학연구』 26, 동국대학교 한국문학 연구소, 2003.

박명규·김백영, 「식민 지배와 헤게모니 경쟁: 조선총독부와 미국 개신교 선교 세력 간의 관계를 중심으로」, 『사회와 역사』 82, 한국사회사학회, 2009.

박명규, 「지식운동의 근대성과 식민성―1920~30년대를 중심으로」, 『사회와 역사』 62, 한국사회사학회, 2002.

박미경, 「다카하시 도루의 조선속담연구 고찰」, 『일본문화학보』 28, 한국일본 문화학회, 2006.

박용희, 「제국과 식민지를 연구하는 또 하나의 시각: "트랜스내셔널 역사학"과 '다양한 근대성'의 관점」, 『역사학보』 203, 역사학회, 2009.

박일영, 「독일인 선교사가 본 20세기 초 한국의 민속: 한국문화 민속을 바라본 그들의 시선을 중심으로」, 『비교민속학』 51, 비교민속학회, 2013.

박지향, 「관료제를 통해 본 영제국 통치의 매커니즘」, 『역사학보』 162, 역사학 회, 1999.

백영서, 「인문한국학이 나아가야 할 길: 이념과 제도」, 『한국학연구』 17, 인하 대학교 한국학연구소, 2007.

백진우, 「20세기초 일본인 장서가의 필사기와 장서기 연구―마에마 쿄사쿠와 아사미 린타로의 장서를 중심으로」, 『대동한문학』 49, 대동한문학회, 2016.

서영대, 「이능화의 〈조선무속고〉에 대하여」, 『종교연구』 9, 한국종교학회, 1993.

손정숙, 「구한말 헐버트(Homer B. Hulbert)의 대한인식과 그 활동」, 『이화사학 연구』 22, 이화여자대학교 사학연구소, 1995.

신상필, 「파리외방전교회가 남긴 동서양 문명교류의 흔적―Grammaire Coréenne(1881) 소재 단형 고전서사의 존재 양상과 그 의미」, 『고소설연 구』 37, 한국고소설학회, 2014.

신영언, 「Claude Charles Dallet 저 『한국천주교회사』의 일본에서의 수용―榎 本武揚의 『朝鮮事情』(1876) 번역의도」, 『일본언어문화』 21, 한국일본언어 문화학회, 2012.

신경숙,「안확이 주도한 아악부『가집』의 편찬방식」,『민족문화연구』74, 고려
　　대학교 민족문화연구원, 2017.

신주백,「末松保和(1904~1992)의 學術史와 식민주의 역사학」,『동방학지』183,
　　연세대학교 국학연구원, 2018.

심지연,「개화기 프랑스 사람들의 한국어 연구에 대하여」,『민족문화연구』48,
　　고려대학교 민족문화연구원, 2008.

심희찬,「근대 역사학과 식민주의 역사학의 거리: 이마니시 류(今西龍)가 구축
　　한 조선의 역사상」,『한국사학사학보』28, 한국사학사학회, 2013.

안상훈,「백두산 설화의 전승과 연행양상―가린-미하일로프스키의 조선 기행
　　문을 중심으로」,『어문논집』61, 중앙어문학회, 2015.

여동찬,「개화기 불란서 선교사들의 한국관」,『교회사연구』5, 한국교회사연구
　　소, 1987.

염운옥,「야나기 무네요시와 '오리엔탈 오리엔탈리즘'」,『역사와 문화』14, 문
　　화사학회, 2007.

오세환,「한국에서의 프랑스 선교사들의 출판·언론활동」,『교회사연구』5, 한
　　국교회사연구소, 1987.

오윤선,「근대 초기 한국설화 영역자들의 번역태도 연구―Allen, Griffs,
　　Hulbert, Carpenter를 중심으로」,『동화와 번역』23, 건국대학교 동화와번
　　역연구소, 2012.

_____,「19세기 말~20세기 초 영문 한국설화의 자료적 가치연구」,『우리문학
　　연구』41, 우리문학회, 2014.

_____,「외국인의 한국설화 다시쓰기 양상: 호랑이 소재담을 중심으로」,『우
　　리문학연구』43, 우리문학회, 2014.

요시모토 하지메(吉本一),「가나자와 쇼자부로(金沢庄三郎)의 생애와 학문」,
　　『관악어문연구』41, 서울대학교 국어국문학과, 2016.

유 경민,「〈특집〉한국어교육의 오늘: 개신교 선교사가 정리한 한국어 속담과 수
　　수께끼 연구―외국인의 한국 언어문화 습득에 대한 고찰을 중심으로」,『민
　　족연구』59, 한국민족연구원, 2014.

유선영,「식민지의 '문화'주의, 변용과 사후」,『대동문화연구』86, 성균관대학
　　교 동아시아학술원, 2014.

육영수, "Fin de Siècle Korea as Exhibited at the World's Columbian Exposition of 1893 in Chicago: Revisited", *Seoul Journal of Korean Studies* 24, 2011.

_____, 「'은자(隱者) 왕국'의 세상 엿보기 혹은 좌절된 접속: 1900년 파리세계박람회에 전시된 '세기말' 조선」, 『대구사학』 114, 대구사학회, 2014.

_____, 「'은자 나라' 조선 사대부의 미국문명 견문록: 출품사무대원 정경원과 1893년 시카고 콜롬비아 세계박람회」, 『역사민속학』 48, 한국역사민속학회, 2015.

_____, 「'식민지 계몽주의'에 관한 트랜스내셔널 시각과 비평: 근대의 자원병 혹은 징집병」, 『세계역사와 문화연구』 41, 한국세계문화사학회, 2016.

_____, 「푸코와 (탈)식민주의: 공간·지식·역사」, 『한국사학사학보』 36, 한국사학사학회, 2017.

_____, 「서양 선교사가 주도한 근대한국학의 발명과 국제화, 1870년대-1890년대」, 『역사민속학』 55, 한국역사민속학회, 2018.

_____, 「일본제국의 국제·식민박람회 사용법: 1910년 일본-영국박람회와 1929년 조선박람회 사례를 중심으로」, 『서양사론』 146, 한국서양사학회, 2020.

_____, 「미국-영국 선교사와 외교관이 주도한 근대한국학 전문화와 시스템 만들기, 1900~1940년: Transactions of the Royal Asiatic Society-Korean Branch 분석을 중심으로」, 『세계역사와 문화연구』 61, 한국세계문화사학회, 2021.

_____, 「19세기 말~20세기 전반 서양 선교사들의 조선 문화예술 담론 만들기」, 『한국사학사학보』 46, 한국사학사학회, 2022.

윤대석, 「『신흥』과 경성제대의 학지」, 『국제어문』 73, 국제어문학회, 2017.

윤범모, 「고유섭의 한국미론 다시 읽기」, 『인물미술사학』 4, 인물미술사학회, 2008.

윤영휘, 「영국 및 일본 동양학의 특징과 경성제국대학 부속도서관 내 영문 동양학 장서」, 『아시아리뷰』 7-2, 서울대학교 아시아연구소, 2018.

윤해동, 「'조선학의 장'과 식민지 고등교육」, 『사회와 역사』 136, 한국사회사학회, 2022.

윤천근, 「한국학을 어떻게 할 것인가」, 『한국학논집』 40, 한양대학교 한국학연구소, 2006.

이고은, 「왕립아시아학회 한국지부 정기간행물 『트랜스액션』 탐색적 연구: 1900~1924년을 중심으로」, 『한국학(구 정신문화연구)』 40-3, 한국학중앙연구원, 2017.

이광린, 「헐버트의 한국관」, 『한국근현대사연구』 9, 한국근현대사학회, 1998.

이기동, 「이능화」, 『한국사시민강좌』 45, 일조각, 2009.

이난수, 「안확의 조선미(朝鮮美)탐구」, 『유교사상문화연구』 72, 한국유교학회, 2018.

이배용, 「서양인이 본 한국근대사회」, 『이화사학연구』 28, 이화여자대학교 사학연구소, 2001.

이삼성, 「'제국'개념과 19세기 근대 일본: 근대 일본에서 '제국'개념의 정립 과정과 그 기능」, 『국제정치논총』 51-1, 한국국제정치학회, 2011.

이상현, 「100년 전 한국문학 세계화의 꿈―개신교 선교사 게일(James Scarth Gale)과 한국의 고전세계」, 『한국문학논총』 76, 한국문학회, 2017.

이상현·윤설희, 「19세기 말 재외 한국인의 한국시가론과 그 의미」, 『동아시아문화연구』 56, 한양대학교 동아시아문화연구소, 2014.

이수기, 「1880년대 한국을 방문한 미국 선교사들의 한국인식―10년 이상 장기체류자들을 중심으로」, 『역사문화연구』 55, 한국외국어대학교 역사문화연구소, 2015.

_____, 「개항기 서양인 기자의 시각에서 바라본 한국―겐테, 잭 런던, 아손 그렙스트, 매켄지」, 『역사문화연구』 83, 한국외국어대학교 역사문화연구소, 2023.

이수정, 「〈황화만년지곡〉 연구」, 『온지논총』 46, 온지학회, 2016.

이영미, 「그리피스(W. E. Griffis, 1843~1928)의 한국 인식 변화―『은둔의 나라 한국』(1882~1911)의 재검토를 중심으로」, 『진단학보』 125, 진단학회, 2015.

_____, 「1900~1940년 왕립아시아학회 한국지부와 서양인들의 한국 연구」, 『한국학연구』 62, 인하대학교 한국학연구소, 2021.

_____, 「한국을 연구한 초기 개신교 '선교사 겸 학자'들」, 『한국기독교와 역

사』54, 한국기독교역사연구소, 2021.

_____, 「영문 잡지『코리아 리뷰(the Korea Review)』(1901~1906) 연구」, 『역사민속학』60, 한국역사민속학회, 2021.

이영화, 「1920년대 문화주의와 최남선의 조선학 운동」, 『한국학연구』13, 인하대학교 한국학연구소, 2004.

이유정, 「호머 헐버트의 한국 민속연구와 영역 설화집으로서의『THE KOREA REVIEW』」, 『비교한국학』29-2, 국제비교한국학회, 2021.

이정희, 「안확의 조선음악사 서술 범주와 특징」, 『한국음악사학보』70, 한국음악사학회, 2023.

이진일, 「서구의 민족사 서술과 동아시아 전이: 랑케(Ranke)의 역사학의 수용을 중심으로」, 『한국사학사학보』29, 한국사학사학회, 2014.

이태훈, 「1920년대 최남선의 조선학연구와 실천적 한계」, 『사학연구』131, 한국사학회, 2018.

임정지, 「고전서사 초기 영역본(英譯本)에 나타난 조선의 이미지: Korean Tales 와 Korean Folk tales의 경우」, 『돈암어문학』25, 돈암어문학회, 2012.

장경남, 「호머 헐버트의 [Omjee, The Wizard—Korean Folk Stories] 연구」, 『한국기독교문화연구』16, 숭실대학교 한국기독교문화연구원, 2021.

장신, 「경성제국대학 사학과의 자장」, 『역사문제연구』15-2, 역사문제연구소, 2011. 10.

전성곤, 「최남선의「불함문화론」다시 읽기」, 『역사문제연구』16, 역사문제연구소, 2006.

정덕재, 「프랑스 문헌에 비친 구한말 이후의 종교문화—무속신앙을 중심으로」, 『한국프랑스학논집』56, 한국프랑스학회, 2006.

정연태, 「개화기에 서양인은 한국을 어떻게 보았는가」, 『한국사시민강좌』42, 일조각, 2008.

정용화, 「1920년대 초 계몽담론의 특성」, 『동방학지』133, 연세대학교 국학연구원, 2006.

정현백, 「일본 근대역사학의 형성과 서구 역사학의 영향 그리고 개화기 조선—트랜스내셔널 전이를 중심으로」, 『한국사학사학보』27, 한국사학사학회, 2013.

조남호, 「다카하시 토오루(高橋享)의 조선불교 연구」, 『한국사상과 문화』 20, 한국사상문화학회, 2003.

주성옥, 「야나기 무네요시의 민예론과 오리엔탈리즘」, 『미학』 68, 한국미학회, 2011.

최길성, 「무라야마 지쥰(村山智順)과 아키바 다카시의 무속 연구」, 『한국무속학』 23, 한국무속학회, 2011.

최덕규, 「글로벌히스토리(Global History)의 수용과 변용: 중국, 러시아, 한국 사례에 대한 비교연구」, 『서양사학연구』 40, 한국서양문화사학회, 2016.

최덕수, 「개항기 서양이 바라본 한국인·한국 역사」, 『민족문화연구』 30, 고려대학교 민족문화연구소, 1997.

최석우, 「달레 저 한국천주교회사의 형성과정」, 『교회사연구』 3, 한국교회사연구소, 1981.

_____, 「파리외방전교회의 한국진출의 의의－한국 진출을 전후한 시기의 국가와 교회의 관계를 중심으로」, 『교회사연구』 5, 한국교회사연구소, 1987.

최혜주, 「식민지 시기 재조일본인의 출판활동과 조선인식」, 『한국민족운동사연구』, 한국민족운동사학회, 2018.

최호근, 「한국에서 랑케 역사학의 수용: 일제강점기에서 현재까지」, 『한국사학사학보』 44, 한국사학사학회, 2021.

하재연, 「잡지 『신흥』과 문예란의 성격과 의의」, 『한국학연구』 29, 고려대학교 한국학연구소, 2008.

허수, 「제1차 세계대전 종전 후 개조론의 확산과 한국 지식인」, 『한국근현대사연구』 50, 한국근현대사학회, 2009.

홍선영, 「1920년대 일본 문화주의의 조선 수용과 그 파장」, 『일어일문학연구』 55-2, 한국일어일문학회, 2005.

Moon, Soo-Hyun, "German Discourse on Korea during the Era of Japanese Imperialism," *Seoul Journal of Korean Studies* 27-2, 2014. 12.

Werner, Michael & Zimmermann, Bénédicte, "Beyond comparison: Histoire croisée and the challenge of reflexivity", *History and Theory* 45(1), 2006.

학위논문

이영미, 『그리피스(1843-1928)의 한국 인식과 동아시아』, 인하대학교 한국학과 박사학위논문, 2015.

정준영, 『경성제국대학과 식민지 헤게모니』, 서울대학교 사회학과 박사학위논문, 2009.

홍미숙, 『안드레아스 에카르트의 『조선미술사』에 관한 연구』, 명지대학교 미술사학과 박사학위논문, 2019.